예언의 비밀

Secrets of the Prophetic

copyrigh ⓒ 2005 Kim Clement
All right reserved.
Published by Destiny Image Publishers, Inc.
P.O. Box 310, Shippensburg, PA 17257-0310
All rights reserved.
Korean Translation Copyright ⓒ 2009 by Shekinah publications.

이 책의 한국어판 저작권은 쉐키나 출판사에 있습니다.
저작권법에 의해 한국에서 보호받는 저작물이므로 무단전재와 무단복제를 금합니다.

예언의 비밀

미래는 열릴 것인가?

킴 클레멘트 글 · 김현경 옮김

Secrets
of the prophetic

Shekinah
MEDIA

추천하는 글

킴 클레멘트는 예언과 관련된 주제를 다룰 때 자칫 부족할 수도 있는 역사와 균형 잡힌 시각, 그리고 열정을 잘 담아 내었다. 이 시대를 살아 가며 생겨난 여러 질문들에 대해 믿음의 선조에게 답을 기다리는 사람이라면 바로 이 책이 그 역할을 해줄 수 있으리라 믿는다. 혼란의 시기에 딱 맞추어 등장한 책이 아닌가 싶다.

_마일즈. E. 몬로 박사

바하마 국제 믿음 사역 (BFM International, 바하마 나소 소재)

킴 클레멘트는 TBN 방송국 가족과 잰, 그리고 나에게 개인적으로 여러 해 동안 크나 큰 축복의 존재였다. 그래서 그의 책 〈예언의 비밀〉을 위한 소개 글을 부탁받았을 때 영광이 아닐 수 없었다. 이 책을 읽으면서 이야기 뒤에 있는 한 사람을 만나게 될 것이다. 그리고 킴의 삶과 사역이 얼마나 일치하고 있는지 알게 될 것이다. 이 책은 예언에 대한 통찰력을 얻으려는 여러분에게 적절한 길라잡이를 해줄 것이다. 삶과 사역을 아우르는 〈예언의 비밀〉을 조금의 망설임도 없이 추천하는 바이다.

_ 폴. F. 크러치

삼위일체 방송국장 (Trinity Broadcasting Network)

친구로서 그리고 복음을 전하는 사역자로서 킴 클레멘트처럼 내 삶과 사업 전반에 영향을 끼친 존재도 없을 것이다. 수년간, 그의 사역을 통한 예언에서 얻은 통찰력은 우리 가족의 근간이 되었을 정도이다. 〈예언의 비밀〉을 추천하게 되어 영광스러울 따름이다. 이 책은 실제의 삶과 예언의 음성을 통한 진리 양쪽을 모두 조명하고 있다. 여기에서 제시하는 원리들을 적용할 때 당신의 가족과 사업, 그리고 사역 모두 주님의 손안에서 형통하게 될 것이다.

_ 피터 로위

동기 부여 연구회 설립자이자 총재(Get Motivated Seminars)

| 차례 |

감사의 말 · 8
서문 · 10
들어가는 말 · 12

1장 산산조각 난 꿈 · 15
2장 복도에서의 기다림 · 47
3장 그분의 말씀이 되다 · 75
4장 내일을 위한 약속 · 115
5장 "아직 끝나지 않았다!" · 157
6장 위대한 변화 · 183
7장 예언으로 인한 협곡 · 195
8장 누가 말하고 있는가? · 223
9장 당신이 알게 된다면 · 245
10장 통찰력과 예지력 · 283

감사의 말

예수님, 예수님이 함께 하시지 않는다면 우리는 그저 빈 껍데기에 불과할 것입니다. 주님, 제가 태어나기 전에도 계셔 주셨고 끝까지 믿어 주시니 감사합니다.

글로리아, 신실한 장모님이시자 하나님의 종, 장모님은 케이크 굽는 일뿐만 아니라 모든 것을 하나로 끈끈하게 아우르는 분입니다.

나의 아내 제인, 한 남자이자 예언자인 사람과 함께 지내는 당신, 다른 이들에게는 예언자라는 이름이 익숙하겠지만 한 남자로서 나를 가장 잘 알고 있는 당신에게는 '덕망 있는 여인'이라는 이름만큼 능력 있는 예언도 없을 것이오.

나의 아이들, 한 명 한 명, 인생 가운데 정말 중요한 시점에 태어나 주어 미래를 위한 새로운 국면을 맞이할 이유를 제시해 준 아이들, 내일의 목소리가 되어 줄 너희들을 위해 아빠는 존재하며 그것을 위해 싸우고 있단다.

나의 동역자들, 여러분의 노고와 삶에 감사를 드립니다. 기꺼이 모든 것을 감당해 주었던 여러분에게 감사를 드립니다. 근무 시간 이

외의 잔업까지도 맡아 주었던 여러분이야말로 저의 상급입니다.

　신실한 벗, 댄 가티, 나를 사랑해 주고 나의 삶과 사역을 돌봐 준 친구, 당신이야말로 하나님의 진실한 친구입니다.

**사용한 성경은 개역개정을 사용했습니다.

서문

이 책이 도움이 되리라 믿는 이유

남아프리카에서 온 킴 클레멘트는 하나님을 찾고 있던 젊은이였다. 패배와 혼란 가운데 있던 이 젊은이가 하나님의 사람이 되리라고 예상한 사람은 아무도 없었다. 결국 그는 주저 앉아 툴사(Tulsa, 미국 오클라호마 주에 위치)에 있는 내게 도움을 요청했다. 그는 공손하게 "도움을 주실 수 있으십니까?"라고 묻긴 했지만 사실은 "도와주실 거죠?"라고 말한 것이나 다름 없었다.

우리는 그가 보낸 편지를 유심히 살펴보고 가지고 있는 책들과 테이프들을 선별해서 그의 삶 가운데 뿌려질 씨앗의 역할을 해줄 수 있기를 기대하며 보내 주었다. 그리고 그를 만날 것이라고는 꿈에도 생각하지 못했다. 믿음의 씨앗이 가지고 있는 기적 속에서 내게 임한 하나님의 계시로 인해 우리의 믿음 안에 또 다른 씨앗이 뿌려진 것이다. 전에 거절을 경험했던 한 청년을 도와줄 사람들이 생겨 났는데 이는 그 안에 일어난 변화를 보기 시작했기 때문이다.

킴의 이야기를 읽는 동안 영감을 얻을 수 있었고 지금 그가 하나님의 사람이 되어 놀라운 일을 행하는 것을 직접 눈으로 보면서 여전

히 그 안에서 잠재력을 읽을 수 있었다.

여러분 가운데 인생의 방향을 어떻게 바꾸어야 할지, 또는 인생 가운데 새롭게 열린 문을 어떻게 찾을 수 있을지, 아니면 도와줄 수 있는 사람들을 찾을 수 없는 사람이 있다면 진정한 근원을 찾을 수 있기를 바란다. 킴의 책 〈예언의 비밀〉을 읽게 된 것은 또 하나의 축복임을 알게 될 것이라 믿는다.

오랄 로버츠
오랄 로버츠 대학교 명예 총장

들어가는 말

말씀이신 예수 그리스도께서 자신의 속 사람 안에 살아 계신다는 사실을 대부분의 크리스쳔들은 어찌 그렇게 잘 알고 있을까? 그들은 이 사실을 자랑스러워하고 소리쳐 부르기도 하며 노래도 하지만 핍박과 환난이 닥치면 마치 신앙이 없는 사람들처럼 행동하곤 한다. 그리고 선지자나 지도자들 그리도 영적인 거장들이 자신을 인도해 갈 길을 보여 주기를 원한다. 이러한 현실 도피 증세는 다가올 세대들을 위해 준비된 모든 기회를 무시무시한 전염병처럼 송두리째 집어 삼켜버리고 그저 문제만 없다면 바로 그것이 응답이라고 생각하게 만든다. 하지만 전혀 그렇지 않다.

창세기에서부터 등장하기 시작한 성경 속의 영웅들은 전쟁과 영토를 차지하기 위해 고군분투하다가 결국 사탄의 통치 아래 놓여 있

던 어둠의 왕국이 움켜 쥐고 있는 골고다의 영웅과 함께 끔찍한 십자가에서 그 이야기의 끝을 맺는다. 그 영웅은 우리 모두처럼 유혹도 받았고 종교적일 뿐 아니라 어둠의 권세에 사로잡힌 군중들을 피하기도 했으며 스스로 선택한 희생의 길에서 극심한 고통을 당하기도 했다. 하지만 결국 영광스러운 자리에 서서 "당신의 뜻이 이루어졌습니다"라고 외치기에 이른다.

예수님은 "주의 나라가 임하옵시며"라고 기도하셨는데 우리는 종종 "당신의 왕이 지금 속히 임하시기를"이라고 기도하곤 한다. "이 끔찍한 세상에서 제발 저를 데려가 주세요"라고 말이다. 시편 24편 1절에 등장하는 "땅의 충만한 것과 세계와 그 중에 거하는 자가 다 여호와의 것이로다"라는 내용이나 마태복음 6장 10절의 "나라이 임하옵시며 뜻이 하늘에서 이룬 것 같이 땅에서도 이루어지이다"라는 구절은 완전히 다 잊어버리고 말이다. 하나님의 거룩하신 뜻은 항상 그 뜻이 이루어질 수 있는 영역을 포함하고 있다. 이스라엘 백성들은 그들이 땅을 차지하기 전에 그곳에 거하고 있는 원수들을 제압해야만 했던 사실을 기억하는가? 민수기 33장 53절을 보라.

오늘날 우리의 모습은 어떠한가? 약속된 땅에서 원수를 발견하게 될 때 그곳에서 도망하려고만 하지는 않는가? 얼마나 부끄러운 일인가? 예수님을 믿는 믿음 안에서 거듭난 사람이라면 누구나 이 땅에서도 하나님의 나라를 볼 수 있고 그 곳에 들어갈 수 있는 특권을 지니고 있다.

당신 안에 존재하고 있는 예언의 말씀은 그것이 소리가 되어 흘러 나올 때 실체화되는 것이다. 당신은 소리이다. 셰익스피어 역시 이런 글을 쓴 적이 있다. "나의 소리는 곧 나의 무기이다." 바꾸어 말하면 우리의 행동은 크게 외치는 소리와 같다는 것이다. 어떤 경우 글보다 훨씬 더 큰 위력을 발휘하기도 한다.

진정한 예언의 사람은 성령님의 인도를 받으며 성령으로 충만하며 성령님의 능력을 받은 존재이다. 마태복음 4장 1절에서 이를 잘 보여 주고 있는데 예수님은 마귀에게 시험을 받으실 때 "성령에게 이끌리어" 가셨다고 말하고 있다. 우리 속사람 안에 있는 말씀은 소리가 되어 울려 퍼져야 한다.

예수님께서 모든 유혹을 물리치시고 그 영역을 점령하신 후 그분은 비로소 소리가 되어 성전에서, 연회장에서, 예루살렘에서 말씀을 전파하시기 시작했고 유대인과 이방인들을 가르치셨을 뿐 아니라 나사로의 무덤에서, 그리고 십자가에서도 그 실체를 나타내셨다. 사탄은 예수님의 소리를 멈출 수 없었다. 아무 말 하지 않으실 때에도 그분은 소리를 내고 계셨다.

이 책을 통해 하나님의 방법은 어떠한지, 어떻게 그분의 소리를 알아 들을 수 있는지 배우게 될 것이다. 그리고 하나님의 음성과 그분의 뜻을 알게 되었을 때 이 땅에서 소리를 낼 수 있도록 당신을 인도할 것이다. 다른 어떤 것과도 비교할 수 없는 오직 하나님만의 소리 말이다.

1장

산산조각난 꿈

이곳은 남아프리카의 포트 엘리자베스에 있는 술집 (록 클럽: Rock Club)이다. 나는 화장실을 향해 비틀거리며 걸어가고 있었고 주변은 피로 얼룩져 더럽혀지고 있었다. 술과 마약에 잔뜩 취해 누가 왜 나를 찔렀는지도 모른 채 그렇게 휘청거리고 있었다.

"누가 나 좀 도와 주세요."

'난 열일곱 살밖에 되지 않았어.' 그런데 죽어 가고 있다고…' 가슴을 움켜쥐고 있는 내 머리 속엔 온통 이 생각뿐이었다. 칼에 찔려 깊은 상처를 입은 어깨쪽 가슴에서는 출혈이 멈추지 않고 있었다.

이곳은 남아프리카의 포트 엘리자베스에 있는 술집(록 클럽: Rock Club)이다. 나는 화장실을 향해 비틀거리며 걸어가고 있었고 주변은 피로 얼룩져 더럽혀지고 있었다. 술과 마약에 잔뜩 취해 누가 왜 나를 찔렀는지도 모른 채 그렇게 휘청거리고 있었다.

"누가 나 좀 도와 주세요."

출혈을 좀 막아 보려고 휴지를 상처 쪽에 잔뜩 밀어 넣으며 울부짖었지만 아무도 내 소리를 듣지 않았다. 나만 홀로 남겨진 것 같았다.

화장실에서 나와 붐비는 술집을 빠져 나와 길거리의 시궁창 바닥

예언의 비밀

에 쓰러졌다. 모두가 다 나를 알고 있었지만 아무도 돌봐주지 않았다.

뮤지션으로 활동하면서 그 클럽에서 셀 수 없이 많은 공연을 했고 영화에 삽입될 음악 때문에 호주에 있는 영화사와 계약을 맺은 소식은 신문에도 이미 실린 바 있었다. 아주 캄캄한 밤중에도 사람들은 다가와 축하해 주곤 했었다.

하지만 아무런 소망이 없는 절망적인 상태에 이르렀을 때 그러한 사실을 기억해 주는 사람은 아무도 없었다.

처음 시작했을 때에는 모든 것이 그저 흥미진진했다. 하지만 성공을 거듭하면서 깊숙한 곳에서부터 말할 수 없는 공허함이 터져 나오고 있었다. 이미 같은 달, 두 차례나 자살을 시도한 적이 있는 나에게 지금 누군가가 칼을 겨눈 것이다.

'이제 정말 끝난 건가? 이렇게 죽는 건가?'

● ● **깨어지기 시작한 자아**

나는 1956년 남아프리카 유텐헤이그에서 태어났다. 그곳은 포트엘리자베스 외곽에 있는 도시로 5만여 명의 사람들이 살고 있었다. 케이프타운과 더반(아프리카 주요 무역항: 역자 주)의 정가운데 있으며 해안에 위치한 곳이기도 했다.

아버지 비비안은 철도청 건설과에 근무하는 공무원이었고 어머니 바베트는 다른 가족들이 잘 생활할 수 있도록 돕는 특이한 직업을 가지고 있었다. 나는 아들 셋에 딸이 하나인 집안에서 둘째였다. 우리는 버틀러 10번가에 위치한 벽돌로 만들어진, 소박하지만 안락한 보금자리를 가지고 있었고 유텐헤이그 철도역이 한눈에 내려다 보이는 언덕에 살고 있었다.

남아프리카에 거주하고 있는 다른 백인들처럼 정해진 구역 안에서 살고 있는 흑인 가정부가 매일 일하러 왔는데 그녀의 이름은 힐다였다. 비록 아프리카인이긴 했지만 나에게는 둘째 엄마와 같은 그런 존재였다.

아주 어렸을 때 부모님께서 이런 말씀을 하셨던 기억이 있다.

"킴, 너는 화가가 될 거야."

부모님은 우리 모두에게 음악을 배우도록 종용하시기도 했다.

다섯 살이 되던 해에 벨 이모에게 피아노 레슨을 받기 시작했는데 정말 끔찍한 경험이었다. 이모는 정말 지독한 선생님이었는데 틀릴 때마다 연필로 손등을 때리곤 했다. 피아노 연주회에서 '애프터 더 볼'(After the Ball: 1891년 찰스 해리스가 작곡한 곡) 이라는 곡을 연주할 때까지 이런 생활은 계속되었다. 그리고 나서 어머니는 영국 런던에 있는 트리니티 대학 분교에서 클래식 음악을 공부하도록 하셨다. 해마다 음악 시험을 치러야 하는 그야말로 혹독한 과정이었다.

아홉 살에서 열 살쯤 되었을 때 오래된 피아노로 하루 평균 두세 시간 정도 연습을 해야 했고 그저 연습을 하고 싶었을 뿐 시험은 그다지 중요하게 생각하지 않았다. 나는 다른 사람들 앞에서 연주하는 것이

예언의 비밀

좋았고 정말 멋진 음악가가 될 운명을 타고 났다고 믿고 있었다. 유명한 컨서트를 열어 전 세계를 다니며 연주하는 꿈도 꾸었다.

그러던 어느 날 어머니는 나를 데리고 점쟁이를 찾아갔다. 그녀는 나에 대해 이런 예언을 했다.

"애야, 네가 여러 곳을 다니며 음악을 연주해서 유명해지는 날이 올 것이라는 그림이 보이는구나."

점집을 찾아 가는 것은 그다지 이상한 일이 아니었다. 넓은 의미에서 봤을 때 우리는 기독교 가정이라고 규정하긴 했지만 사실 나에게는 하나님을 경외하는 마음이 전혀 없었다. 근처 감리교 교회에 출석하는 경우는 친구들을 만난다든지 결혼식이나 장례식이 있을 때뿐이었다.

물론 하나님이 존재한다는 사실을 믿고는 있었다. 크리스마스 역시 기념하고 있었다. 하지만 성경을 읽는다든지 예수 그리스도와의 관계를 기반으로 하는 기독교에 대해서는 완전히 문외한이었다. 그저 종교적인 면을 아는 정도였다.

말하자면 우리 가족은 그야말로 형식에 구애받지 않는 그런 삶을 살고 있었는데 내가 아홉 살이 되어 담배를 피우는 데도 부모님은 한 번도 꾸짖으신 적이 없었다. 어머니와 아버지가 사악하거나 부도덕한 사람이어서가 아니라 자신의 자녀들이 자유롭고 풍부한 삶을 살기 원하셨기 때문이다.

열 살이 되던 해 내게 일어났던 끔찍한 사건이 아직도 기억난다.

부모님은 주무시고 계셨고 나는 이른 새벽에 형과 함께 지붕 위에 올라가 장난을 치다가 그만 떨어지고 말았다. 땅바닥에 닿는 순간 숨을 쉴 수 없었는데 나는 바로 병원으로 이송되었고, 한쪽 엉덩이에 심각한 골절을 입어 3개월 동안이나 입원해 있어야 했다.

어느 날 성공회(영국 국교, 역자 주) 목사님이 성직자들이 입는 가운을 걸치고서 문병을 오셨다. 그리고는 내게 다가와 이렇게 물으셨다.

"너를 위해 기도하고 싶은데 그래도 괜찮겠니?"

나는 단호하게 대답했다.

"아니오, 기도 따윈 전혀 필요 없는데요."

그 때 목사님은 내 눈을 똑바로 바라보고는 평생 잊지 못할 말을 남기셨다.

"예수님은 오늘도 저 길거리를 걷고 계시지. 그리고 언젠가는 너에게 그분이 필요할 날이 올 거야. 그분을 부르기만 하면 네게로 다가오실게다. 그리고 너를 만져 주실 거야."

그분의 말에 아무런 대답도 할 수 없었다. 그리고 목사님은 조용히 방을 떠나셨다.

● ● **금지된 친구**

열한 살이 된 나는 어머니에게 이렇게 말했다.

"엄마, 클래식 공부는 이제 충분히 한 것 같아요. 더 이상 레슨을

20　　　　　　　　　　　　　　　　　　　　　　　예언의 비밀

받지 않겠어요."

그 때 다른 종류의 음악이 있다는 사실을 알게 되었고 나는 그것에 흠뻑 빠져 들었다.

재즈는 그저 산들바람 같은 것이었다. 록 음악을 만나기 전까진 말이다. 록은 내 인생의 한순간을 송두리째 흔들어 놓은 새로운 힘이었다. 라디오에서 귀를 떼지 않았고 카세트 테이프를 사들였으며 전자 키보드로 음악을 연주하기도 했다. 이제 록 스타가 되는 것이 새로운 꿈이 되었다.

포트 엘리자베스로 가서 그곳에 오는 록 그룹들의 음악을 듣는 것은 일상이 되어 버렸다. 집에 몰래 숨어 들어가거나 할 필요는 없었다. 부모님은 내가 원하는 것이라면 무엇이든 하도록 내버려 두셨기 때문이다.

그 해 드디어 생애 처음으로 록 밴드에서 연주를 하게 되었다. 우리 밴드의 이름은 '마크 4세'였다.

1960년대와 1970년대를 남아프리카에서 자란 나는 갈등과 반목, 증오와 불신 속에서 살아가야 했다.

함께 음악을 했던 가장 가까운 친구들은 흑인이었는데 이웃 주민들은 이러한 사실에 충격을 받은 듯했다. 결국 흑인 친구들과 '침입자들'이라는 밴드를 결성했을 때 이에 대한 설전이 급진전했다. 흑인 마을에 가는 것은 금지된 일이었지만 내게는 전혀 위험하지 않았다. 친구들이 그곳에 살고 있었기 때문이다.

백인과 흑인 사이의 인종문제는 전 세계가 목도하고 있는 남아프리카가 가지고 있는 문제였다. 하지만 이런 적대감은 더 깊은 곳에 그 뿌리를 두고 있었다. 사실은 흑인을 거부하는 흑인과 백인을 거부하는 백인 사이의 충돌 역시 존재하고 있었기 때문이다.

내가 살고 있던 마을만 해도 네덜란드에서 건너온 백인들의 후손인 남아프리카 백인에 대한 증오가 엄청났다. 소위 '부엌용 네덜란드언어'(Kitchen Dutch: 네덜란드인을 천시해 붙인 별칭, 이를 'Afrikaans'라고 부른다)가 오랫동안 사용되었고 학교에서도 이를 배워야만 했지만 집에서는 오직 영어만을 사용했다. 남아프리카어를 사용하기를 꺼린 것이다.

인구의 18%만이 백인이지만 그마저도 확연히 구별되는 두 진영으로 나뉘어 있다. 5분의 3가량은 남아프리카 백인이고 나머지는 영국인이었다. 둘 사이의 반목은 보어 사람(Boers, 네덜란드계 남아프리카 이주민) 혹은 네덜란드 농부라고도 하는 사람들과 아이틀랜더(Uitlanders, 남아프리카 공화국 성립 이전에 이주해 온 영국인)라고 불리는 남아공 외국인들 사이에서 벌어졌던 100여 년간의 전쟁에서 비롯된 것이다.

첨탑처럼 높아진 대립 속에서 세상에서 가장 큰 금과 다이아몬드가 있는 광산이 발견되었고, 이러한 발견은 불같이 격렬한 싸움에 기름을 붓는 형국이 되었다. 대영제국 군대가 승리했지만 1910년 남아프리카 공화국의 전신인 남아프리카 연방국이 탄생했고 그 이후부터

22 예언의 비밀

지금까지 증오와 불신이 계속되고 있다.

흑인들과 다른 유색 인종 가운데에도 역시 대립이 있는데 이 유색 인종들은 초기 백인 정착민들과 몇몇 아프리카 사람들 사이에서 태어난 혼혈인종이다. 이들은 남아프리카 공화국에서 가장 꺼려지는 인종이며 흑인 부족들이 혐오하는 대상이기도 하다.

인도에서부터 정착한 아시아 인종들은 단지 3%만을 차지하고 있는데 이들 역시 끊임없이 소동을 일으키는 요인 중 하나이다. 아프리카인들은 아시아인들을 증오하고 힌두교도들은 이슬람교도들을 혐오한다. 특히 인도계 기독교도들은 가장 적개심을 많이 받는 계층이다.

남아프리카는 가장 적은 인종이 행정권을 가지고 있는 나라이다. 그래서 1948년에 인종차별 정책을 공식적인 법으로 제정하기에 이른다. 인종차별 정책(apartheid)이라는 말은 남아프리카인들이 사용하는 '구별하기'(apartness)라는 말에서 비롯된 것이다. 이 정책의 목적은 백인, 흑인, 혼혈인, 그리고 아시아인 사이에 사회적·정치적 경계선을 뚜렷하게 긋는 데 있었다.

인종차별 정책은 나라 전반에 걸쳐 영향을 미치기 시작했다. 인구의 73%가 흑인이었지만 거주지와 일터, 그리고 교육받을 수 있는 곳까지 엄격하게 통제되었고 심지어는 교회까지 이런 차별정책의 영향을 받기에 이르렀다. 설교단상에서는 성경이 인종을 분리하는 내용을 지지하고 있다는 주장을 펼치기도 했다.

소웨토(Soweto)와 샤프빌(Sharpeville)은 흑인들이 거주하는 넓은

토착 지구였는데 이곳에서 남아프리카 언어를 흑인들에게 강제로 배우게 하면서 폭동의 원인을 제공하기에 이른다.

　미국에서는 공용버스에 '흑인은 이 지점 이후로 앉으시오'라는 팻말을 좌석에 붙이는 것으로 인종을 차별하고 있음을 보이려 했지만 남아프리카에서는 흑인이 어떠한 버스도 타는 것이 금지되었다. 물을 마시는 곳이나 화장실에는 '백인들만 사용 가능함'이라는 안내판이 부착되었고 흑인들을 위해서는 그 어떤 편의시설도 제공되지 않았다.

　전 세계가 남아프리카의 비도덕적인 인권유린에 대해 야유를 보내며 경제적인 제재조치와 운동 경기 출전 금지 등을 통해 정치적으로 고립시키려 했지만 여전히 남아프리카 내부의 소요는 가라앉지 않았다.

　인종차별 정책 법을 폐지했지만 전혀 도움이 되지 않은 것이다. 전 세계 사람들은 민주주의가 그 해결책이 될 것인지, 혹은 소수의 백인들이 모두 학살되는 것만이 최선의 방법이 될 것인지 고민하게 된다. 하지만 그 끝은 다른 곳에서 찾아왔다. 1990년 2월 2일, 당시 대통령이었던 클레르크(F.W. de Klerk)는 의회에서 넬슨 만델라를 석방하고 아파르트헤이트(인종차별주의 정책)를 무너뜨리게 하는 유명한 연설을 하기에 이른다. 1994년 4월 사상 최초로 민주주의 선거가 이루어지고 결국 넬슨 만델라가 대통령으로 당선되었다. 드디어 수세기 동안 계속되었던 인종 분리와 억압 정책의 종지부를 찍게 된 것이다.

●● 구제받을 수 없는 문제아

　열세 살이 되던 해 나는 민족주의라든가 인종차별 정책 같은 무거운 주제들에 대해서는 그다지 관심이 없었다. 어린 반항아였던 나는 다른 사람들이 생각하는 것 따위는 안중에도 없었다. 정기적으로 마리화나를 피우며 허세나 부리고 있던 때였다. 두세 달이 못 되어 친구들과 새로운 밴드를 꾸렸고, 그중 하나의 이름은 '퍼플 페즈'(Purple Fez: 보라색으로 된 터키 모자)였는데 펑크 스타일의 록 그룹이었다. 우리는 온통 보라색으로 단장을 하고 다녔다.

　우리가 하고자 했던 모든 것은 권위에 대항하는 데 그 목적이 있었다. 나는 결성하는 그룹마다 가장 어린 멤버였고 10대 후반이나 20대 전반의 불량배들로 둘러싸여 있었다.

　가장 열렬히 신봉했던 록 음악가들은 레드 제플린(Led Zeppelin), 지미 헨드릭스(Jimi Hendrix), 자니스 조플린(Janis Joplin), 그리고 딥 퍼플(Deep Purple)이었는데 그들의 음악을 듣고 그들처럼 분장을 하고 무대 매너뿐만 아니라 심지어 그들이 하는 마약까지 따라 했다.

　형 배리도 우리 밴드에서 함께 트럼펫을 연주하게 되었고 골프 클럽과 술집, 그리고 대학 등지를 빌려 연주하기 시작했다. 사건이 발생했던 포트 엘리자베스를 비롯해서 이스트 런던과 케이프타운에서도 연주를 했다. 그리고 '코스믹 블루'(The Cosmic Blues)라는 록 밴드 쇼가 있었는데 수천 명의 사람들 앞에서 열여덟 개의 록 그룹이 각각 연주하는 그런 행사였다. 나는 키보드를 연주하기도 했고 보컬로도 참여했다.

그렇다면 과연 어린 시절 학교 생활은 어땠을까? 나는 학교 규율을 전혀 지키지 않았던 학생이었기 때문에 세 군데 학교에서 쫓겨났다. 당시 나는 내 자신이 어디에도 속할 수 없는 그런 존재라고 여기고 있었다.

내가 속해 있던 사회는 친구들이었던 흑인을 홀대했고 가족이었던 영국 백인들을 배척하고 있었다.

내가 증오했던 곳은 단지 학교뿐만이 아니었다. 열일곱 살이 되던 바로 그 때 음악을 제외하고 그 어떤 것도 받아들일 수 없었다. 그리고 몇 주 동안 학교에 출석하지 않았기 때문에 교육부에서는 내게 더 이상 손을 쓸 수 없는 문제아라는 딱지를 붙여 주었다.

내가 살고 있는 집 위쪽에는 언덕이 두 개 있었는데 가장 꼭대기에는 조지 5세 왕을 기념하는 큰 비석을 소장한 공원이 있었다. 조지 5세는 남아프리카 공화국이 형성될 무렵 왕위에 있던 군주였다. 그곳에 서면 유텐헤이그 마을의 장관이 한눈에 내려다 보였다.

삼 주 정도 되었을까 매일 아침이면 말할 수 없는 절망감에 싸여 그곳에 올라가 잠자코 앉아 있곤 했었다. 그리고 부모님께서 일하러 나가실 때까지 기다리고 있다가 집으로 돌아와서 마약을 하며 그동안 모아 둔 록 음악을 들었다.

학교 당국에서는 이미 날 포기한 상태였고 교장 선생님은 회초리

예언의 비밀

로 벌을 받는 체벌을 가했다.

관계 당국이 내가 소지한 마약을 찾았을 당시에는 사태가 더 심각해졌다. 나는 학교에서 당장 쫓겨났고 부모님은 나를 받아 줄 다른 학교를 더 이상 찾을 수 없었다. 마침내 포트 엘리자베스에 있는 로슨 브라운 학교에 들어가게 되었지만 그곳 교장이 유텐헤이그에 있는 다른 교장에게서 그동안의 이야기들을 듣고 난 후 나를 불러 이렇게 말했다.

"그래, 그동안 네가 어떤 문제들을 일으켜 왔는지 다 알고 있단다. 하지만 네게 다시 한 번 더 기회를 주고 싶구나. 크리스천으로서 내가 해줄 수 있는 최선이라고 생각한다만……"

내 안에 있는 반항적인 기질은 길 들이지 않은 야생마와 같다는 사실은 누구라도 다 알 수 있었고 마약 사용과 무단 결석하는 버릇은 그곳에서 쫓겨날 때까지도 계속되었다. 열일곱 번째 생일을 맞기 전에 나는 이미 마약 중독자가 되어 있었고 더 강한 약물을 찾아 헤매고 있었다. 헤로인에 중독된 것은 말할 것도 없고 내 삶은 송두리째 사라져 버리고 있는 것만 같았다.

남아프리카는 마약 사용에 관해 매우 엄중한 법률을 적용하고 있었다. 하지만 나는 법망을 피해 안전하게 마약을 구할 수 있는 경로를 이미 알고 있었다. 코카인은 금지되어 있었지만 헤로인은 얼마든지 구할 수 있었고, 음악을 만들어 벌어들인 수익으로 마약을 구입할 돈을 마련할 수 있었다.

● ● 이제 마지막이다

언젠가 어머니께서 내게 이런 말씀을 하신 적이 있다.

"킴, 네가 꼭 해야 할 것 같은 일이 있단다."

"그래요? 무엇이든 어서 말씀하셔요."

어머니는 포트 엘리자베스에서 열리는 국제 음악대회와 관련된 브로셔를 보여 주셨다.

"내 생각에는 키보드 경연 분야에서 네가 단연코 으뜸일 거라고 보는데 거기서 우승하면 남아프리카 대표로 일본에서 결승전을 치르게 될 거야."

야마하 회사가 이 대회의 스폰서였기 때문에 결승은 일본에서 개최될 예정이었다.

어머니가 내게 이런 제안을 하신 이유는 당연한 것이었다. 어머니는 주위 사람들에게 어릴 적 내 음악 실력이 아직 녹슬지 않았으며 이후에도 계속 음악인으로 활동하고 있다는 사실을 보여 주고 싶으셨던 것이다. 그래서 어머니께 대답했다.

"엄마가 행복하실 수만 있다면 그렇게 할게요."

이 대회는 아주 성대하게 치러졌는데 나는 예선을 거뜬히 통과하고 시청에서 열리는 결승전에 참가하게 되었다. 이 시합은 아주 특이하게 구성되었는데 심사위원이 큰 소리로 벨을 울릴 때까지 8분 정도 연주를 계속하는 방식으로 진행되었다.

그 날 밤에 역시 마약과 술에 잔뜩 취한 상태로 연주를 하던 나는 그 벨 소리를 듣지 못했고 심사위원 중 한 사람이 무대로 올라와 멈추게 할 때까지 계속해서 연주를 했다. 심사위원들은 내가 마약을 했다는 사실을 눈치챘고 내 복장 상태 역시 예사롭지 않음을 알게 되었다. 결국 나는 2등을 했고, 두 개의 신문사와 잡지사에서 이에 대한 논평을 했는데 모두들 내가 1등을 했어야 했다면서 나의 구겨진 자존심을 달래 주려 했다.

어찌되었건 나는 지고 말았다. 하지만 청중들 가운데 호주에서 남아프리카 해안을 따라 몇 컷의 장면을 촬영하러 온 영화 제작자가 있었다. 그들은 〈겨울 이야기〉라는 영화를 만들고 있었는데 감독이 나를 찾아와 이 영화의 음악을 맡아 달라고 부탁을 해왔다.

얼마나 신나는 일이었는지, 이 기회를 놓칠 수 없었다. 바로 계획에 착수했고 내 인생의 큰 전환점이 찾아 오리라고 여겨졌다. 신문에는 유텐헤이그 출신의 어린 청년이 어떻게 영화를 위한 음악을 만들게 되었는지에 대한 기사가 실렸고, 우리 가족에게 있어서도 너무나 중요한 사건이 되었다.

계약금은 생각했던 것보다 후했다. 그리고 영화 첫 상영을 위해 호주로 여행갈 계획도 세울 수 있었다. 친구들은 내가 얼마나 행운아인지 떠들어 댔다.

하지만 또 다시 말할 수 없는 공허감과 끔찍한 느낌이 엄습해 왔다. 몇 시간 연습을 하고는 다시 마약에 빠져들었다. 내 인생은 겉잡을 수 없는 통제 불능의 소용돌이에 휘말려 들어가고 있었다. 중심을 뒤흔들 만한 두 개의 큰 사건이 있었지만 되풀이되는 악순환의 고리를 끊을 수 있는 길은 없는 것 같았다.

● ● **스스로 낸 상처**

어느 날 저녁 집으로 돌아온 나는 약물중독에 의한 발작증세가 일어나기 시작했다. 그저 내가 기억할 수 있는 것은 부엌에 내려가 제법 길이가 긴 칼을 집어들었다는 것뿐이다. 그 이후의 일은 전혀 생각나지 않는다. 정신을 차리고 보니 스스로 계속해서 배를 찌르고 있었다는 사실을 발견하게 되었다. 여기저기에 선혈이 가득했는데 무의식 중에 스스로를 헤치려고 했던 것이다.

몇 주가 지난 후 계속해서 같은 기분이 들기 시작했다. 그 당시에는 사탄의 존재에 대해 전혀 아는 바가 없었지만 어떤 악한 기운이 내 삶을 사로잡고 있다는 사실은 알 수 있었다. 아마도 악의 영들이 무언가 내 삶에 특별한 일이 일어나리라는 것을 미리 감지하고는 나를 고문해 죽이려고 했던 것 같다.

어느 날인가 '지저스 크라이스트 슈퍼스타'의 음악을 들으며 비참한 기분이 들었지만 계속해서 듣고 있는 나 자신을 발견했다. 그리고 그 음악을 들으면 들을수록 내 가슴속에 계속해서 엄청난 파장이 일어나는 것을 느낄 수 있었다.

'도대체 예수가 누구지? 이 사람들은 왜 이 사람에 대해서 노래하고 있는 걸까?'

노래를 듣는 동안 내 행동이 무언가 저항할 수 없는 악한 힘에 이끌리기 시작했다. 그리고는 다시 정신을 잃었다. 다시 일어났을 무렵 나는 형의 트럼펫에 끼우는 마우스피스로 내 눈과 이마를 연이어 찌르고 있었다. 얼굴에서 흘러내리는 피는 셔츠를 적시고 있었다. 머리에는 크고 작은 상처들이 가득했다. 무언가 끔찍한 일이 벌어지고 있던 것이다.

내 인생을 송두리째 바꿀 만한 기적이 정말로 필요한 시점이었다.

● ● 정말 끝이 난 걸까?

어느 날 저녁 영화 음악 만드는 일을 멈추고 연주하러 자주 가던 포트 엘리자베스에 있는 클럽에 들르기로 했다. 말할 수 없는 절망감은 그날 밤 가장 정점에 다다른 상태였다. 클럽에 들어서자 헤로인을 좀 한 후 생각을 멈춰 보려고 독한 술을 마시기 시작했다.

이 장의 앞 부분에서 등장했던 사건이 일어난 시점이 바로 이 무렵이다. 아무런 이유 없이 누군가 일어나 그 소란스럽고 북적거리는 클럽 안에서 내 가슴을 찔러 댄 것이다. 화장실까지 비틀거리며 걸어 들어가 피를 멈춰 보려고 한 후 온갖 복잡한 심정으로 거리를 향해 발걸음을 내몰았다.

'정말 끝이 난 걸까? 이렇게 죽는 것일까?'

열 살이 되던 해 병실에서 마주친 성공회 목사가 한 말이 갑자기 떠오르기 시작했다. 비록 오래 전 일이지만 그 목소리는 생생하게 들려 왔다.

"예수님은 오늘도 변함없이 거리를 걷고 계신단다. 그리고 언젠가 그분이 필요할 때가 올게다. 그분의 이름을 부르기만 하면 너에게로 다가오실 거야. 그리고 그분이 너를 만져 주실게다."

그 말씀은 나에게 예언의 말씀으로 다가오기 시작했다. '예언적'이라는 의미가 무엇인지 이해하기 훨씬 전인데도 말이다.

시궁창 밑바닥에 쓰러져 있는 나 자신에게 이렇게 속삭였다.

"내가 유일하게 걸 수 있는 희망은 예수님밖에 없어."

출혈은 걷잡을 수 없었다. 하지만 절망적인 상황에서 나는 이렇게 외치고 있었다.

"예수님, 아직도 이 거리를 걷고 계신다면 제발 지금 내게로 와주세요."

그리고 예수님은 내게로 와 주셨다.

예수님을 알고 있는 어떤 남자가 내게로 다가온 것이다. 이 젊은 이는 20대 후반 정도 되어 보였는데 나에게는 하나님의 손길이자 하나님의 음성이나 마찬가지였다. 그는 전혀 모르는 사람이었지만 나를 땅에서 들어 올려 자신의 차로 부축해 가서는 곧장 병원으로 태우고 갔다.

나는 여러 바늘을 꿰맨 후 사흘 동안 정신을 잃은 채 누워 있었다. 깨어 보니 동정심으로 가득한 낯선 젊은이가 병실 안으로 들어와 나를 기다리고 있는 것이 보였다. 병원에서 퇴원한 후 그는 유텐헤이그에 있는 집으로 나를 데려다 주었다.

집에 도착한 뒤에도 여전히 엄청난 고통이 느껴져서 마약을 찾지 않을 수 없었다. 사흘 동안 병원에 있으면서 마약을 하지 못했기 때문에 나타난 금단현상이었다.

바로 그 때 나를 도와주었던 젊은이가 이렇게 말했다.

"당신에게 나의 가장 친한 친구를 소개하고 싶습니다. 그분의 이름은 바로 예수님이십니다."

그 후로 두세 시간 동안 나를 향한 하나님의 놀라운 구원의 계획에 대해 이야기하기 시작했다. 여지껏 한번도 들어보지 못한 그런 이야기를 들으며 그와 논쟁을 한다든지 문제를 제기한다든지 하지 않았다. 그저 목마른 아이처럼 그가 내뱉는 말 한마디 한마디를 들이키고 있었다. 그는 당장 교회로 와서 구원을 받으라는 말 대신 이렇게 말했다.

"예수님은 바로 이곳에 계십니다. 그리고 당신을 만져 주시길 원하세요."

"예수님을 알려면 뭘 어떻게 해야 하는 건가요?"

그는 '죄 사함을 받는 기도'를 할 수 있도록 인도해 주었고 그 자리에서 나의 마음을 주님께 드렸다. 의문의 여지 없이 가장 믿을 수 없는 사건이 내 삶 속에서 일어난 것이다. 감당할 수 없는 삶의 짐이 일순간 거두어진 것이다.

이 친구가 내 인생의 동반자가 되어서 주님께로 인도해 주기를 바랐지만 그런 일은 일어나지 않았다. 그는 갑자기 등장한 자비로운 천사와 같은 역할을 하고는 사라졌다. 그리고 새롭게 회심한 사람을 이끌기 위해 다시 나타나지 않았다.

그런데 매니 휴먼이라는 친구가 내가 어떤 교회로 가야 할지 조언해 주었다.

"내 생각에 너는 하나님의 순복음교회(the Full Gospel Church of God)로 가야 할 것 같은데? 거기만이 네가 갈 수 있는 곳일 거야."

매우 확신에 차 있는 그에게 그곳이 어떤 종류의 교회냐고 물었다.

"아, 그곳에서는 박수를 치며 활기차게 노래를 하더라구."

록 음악을 하는 나에게 매력적인 곳이 아닐 수 없었다. 하지만 그 교회에 대해 더 알고 싶었다.

"그럼, 영국 사람들이 모이는 교회니?"

"아니, 그곳은 아프리칸스(역자 주: 네덜란드에서 전화한 남아프리카인) 교회야."

평생 교회 가는 것을 꺼려 했던 내가 아프리칸스 교회에 간다는 것이 어떤 기분일지 여러분이 이해할 수 있을지 모르겠다. 정말 상식 밖의 일이긴 했지만 그 교회에 가는 것을 더 이상 지체할 수 없었다.

예언의 비밀

● ● 다듬어지지 않은 모습으로

    1973년 12월의 주일 아침 내가 가지고 있는 유일한 정장을 입고 친구가 말해 준 그 교회로 향했다. 그곳은 집에서 불과 1마일 정도 떨어져 있는 곳이었다.
    교회로 들어서자마자 사람들이 고개를 돌려 나를 바라보았다. 내가 생각하기에도 내 자신은 뭔가 그 자리에 어울리는 존재가 아니었다. 깡마른데다가 머리는 너무나 길어 어깨를 훌쩍 덮고 있었는데 전혀 길들여지지 않았고 마구 헝클어져 있었다. 머리는 단정히 빗어 올렸으며 보석이나 화장으로 전혀 치장하지 않은 여자들로 가득 찬 보수적이면서도 가장 보수적인 교회에 들어서 있었던 것이다. 하지만 그들은 놀라운 참을성을 보여 주었다.
    약 400백 석의 자리가 마련된 교회에는 불과 70명 정도의 사람들만이 있었다. 주로 나이가 많은 사람들이었고 젊은이들은 몇 명되지 않았다. 그곳의 목사님은 '프레토리우스 목사'(Pretorius: 보어인으로 영국령 케이프 식민지에서 사람들을 이끌어 독립시켰으며 남아프리카를 영국령에서 독립시키는 데 결정적인 역할을 한 지도자)로 알려져 있었는데 둥근 얼굴에 부러진 코를 한 큰 몸집의 옛 레슬러를 연상시키는 인상을 하고 있었다.
    예배와 찬양시간은 굉장했다. 모든 성도들이 전에는 들어 본 적이 없는 노래를 손뼉을 치며 불렀고 나 역시 최선을 다해 따라 노래했다.

그런데 프레토리우스 목사는 음악을 멈추게 하더니 이렇게 말하는 것이었다.

"오늘은 예배의 순서를 바꿔야 할 것 같은 예감이 드는군요. 여러분 가운데 혹시 하나님 앞에서 자신의 죄를 공개적으로 고백해야겠다고 여기는 분이 계십니까? 만약 그런 분이 있다면 여기 앞으로 나오시면 됩니다. 우리 모두 함께 기도하겠습니다."

주저함 없이 나는 단상으로 나아가 무릎을 꿇었다. 몇몇 사람들이 내 주위로 모여 함께 기도를 시작했고 기도가 끝난 후 나는 다시 자리로 돌아왔다. 나중에 알게 된 사실이지만 예배 시작 부분에서 이런 식으로 누군가를 단상 앞으로 초청해 기도를 한 적이 그동안 한 번도 없었다고 한다. 아마도 그 시간은 전적으로 나를 위해 준비된 시간이었던 듯하다.

예배가 끝난 후 20대 정도 되어 보이는 한 남자가 내게 다가와 말을 걸었다.

"안녕하세요. 제 이름은 피터 프레드릭입니다. 그리고 이쪽은 제 부인인 레슬리입니다."

그들은 정말 친절한 부부였고, 피터는 이어 다음과 같은 말을 했다.

"당신이 어디서 왔는지 알 것 같군요. 제가 도움이 되었으면 하는데요. 혹시 마약을 하신 적이 있나요?"

"예, 그렇습니다만…"

"그렇다면 지금 금단현상을 겪고 계시는 게 분명하군요. 앞으로

36　　　　　　　　　　　　　　　　　　　　　　　예언의 비밀

어떤 현상이 일어나게 될지 저는 잘 알고 있습니다."

마약을 끊은 지 단 며칠밖에 되지 않았지만 그는 나의 걸음걸이와 말하는 투를 보고 대번에 금단 증상을 알아 차린 것이다. 그는 자신의 집으로 초대를 했고 나는 이에 응했다.

피터는 크리올 말을 구사하는 프랑계였으며 모리셔스 섬 출신이었다. 그곳은 인도양에 있는 마다가스카르에서 500마일 정도 떨어진 섬이었다. 그는 자신의 고향에서 더반까지 불법으로 큰 규모의 마약을 밀수하던 마약 밀거래상이었다.

교회의 어느 누구도 그 당시 내가 겪고 있던 복잡한 문제를 감당할 수 없었다. 그들은 마약 중독자에 대해 아는 것이 전혀 없었기 때문이다.

피터는 더반에 마약 밀수업을 하러 여행하던 중 놀랍게도 구원을 받게 되었고, 자신의 여동생이 살고 있는 유텐헤이그에서 새로운 사업을 시작하기로 결정했다. 이것은 내가 주님께 내 마음을 드리기로 결심하기 한 달 전에 일어난 일이다. 주님께서 내가 도움이 절실히 필요하다는 것을 알고 피터를 우리 마을로 인도하신 것이 아닌가 싶었다.

그의 거실에 앉자 마자 피터는 축사 기도를 하기 시작했다. 피터는 그동안 내가 겪어 왔던 일들이 어떠한 것인지 잘 알고 있었기 때문이다. 내가 겪었던 고통은 그야말로 끔찍한 것이어서 다른 사람들이 경험하는 그 이상의 것이었다.

피터는 계속해서 고백이 가져다 주는 능력이 어떠한지를 설명하면서 오후 내내 그동안 내 삶 속에서 용서를 구해야 할 게 어떠한 것이 있는지 주저함 없이 고백해야 한다고 이야기해 주었다.

내가 말을 꺼내기가 무섭게 피터는 그러한 것들이 바로 떠나가도록 기도했다. 그리고는 또 물었다.

"어떠한 것이든 깊은 곳에 감추어진 것이 있다면 기억해 내어 그것을 입술로 고백하도록 하세요. 그것을 비워 내어야만 합니다."

그리고는 바로 다시 기도를 해주었다.

평생에 다른 사람 앞에서 그토록 진실하게 자신을 열어 둔 적은 없었지만 그동안 저지른 일들이 부끄럽게 여겨지기보다는 내 삶이 모두 정결해지고 있음을 깨달을 수 있었다.

"자, 이제 성령님으로 채워질 준비가 되었다고 여겨집니다."

피터가 이렇게 말하자 나는 물었다.

"그게 뭐죠?"

피터는 오순절 강림 때 일어났던 일을 상세히 설명해 주고는 오늘날도 여전히 그런 일이 일어나고 있다고 말해 주었다. 그리고는 이렇게 덧붙였다.

"정말 다 설명하기는 힘들어요. 하지만 성령님을 받아들이게 되면 이해하게 될 겁니다."

우리는 함께 소리를 높여 기도하기 시작했다. 그리고 갑자기 무언가 현실에서는 일어날 수 없는 거대한 물결 같은 것이 나를 뒤덮었

38 예언의 비밀

다. 피터의 집에서 성령 충만함을 경험한 나는 소리를 지르며 기쁨으로 가득차 올랐다. 알아 들을 수 없는 방언을 몇 시간 동안이나 계속 했는데 뜨거운 불과 비 속에 동시에 담그어진 듯한 느낌을 받았다. 손가락 끝과 발가락마저 전에는 경험하지 못했던 힘으로 찌릿해져 오기 시작했다.

●● 완전히 미쳐버렸어

그날 밤 나는 마치 다른 행성으로부터 온 사람처럼 깡충거리며 집으로 들어섰다. 성령님의 충만함으로 가득해서 기쁨에 겨워 소리치고 있었다. 부모님은 모두 집에 계셨는데 공포에 질린 얼굴로 나를 바라보고 있었다.

"내게 어떤 일이 일어났는지 말씀드리게 해주세요."

나는 계속해서 말을 이었다.

"저 오늘 예수님을 만났어요. 그리고 성령님이 내 안을 가득 채워 주셨어요."

부모님은 그저 나를 바라볼 뿐이었다.

"더 이상 음악도 하지 않을 거고 록 밴드에서도 활동하지 않을 거예요. 그리고 더 이상 영화 음악 작업도 안 할 거고요. 제 삶을 모두 다 드렸어요. 이제 다 끝난 거라구요."

이것은 우리 가족에게는 마치 사형선고와 같은 것이었다.

"너 정신이 나간 모양이로구나. 완전히 미쳐버렸어."

어머니는 음악을 포기하겠다는 나의 발언에 너무나 화가 나셨다. 그도 그럴 것이 어머니에게는 종교보다는 사회 생활이 더 중요했기 때문에 아들의 음악적 성공이야말로 주된 자랑거리였던 것이다.

가족 중 그 어느 누구도 종교적인 체험을 한 사람이 없었기에 이런 방식으로 그리스도의 구원을 받아들인 사람은 가족사 전체를 통틀어 내가 처음이었던 것이다.

그 후로 몇 달 동안은 부모님과의 관계에서 그 어떤 정상적인 대화도 오고 갈 수 없었다. 집에서 함께 살고 있었지만 아무도 종교적인 경험에 대해 이야기하고 싶어하지 않았다. 가족들은 나를 완전히 낯선 사람으로 대우하기 시작했다.

내가 받은 구원은 변함없는 사실이었다. 음악을 하며 벌어들인 돈은 아무런 의미가 없었다. 나는 활동하던 록 밴드와 영화 제작자에게 편지를 하여 앞으로는 다시 함께 일하는 일은 없을 것이라고 통보했다.

하지만 밴드와 함께 작성한 계약서를 파기할 수는 없었다. 피터에게도 이 문제를 상의했다.

"피터, 이제 더 이상 록 음악은 연주하지 못하겠어. 단 한 번만이라도 말이야"

밴드 매니저에게 전화를 했을 때 그는 이렇게 말했다.

"이 계약에서 벗어날 수 있는 방법은 없다. 계약서대로 활동을 하

지 않겠다면 나는 법적인 조치를 취할 수밖에 없구나."

나는 크리스천이 되어 맞이한 이 어려운 상황 속에서 처음으로 기도할 수 있는 기회를 가지게 된 것이다.

"주님, 이 계약에서 벗어날 수 있도록 제발 도와주세요. 다시는 예전의 삶으로 돌아가고 싶지 않아요."

클럽에서 연주하기로 했던 어느 금요일, 정말 놀라운 일이 일어났다. 그 날 오후 밴드 멤버 몇 명이 식중독으로 갑자기 병원에 입원하게 되었다는 연락이 온 것이다. 그 연주회는 계약서와 함께 완전히 취소되었고 록 음악과 영원히 이별하게 되는 계기가 되었다.

● ● **주님의 음성을 듣다**

집에서 받은 중압감 때문인지 손뼉치며 행복하게 찬양하는 교회로 돌아갈 수 있는 주일 아침이 빨리 오기만을 기다렸다. 얼굴에 가득 미소를 담고 교회 문을 따라 들어간 나는 안내를 기다릴 수 없었다. 그런데 나를 바라보며 잔뜩 찡그리고 있는 건장한 집사 한 명이 다가와 악수를 청하기는커녕 나를 번쩍 들더니 그대로 건물 밖으로 던져 버렸다.

"우리에게 너 같은 녀석은 필요 없어."

그는 소리쳤다. 나는 혼란스럽고 화가 난 상태로 걸어 나가기 시작했다. 그런데 친구 피터가 이 광경을 목격하고 바로 내 뒤를 따라 뛰어 왔다.

"저 사람은 신경 쓸 것 없어요. 당신이 입고 있는 옷이나 머리 모양 때문에 그런 거니까. 저 사람이 납득할 수 있는 그런 것이 아니라서 그래요. 스스로 감당할 수 없는 거지요."

"내가 여기 있어도 되는지 모르겠어요."

나는 실망으로 가득찬 목소리로 대답했다.

"지금 포기해서는 안 되요. 자 가서 이발을 좀 합시다."

나는 잠시 미소를 띄우며 이렇게 답했다.

"피터, 마치 내가 아주 성스러운 모습을 하기를 바라는 것 같군요. 하지만 다른 건 몰라도 내 머리카락만은 절대 자르라고 말하지 말아 주세요."

"아니에요, 킴. 이 교회에 있는 예수님에 대해 더 배우기를 원한다면 그 머리카락을 잘라내야만 해요. 이 곳의 성도들의 심사를 거스릴 필요가 있을까요?"

나는 피터와 논쟁을 벌이기 시작했다.

"피터, 지금 내 삶을 완전히 포기하라고 말하고 있다는 거 알아요? 이 만큼이나 머리카락을 기르려면 몇 년이나 걸린다고요."

하지만 다음날이 되어 나는 형수 바네사에게 가서 이렇게 말했다.

"무조건 머리카락을 잘라 버려요. 정말 짧게 말이에요."

바네사는 내가 시키는 대로 했다. 다음 주일이 되어 교회로 되돌아 왔을 때 문 앞에 서 있던 성도가 이렇게 말하는 것이었다.

예언의 비밀

"만나서 반갑습니다. 잘 오셨어요. 처음 오신 거죠?"

그들은 내가 누구인지 알아보지 못했다.

몇 주가 지나자 목사님이 내게 오셔서 물로 침례를 받아야 한다고 말씀하셨다. 그러면서 성경에 구원을 받은 이후 세례받는 의식에 대한 기록이 있다고 이야기해 주셨다.

1974년 1월 1일, 내 생애 최초이자 마지막인 세례식이 거행되었다. 아직도 어제 일처럼 생생하기만 하다. 내게 도대체 무슨 일이 일어났는지 어리둥절해하는 친구들에게 세례식에 대한 소문이 곧 퍼졌다.

"그 녀석 정말 어떻게 되었나봐. 가서 이게 진짜인지 확인해 봐야겠어."

교회 예배가 있을 때마다 내 오래된 친구들이 하나둘씩 나타나기 시작했다. 그리고 내가 세례를 받던 그날 밤 150명이 넘는 젊은이들이 사방에서 몰려 들었다. 모터 사이클들이 길에 줄지어 서 있었고 인근 주민들은 어리둥절해 할 수밖에 없었다.

갑자기 방문한 이 젊은이들의 모습은 예배에 참석하기에 그리 썩 적합한 상태는 아니었다. 그래서 전에 나를 내쫓았던 그 집사는 그 젊은이들을 모두 밖으로 내보내려고 안간힘을 썼다. 그런 그에게 다가가 나는 이렇게 달래야만 했다.

"이곳에 모인 사람들을 내쫓기만 한다면 어떻게 구원의 길로 인도할 수 있을까요? 제발 그들을 안으로 들어오게 해주세요."

그 집사는 나의 친구들을 다른 성도들과 구별된 곳에 있도록 그들을 발코니 쪽에 앉도록 했다. 이것이야말로 영적인 차별 정책이 아니고 무엇이란 말인가? 어쨌든 아주 내쫓는 것보다야 훨씬 나은 결정이긴 했다.

내가 세례받을 차례가 되자 프레토리우스 목사님은 손을 얹고 기도하시기 시작했다.

"성부와 성자와 성령의 이름으로……."

나는 물 속으로 잠겨 들어갔고 짧게 자른 머리 끝에서 발 끝까지 흠뻑 물에 적셔진 상태에서 수면 위로 떠올랐다. 그 순간 한 번도 들어 보지 못했던 음성이 들려 왔다. 지금까지 들어 왔던 그 어떤 말보다 더 확실하고 분명한 음성이었다. 바로 하나님이 말씀하신 것이다.

주님께서 말씀하신 것을 어떻게 분명히 알 수 있을까? 하나님께서 말씀하시는 것을 듣는다면 전혀 의심할 여지 없이 그것을 받아들이게 될 것이다. 그저 알게 되는 것이다.

주님께서는 두 가지 확연히 구별되는 것들을 말씀해 주셨다. 첫째는 주님의 복음을 위한 사역자로 나를 부르셨다는 음성이었다.

이 말씀을 들은 다음 바로 침례 욕조에서 나는 이렇게 외쳤다.

"하나님께서 나를 부르셨어. 사역자로 나를 부르셨다고!"

목사님이 다시 물 속으로 나를 담그시려는 것을 확연히 느낀 순간 다시 놀라운 예언의 음성이 들려 왔다.

"너의 가족 중 그 어느 누구도 구원받지 못하고 죽음을 맞이하지는 않을 것이다."

그날 밤 많은 수의 친구들이 그리스도를 자신의 구주로 영접했다. 하지만 어머니와 아버지는 어떻게 되는 것일까? 그리고 나의 형제와 자매들의 영혼은 구원받을 수 있는 것일까? 내가 들은 것은 정말 하나님으로부터 온 것인가?

2장
복도에서의 기다림

그들은 앞으로 나아 왔고
하늘 문이 활짝 열리는 것을 느낄 수 있었다.
말할 수 없이 멋진 혼란이었다. 바로 그 때 나는
예언을 하기 시작했다. 하나님께서는
내게 사람들에게 줄 말씀을 주셨고
나는 그것을 전달했다.

"네 생각에 복음을 전하기 위해 부르심을 받았다고 확신하는데 나는 그 사실을 믿을 수 없구나."

프레토리우스 목사님은 말씀하셨다. 나는 크리스천이 된 지 불과 몇 주밖에 되지 않았을 뿐만 아니라 목사님에게 이미 준엄한 가르침을 받아 온 상태였다. 목사님은 계속해서 위압적으로 다음과 같이 말씀하셨다.

"앞으로 적어도 3년 동안은 교회에 얌전히 앉아 있었으면 한다. 음악 사역이나 설교 그 어느 것도 해서는 안 된다."

그리고 목사님은 이러한 결정에 대한 중요한 조건을 제시하셨다.

"이 교회에서 신실하게 준비되고 하나님께서 하시고자 하는 말씀을 잘 듣는다면 너의 성품을 다듬어 반항적인 기질을 제하도록 도움

을 주겠다."

새로운 변화가 내 삶 속에서 너무나 빠르게 진행되고 있었기 때문에 이러한 제안에 어떻게 응해야 할지 잘 알지 못했다. 불과 한 달 사이에 칼에 찔리고 구원을 받았으며 교회로 보내졌다. 그리고 성령으로 충만해졌으며 가족에게 거절당하고 마약으로부터 자유로워졌으며 교회에서 쫓겨나기도 했고 물로 세례도 받았으며 하나님의 음성을 듣기도 했다. 내 자신이 완전히 새로운 기초 위에 세워지고 있었다. 그렇다면 다음은 무엇일까?

나는 목사님에게 다음과 같이 답했다.

"목사님, 당신이야말로 내 인생에서 가장 좋은 것이 무엇인지 알고 계실 거예요. 하나님께서는 어떠한 목적을 가지고 저를 이곳으로 인도하신 것이고 저는 배울 준비가 되어 있습니다."

교회는 나에게 가장 필요한 것을 정확하게 공급해 주었다. 바로 제자가 되는 훈련이었다. 대부분의 목사님들이라면 내가 가진 재능을 주님을 위해 사용할 수 있도록 나를 앞에 세우셨을 것이다. 하지만 이곳은 달랐다. 이곳의 성도들은 내가 교회 의자에 앉아 하나님의 말씀을 배우는 학생이 되어야 할 필요가 있다고 믿었던 것이다. 이 교회는 매우 율법적이고 교리적이며 타협의 여지가 없었지만 내게 있어서는 가장 적당한 장소였던 것이다.

프레토리우스 목사님은 내 인생에 가장 큰 영향을 미치신 분이셨지만 영적인 아버지가 되어 나를 양육해 준 이는 다름 아닌 피터 프레드

릭이었다. 그가 아니었다면 지금의 내 모습은 상상할 수 없을 것이다.

피터와 나는 교회 좌석 사이를 오고 가며 몇 시간이고 성령 안에서 함께 기도했다. 40일 동안 연속으로 금식한 적도 몇 차례 있었다.

나는 돈을 벌기 위해 폭스바겐 공단에 있는 백화점 한켠에서 점원으로 일을 하고 있었다. 고등학교에서 쫓겨난 이후 음악을 제외하곤 그 어떤 재주도 없던 내게 행운처럼 찾아 온 일자리였다.

크리스천이 된 첫 해에는 내 인생의 주된 일이라고는 일하고 기도하고 하나님의 말씀을 공부하는 것, 이 세 가지뿐이었다. 교회 문이 열릴 때면 언제나 그곳에 내가 있었다. 피터와 나는 매일 함께 만나 기도했으며 하나님의 성령님을 아는 지식은 비옥한 땅에 심겨진 나무처럼 계속 자라 갔다.

● ● **광신자**

집안에 감도는 긴장감은 날이 갈수록 더해 갔다. 우선 부모님은 예수님에 대한 경험에 대해 단 한마디도 하지 않으셨다. 서로 대화를 한다고 해도 함께 나눌 만한 주제가 없었다. 나는 아주 엄격한 크리스천이 되어 있었던 것이다. 영화를 보러 가지고 않았고 록 음악도 더 이상 듣지 않았다. 그저 원하는 것이 있었다면 주님의 임재 안에 머물러 있는 것이었지만 부모님은 그렇지 않았다.

어느 날 밤 한 최면술사가 공연을 하기 위해 우리 마을을 방문했

50 예언의 비밀

다. 부모님은 그 공연을 함께 보러 가자고 하셨지만 나는 단번에 거절했다.

"안 되요, 그건 주님에 관한 공연이 아니에요."

부모님은 도저히 이해하지 못하셨다.

목사님은 내가 대중 앞에서 피아노 치는 것을 허락하지 않으셨지만 내 속에 가득 차 있는 음악을 밖으로 내보내야만 하는 절박한 느낌이 들기 시작했다.

내가 피아노를 칠 수 있는 경우는 집으로 돌아와 방 문을 닫고 키보드 앞에 앉는 그 때였다. 바로 이 때가 주님을 위해 음악을 통해 예배를 드릴 수 있는 순간이었다. 몇 시간 동안이고 성령님께 푹 빠져 주님을 노래하곤 했는데 내 방에서 들려오는 소음을 듣고 부모님이 나를 완전히 미친 아이로 여길 만했다.

하지만 이 시간을 통해 더 깊이 주님을 만날 수 있었고 지금에서야 이해하게 된 예언의 기름부으심을 내 안에 넘치게 하셨다.

그렇다면 어떻게 나의 회심을 확인할 수 있었을까? 인생을 돌아보면 하나님을 향해 가졌던 사랑과 비교할 만한 그 어떤 열정도 내 안에서 찾아 볼 수 없었다. 이 사랑은 록 음악보다 훨씬 강렬했고 그 어떤 마약보다 효험이 있었으며 세상의 그 어떤 유혹보다 강한 것이었다. 성령님의 기름부으심과 비교할 수 있는 것은 아무것도 없었다. 그것은 순전히 하늘에 속한 것이었다.

그런데 연말이 다가오자 피터는 청천벽력과 같은 소식을 전해 주었다.

"레슬리와 나는 더반으로 이사를 할 것 같아."

피터는 유일하게 위로를 주던 친구였기 때문에 이 소식은 내 마음을 갈기갈기 찢어 놓았다. 그 어떤 교회 사람도 내 안에 있는 잠재력을 제대로 봐주는 이가 없었기 때문에 갑자기 아무 친구도 없는 듯한 외로움에 사로잡혔다.

피터가 떠나자 나는 목사님에게 교회를 위해 내가 할 수 있는 일이 없냐고 물었다. 이제 예배를 인도할 시기가 되었다거나 주일학교 교사로 가르칠 수 있는지 제안해 오시지 않을까 내심 바라고 있었기 때문이다.

하지만 목사님은 매주 교회 건물을 청소하는 것을 도와줄 수 있겠냐고 물어보셨다. 물론 그렇게 하겠다고 답하고는 성전을 닦는 사역에 착수하기 시작했다. 창문을 닦고 화장실 청소도 했다.

폭스바겐 공단에서의 일은 접고 세일즈맨으로서의 새로운 일도 시작했다. 하지만 세상에서의 경력에 대해서는 단 한 번도 생각해 본 적이 없었다.

교회에서 주님의 임재는 너무나 강렬해서 세상적인 추구나 욕망에 사로잡혀 있을 수 없다고 가르쳤다. 나는 성경에 대한 적용이나 교회의 유일한 가르침에 대해 논쟁하지 않았다. 하나님께서 나를 그곳에 심으신 목적이 있다는 사실을 알고 있었고 그것이 무엇인지 배우기로 결정했기 때문이다.

복도에서의 기다림

크리스천이 되고 나서 두 번째 해가 되어 프레토리우스 목사님에게 가서 다시 물어 보았다.

"목사님, 이제 저는 신학교에 갈 준비가 된 듯합니다. 진학할 수 있도록 도와주시겠습니까?"

"아직 자네가 사역자로 부르심을 받았는지 확신하지는 못하겠지만 교회의 다른 사역자들과 함께 자네의 문제에 대해 모임을 가져 보도록 주선해 보겠네."

우리 교회는 남아프리카의 수도인 프레토리아에 있는 교단 본부에 속해 있었는데 그곳은 유텐헤이그에서 600마일 떨어진 곳이었다. 나는 그곳에서 인터뷰를 마친 후 그들이 나의 잠재력에 대해 논의한 후 다른 업무도 마칠 때까지 약 세 시간을 복도에서 기다려야만 했다. 마침내 그들 중 한 사람이 나와서 내게 결정된 내용을 통보했다.

"자네가 이 내용을 듣고 싶어 하지 않을 테지만, 젊은이, 자네가 사역자가 되기에 적합한 사람인지에 대한 확신이 서질 않네……."

교회에 출석한 지 3년이 되던 해에 나는 다시 목사님을 찾았다.

"제발, 목사님. 제가 신학교에 갈 수 있도록 교단 관계자들을 설득해 주실 수 있겠습니까? 하나님께서 저를 부르셨다는 사실을 확신하고 있습니다."

우리는 다시 교단 본부를 방문했고 인터뷰를 위한 교리와 신학에 대한 준비뿐만 아니라 복장과 머리 모양새 역시 완벽하게 갖춘 상태였다.

이번 방문에서 프레토리우스 목사님은 그들에게 다음과 같은 말을 했다.

"여러분, 이 앞에 선 젊은이는 훌륭한 인재입니다. 저는 이 젊은이가 사역자가 될 수 있는 자질을 갖추었다고 생각해 본 적은 없지만 그 스스로는 하나님께서 자신을 부르셨다고 믿고 있습니다. 이 젊은이에게 기회를 주시는 것이 어떻겠습니까?"

교단의 리더들은 영원한 보장, 혹은 성도의 견인에서부터 오순절 강림 사건에 이르기까지 내가 믿는 믿음에 대해 상세히 질문을 했는데 내 생각엔 대답을 잘한 것 같았다. 꽤 오랜 시간 후 그들은 밖에 나가서 기다리라는 부탁을 했다.

결정은 내려졌고 그들은 내게 이런 통고를 했다.

"킴, 우리는 자네가 얼마나 주님을 사랑하고 있는지 잘 알고 있다네. 하지만 아직도 목사나 전도자로서 자질이 충분한지에 대해서는 확신이 없다네. 그것을 붙잡으려고 시간을 허비하고 있는 것은 아닌가?"

그리고는 교회 오르간을 연주해 보는 것이 어떠냐고 제안을 해 왔다.

내 마음은 온통 혼란으로 가득했다. 그리고 집으로 돌아오자마자 하나님 앞에 얼굴을 묻고는 울부짖었다.

"주님, 이제 다 끝난 것인가요? 이곳에서 드린 3년이라는 시간은

정말 아무것도 아니었나요? 세례받던 날 들었던 그 음성은 사실이 아니었나요? 당신의 사역자로 저를 부르신 게 아니었느냐 말입니다."

어느 날 아침, 어디에서 도움이 올 것인지 전혀 알지 못한 채 자리에 앉아 무언가 비정상적인 행동을 하기 시작했다. 오클라호마 툴사에 있는 오랄 로버츠에게 편지를 쓰고 있는 것이다. 나는 이미 그가 쓴 〈믿음의 씨앗(Seed Faith)〉이라는 책을 읽었고 그야말로 나를 도와줄 수 있을 것이라 여긴 것이다.

"친애하는 로버트 선생님, 제 이름은 킴 클레멘트입니다. 하나님이 사역의 길로 저를 부르셨다고 확신하기에 선생님의 도움을 구하고자 합니다. 두 번이나 교단 신학교에서는 저의 입학을 거절했습니다. 담임 목사님께서는 심지어 저의 부르심은 사실이 아니라고까지 말씀하십니다. 아마 선생님 역시 그렇게 생각하실지도 모르겠습니다. 하지만 그저 제가 드리는 간구를 위해 기도해 주시기를 부탁드립니다.

제 삶을 위해 하나님께서 계획하신 일을 위해 배우면서 제 자신을 준비해야 합니다. 저에게는 신학교를 들어갈 만한 방법이 전혀 없습니다. 감히 그럴 수도 없습니다. 선생님께서 저에게 어떤 도움이나 조언을 주실 수만 있다면 정말 감사하겠습니다."

그 편지에 2달러가량 현금을 동봉하고 나서 한 달쯤 후 오랄 로버츠 대학교 신학부에서 보낸 상자들과 책들을 받아 보게 되었다. 그 안에는 교과서와 성경 지침서, 그리고 주석서와 연습서들이 들어 있었다. 그리고 영적으로 도움을 받을 수 있는 교양서들도 들어 있었다. 정말 믿을 수 없는 일이 일어난 것이다.

매일 몇 시간씩 이 놀라운 책들을 붙들며 매진했고 내가 경험했던 일들을 분명히 이해할 수 있게 되었다.

"바로 이러한 일이 내게 일어난 거야. 이러한 사실이 성경에 기록되었다는 사실조차 모르고 있었군……."

오랄 로버츠는 내 안에 씨앗을 심었고 그가 보낸 책들은 나의 부르심을 확정지었으며 나의 비전을 더 넓혀 주었다. 그리고 수십 년 동안 우리 가족을 얽매었던 가난과 독소의 저주를 깨어 부수는 데 결정적인 역할을 했다.

● ● **기념비에 새겨진 기적**

어느 날 새벽 2시쯤 주님께서 내 어깨를 두드리는 것을 느끼며 잠에서 깨어났다.

"얘야, 공원에 있는 기념비로 올라가서 기도하렴."

내 영혼에 속삭이시는 주님의 음성을 들은 것이다.

나는 창가로 걸어가 폭우가 쏟아지고 있다는 사실을 발견했다.

"주님, 진심이신가요?"

하지만 이미 완전히 잠을 깬 상태인데다 하나님께서 내게 그런 말씀을 하신 것 자체가 예사롭지 않게 여겨져 비옷을 입고는 언덕을 향해 걸어 올라가기 시작했다. 그곳은 몇 년 전 마약을 하기 위해서 학

교를 빼먹을 때마다 들렀던 바로 그 장소였다.

그 언덕은 경사가 꽤 급했는데 조지 5세 왕의 기념비 바로 앞에는 철장으로 된 대문이 있었다. 그날 밤 그 문은 잠겨 있었고 거기서 무엇을 해야 할지 알 수 없었다. 그저 이렇게 기도하며 담장을 넘기 시작했다.

"주님, 이 기념비로 가서 기도하라고 말씀하신 게 맞습니까? 그렇다면 지금 제가 그곳을 향해 가고 있습니다."

담장을 넘어 바닥으로 내려 섰을 때 주님의 임재가 너무나 강렬해서 울음을 터뜨리지 않을 수 없었다. 언덕 꼭대기까지 이어진 조명등을 따라 올라갈수록 주님이 점점 더 가깝게 느껴져서 마치 그분을 만질 수 있을 것만 같았다. 나는 소리를 높여 기도하면서 그분과 대화를 이어 갔다.

비는 계속해서 쏟아지고 급기야 언덕 꼭대기에 있는 기념비 앞 계단에 이르렀다.

그런데 갑자기 정문으로부터 커다란 소음이 들려오더니 거대한 몸집의 사내 두 명이 나를 행해 달려오는 것이 보였다.

'오, 주님, 저를 죽이시려고 이곳에 부르신 겁니까? 그렇습니까?'

공포감에 휩싸인 채 나는 그렇게 서 있었다.

그 두 사람이 점점 더 가까이 다가오자 그들이 제복을 입고 있으며 손에 경찰봉을 들고 서 있는 모습이 시야에 들어왔다. 그들은 나를 불러 세우고는 이렇게 물었다.

"신분증을 가지고 계십니까? 우리들은 이곳의 경비 경찰들입니다."

나는 너무나 놀란 나머지 무어라 말해야 할지 알 수 없었다. 그들은 캐묻듯 다시 말을 이었다.

"이곳에서 무얼 하고 계시는 겁니까? 문이 잠겨 있는 것을 보지 못했습니까? 우리는 마약 단속 중에 있는데 지금 당신이 뭘 하러 이곳에 들어왔는지 알아야겠습니다."

"사실 저는 아무것도 하지 않았습니다. 그저 기도를 하고 있었을 따름입니다."

빗속에 서 있는 채 나는 대답했지만 그들은 계속해서 질문을 했다.

"선생님, 언덕을 함께 올라 가고 있던 그 사람이 누구였는지 말씀해 주신다면 댁으로 보내드리도록 하겠습니다."

"여보세요, 제 이야기를 좀 들어 주세요. 이 곳에 저 외에는 아무도 없었다는 사실을 좀 믿어 주십시오. 그저 이곳에 올라와 기도를 하려고 했을 뿐입니다."

하지만 그 두 사람은 확고부동했다.

"보십시오. 우리는 이 길을 따라 올라가고 있는 두 명의 사람을 보았고 그중 한 명을 지금 찾아야만 합니다."

나는 어리둥절해서 물어 보았다.

"그렇다면 다른 사람의 인상착의가 어땠나요?"

"그 사람은 당신보다 약간 더 키가 컸고 당신이 언덕을 올라가고 있는 동안 함께 대화하고 있는 광경을 똑똑히 보았습니다."

그중 한 명이 대답했다. 그리고는 그곳에서 꼼짝말고 기다리라는 말과 함께 나머지 한 사람을 찾으러 그들은 떠났다.

30분 정도가 지났을까, 온 사방을 구석구석 살피던 경비 경찰들은 아무도 찾을 수 없었다. 나는 그들이 돌아오자마자 이렇게 대답했다.

"저기 말이에요, 지금 제가 하려는 말이 정상이 아닌 것처럼 들릴지는 모르겠지만 여러분이 보신 건 예수님이었던 것 같네요."

비에 잔뜩 젖어 집에 돌아오긴 했지만 하나님을 찬양하지 않을 수 없었다. 이날 이후로 인생의 모든 여정 가운데 주님께서 함께하고 계심을 뚜렷이 알 수 있었다.

●● **위대한 공연**

이듬해 또 다시 교단 사무국의 문을 두드려 봤자 아무런 결실도 얻을 수 없을 게 뻔하다는 사실을 이미 깨달은 나는 목사님을 만나 다음과 같은 요청을 했다.

"목사님, 적어도 제가 공연을 할 수 있도록 허락해 주십시오. 제가 할 줄 아는 것이라고는 그것밖에 없습니다. 그리고 다른 이들에게 제가 할 수 있는 사역이라고 믿고 있습니다."

3년 동안 주님과 교회, 그리고 내 인생 가운데 찾아 온 사람들에게 순종해 왔다. 그리고 내가 신실함을 입증하기만 하면 내 성품을 바꾸고 반항적인 기질을 몰아내도록 도와주실 것이라는 목사님의 약속을 계속 간직하고 있었다.

그리고 그 순간 이런 기적이 내게 일어나고 있었다. 권력에 대한 반항적인 내 기질은 주님의 말씀을 깊이 사모하고 예배를 갈망하는 마음으로 뒤덮인 것이다. 이 교회야말로 그렇게도 가고 싶어했던 신학교, 그 자체가 아니었을까 하는 생각이 들었다.

교회는 그동안 몇 가지 변화를 겪었는데 70여 명이었던 성도 수는 이제 400명이 되어 있었다. 여기 저기에서 사람들이 모여 들었고 이것은 참으로 기이한 현상이었다.

이 일에 대해 더 깊이 생각할수록 내가 사역에 직접 뛰어 들지 못하게 했던 그 처사가 얼마나 현명한 것인지 깨닫게 된다. 예수님의 제자들도 3년 동안 예수님의 발 아래에서 훈련을 받은 후에야 각자의 사역을 향해 나아가지 않았던가?

프레토리우스 목사님은 마침내 응답해 주셨다.

"킴, 자네가 옳네. 드디어 때가 온 것 같아. 자네가 공연을 하겠다니 나도 기쁘네. 그리고 우리 교회가 전적으로 도움을 주고 싶네."

나는 도심에서 온 젊은이들이 편안하게 느낄 만한 공연장을 찾아내었고 오랫동안 함께 공연을 해왔던 왕년의 밴드 멤버들 역시 이제 구원받은 상태였기 때문에 그들과 함께 연습을 시작했다. 내 음악에 지대한 영향을 끼친 안드레 크라우치(Andrae Crouch: 미국의 유명한 가스

펠 가수이자 작곡가) 풍의 음악들이 대부분이었는데 공연을 위해 연습을 하면서 내가 백인 안드레 크라우치가 될 수는 없을까 생각하곤 했다.

주님을 위한 연주가 그동안의 연주와는 확연하게 다름을 깨달으며 '킴 클레멘트와 의로운 유대인'이라는 문구가 새겨진 전단지를 수백 장 인쇄했다.

그날 밤 공연장 안으로 들어섰을 때 그곳에 몰려든 인파에 적잖은 충격을 받았다. 이 장소는 그저 입소문으로 전파되었으며 그 소문은 록 음악을 하는 이들에게까지 퍼져 갔다.

"킴이 다시 음악을 한다는군. 그가 공연을 한대."

무대 위에 오르기 전 이 공연이야말로 음악 사역의 첫 출발이라고 굳게 믿었다. 모든 것은 완벽히 계획된 상태였다. 우리는 열두 곡을 준비했고 공연이 끝나면 청중의 기립박수를 받을 것이라 기대하고 있었다.

하지만 그곳에는 여러 무리들이 뒤섞여 있었다. 그중 반은 크리스천이었고 나머지 반은 믿지 않는 이들이었다. 음향시설은 최고였고 무대 조명 효과 역시 기대 이상이었다. 그리고 처음 두세 곡까지는 모든 것이 잘 흘러 가는 것처럼 보였다. 그 때 공연은 갑자기 혼란 속에 빠져 들었다.

무언가 전혀 계획하지도 않고 기대하지도 않았던 일이 일어난 것이다. 나는 이미 준비된 프로그램을 치우고 거부할 수 없이 강렬한 임재 가운데 '주님의 노래'를 부르기 시작했다. 내가 연습해 왔던 그런 노래가 아닌 그분의 노래, 그분의 음정과 그분의 가사였다.

주님을 위해 사역하기로 했던 내가 사람들에게 즐거움을 주기 위해 공연을 기획했지만 더 이상 그러고 있을 수 없었다. 성령님께서 완전히 내 안에서 흘러 넘치도록 하였고 그분은 바로 이 모임을 주관하셨다. 밴드 멤버들은 완전히 충격을 받았고 나 역시 예외는 아니었다.

피아노로 주님을 예배하고 있는데 사람들이 쓰러지기 시작했다. 어떤 사람들은 바닥에 누워 있었고 어떤 사람들은 방언으로 하나님을 예배하고 있었다. 10대들은 구원받기 위해 무대 앞으로 나오기 시작했다. 그 순간 나는 단상에서 뛰어 내려 사람들 사이로 들어가 기도하기 시작했다. 그들은 앞으로 나아 왔고 하늘 문이 활짝 열리는 것을 느낄 수 있었다. 말할 수 없이 멋진 혼란이었다.

바로 그 때 나는 예언을 하기 시작했다. 하나님께서는 내게 사람들에게 줄 말씀을 주셨고 나는 그것을 전달했다. 각자에게 맞는 그런 말씀들이었다.

프레토리우스 목사님과 교회에서 온 리더들을 힐끗 바라보았더니 모두들 눈을 커다랗게 뜨며 이 광경을 지켜 보고 있었다. 그들이 무슨 생각을 하고 있을지 궁금했지만 나 역시 이러한 상황들을 이해하지 못했다. 그저 우리가 준비한 노래들을 연주하고 청중들은 기뻐할 것이며 공연이 끝나면 "멋진 밤입니다. 하나님께서 축복하시기를 바랍니다"라는 말로 마무리를 하고 청중들은 박수로 화답을 하리라 생각

예언의 비밀

했다. 하지만 그런 일은 일어나지 않았다.

하나님께서 내 삶 속에서 움직이고 계신다는 사실은 이제 분명해졌다. 하지만 공연 사역이라……. 또 다시 이런 일이 일어날까 의심스럽지 않을 수 없었다.

● ● **이건 명령이다!**

다음으로 나를 초대한 곳은 교회가 아니었다. 남아프리카 공화국 육군 부대로부터 부름을 받게 된 것이다. 젊은 남자라면 누구나 다 정해진 기간 동안 국방의 의무를 다해야 한다는 사실은 알고 있었다. 그래서 스물한 살이 되던 해 나는 오렌지 프리 주에 있는 베들레헴이라는 마을에 배치되었다.

크리스천으로서 그곳에 간 것이기 때문에 주님을 섬길 수 있는 기회를 찾던 내게는 아주 중요한 경험을 할 수 있는 좋은 장소였다. 육체적으로야 물론 요구 사항이 많은 건 그렇다치더라도 영적인 측면에서는 상상을 초월하는 어려움들이 많았다.

근무가 없을 때면 몇몇 커피숍에서 피아노를 연주하며 사역을 했고 나의 피아노 연주 실력에 대한 소문이 퍼져 갔다. 고위직에 있는 사령관이 나를 불러 들였고, 토요일 저녁에 있을 무도회에서 피아노를 연주해 달라는 부탁을 받았다. 하지만 나는 단번에 거절했고 그런 연주를 할 수 없다는 말을 덧붙였다.

그 사령관은 지금까지 한 번도 거절을 당한 적이 없었고 자신의 말을 거절한 것은 명령에 불복종한 것이라고 했다. 그리고는 나를 완전무장을 시켜 언덕으로 보냈다. 나는 서너 시간 동안 그 지역을 뛰어야 했다.

또 다시 부탁을 받았지만 나는 거절했고 이에 대한 체벌은 더 가혹했다. 군사훈련을 받는 동안 교관이 발로 차기 시작했고 곧 갈비뼈가 부러지는 사고를 당하기도 했다.

며칠 뒤 한 육군 소령이 막사로 들어와 이 소식을 전했다.

"클레멘트, 너는 이번 주말에 있을 장교들의 무도회에서 연주를 하게 될 것이다. 이것은 명령이다."

그가 이번 일은 임무라고 말하자 나는 다음과 같은 조건을 내걸었다.

"그렇다면 한 가지 조건을 제시하고 싶습니다."

"그게 무엇이지?"

"크리스천 음악을 연주하도록 허락해 주십시오."

"하지만 그런 종교 음악에 맞추어 춤을 출 수는 없다."

"그렇다면 어떻게 하실 수 있는지 보여드리도록 하겠습니다."

나는 확신에 찬 목소리로 응했다.

토요일 저녁이 되자 내가 이 파티에서 무엇을 기대할 수 있을지 전혀 예상할 수 없었다. 무도회장에는 장교들로 가득했고 멋지게 치장한 손님들로 북적였다. 그들 모두 파티 분위기에 흠뻑 젖어 있었다.

내 차례가 되자 피아노로 다가가 빠른 템포의 곡들을 선택해 연주하기 시작했다. '이 날은 주가 지으신 날일세', '살아 계신 주', 그리고 '주의 이름 송축하리'와 같은 곡들을 계속해서 연주했다.

'이 찬양 속에 있는 가사가 어떤 내용인지 안다면 모두 충격받을걸?'

나는 미소를 지으며 생각했다. 파티가 무르익어 가면서 점점 느린 곡들을 연주했고, 아름다운 멜로디의 유명한 예배곡인 '알렐루야'의 선율이 울려 퍼지기 시작했다.

나는 눈을 감고 주님께서 내 손가락과 건반을 통해, 그리고 피아노의 스트링을 통해 그곳에 모인 사람들의 가슴속으로 전해지기를 기도했다. 네 번째 곡을 연주하고 있을 때쯤 방 안에 성령님의 임재가 가득한 것을 느낄 수 있었다. 그리고 술을 마시며 춤을 추던 왁자지껄한 소리들이 사라지고 뭐라 형언할 수 없는 분위기로 바꿔어 가고 있었다.

"자네가 연주하고 있는 곡의 제목이 무엇인가?"

장교 중 한 사람이 다가와 속삭였다. 그의 눈에 눈물이 가득 차 있는 것을 대번에 알아 차릴 수 있었다.

"'알렐루야'라는 곡입니다."

그리고는 계속해서 피아노를 연주했다.

그리고 또 다른 장교 하나가 가까이 접근해 왔다. 그들은 나의 배경에 대해 물어보기 시작했고 주님께서 나의 삶을 어떻게 변화시키셨는지 알게 되었다. 파티가 끝나기 전에 이 두 장교를 주님께로 인도하는 기도를 하게 되었고 그들 중 이반 그레이엄이라는 소령과는 둘도 없는 친구가 되었다.

● ● **생명으로 가는 길**

일년 뒤 군 복무를 모두 마치고 돌아왔지만 앞으로 어떠한 길을 가야 할지 하나님의 인도를 기다려야만 했다. 세례를 받던 그 날에 들었던 하나님의 음성에 매달려 있는 것만이 유일한 희망이었다. 하나님께서 사역자로 부르셨다는 사실만이 가슴 깊은 곳에 남아 있었다.

하나님의 순복음교회로는 다시 돌아가지 않기로 마음 먹었다. 약속된 3년의 기간 동안 그곳에서 아무런 불평없이 주님께 순종해 왔지만 다시 돌아간다면 하나님의 부르심을 표현할 더 이상의 다른 방법이 없다는 사실을 알고 있었기 때문이다.

목사님이 내게 설교를 부탁하셨는데 이것은 흔하지 않은 일이었다. 왜냐하면 그들은 주님께서 나를 인도하신 그 길을 전혀 이해하지 못했기 때문이다. 그들은 전도자나 성경 교사들의 전형적인 가르침에 대해서는 잘 알고 있었지만 예언 사역자에 대한 이해에는 무지했다. 세 가지 요점과 결론을 갖춘 설교 형태 대신 하나님께서 주신 계시를 그들과 나누었지만 대부분의 목사들은 별로 달가워하지 않는 눈치였다.

나는 포트 엘리자베스에 있는 악기점에서 일을 하게 되었다. 그곳에서 피아노와 신디사이저 그리고 다양한 종류의 악기들을 선보이고 파는 일을 맡아 하고 있었다. 밤에는 '바이탈 링크'(생명으로 가는 길)라는 크리스천 커피숍이 주관하는 노방 전도의 일원이 되어 거리에서 전도를 했다. 그 거리는 매춘부들과 마약 중독자들 그리고 인생의 수많은 질문을 가지고 있는 젊은이들을 만나기에는 말할 수 없이 좋은 사역의 장소였다.

그러던 어느 날 상점에서 일하고 있을 때 전화가 한 통 걸려 왔다.

"안녕하세요, 저는 지미 크럼튼 목사입니다. 포트 엘리자베스에 있는 오순절 교회에서 목회를 하고 있지요. 하나님께서 당신이 사역자로서 우리와 함께 일하시기를 바란다고 말씀해 주셨어요."

"저는 목사님이 누구인지 잘 모릅니다. 그리고 저는 증명할 수 있는 그 어떤 자격증도 없답니다. 고등학교조차 졸업하지 못했는걸요?"

"그런 건 아무런 문제가 되지 않습니다. 하나님께서 말씀하시기를 당신이 교회에 오셔서 음악 디렉터와 청소년 사역자가 되었으면 한다고 하셨을 뿐입니다."

우리는 교회에서 만나기로 약속을 했는데, 나는 곧 주님께서 나를 부르시는 장소임을 알아차릴 수 있었다. 이 교회는 300여 명이 출석하는 곳으로 점점 더 성장하고 있었고 지미 크럼튼은 풍성한 영적인 자산을 소유한 목사님이었다. 그의 아버지는 바로 영국에서 유명한 전도 사역을 했던 스미스 위글스워스로 여러 지역을 순회하던 분이었다.

말씀을 맡은 사역자로서 나는 이미 모든 육신의 정욕을 다 버린 상태였다. 하지만 지미 크럼튼 목사님은 내가 하나님의 나라에서 특별한 존재임을 느끼게 해 주었다. 목사님은 내가 하나님께 받은 모든 것을 나눌 수 있도록 허락해 주셨다. 그리고 예배 때마다 성령님의 움직임에 더 민감해질 수 있도록 격려해 주셨다.

경배와 찬양 시간 동안 성령님의 놀라운 임재가 성전을 가득 채웠고 모든 성도들은 주님께서 주신 노래들을 부르기 시작했다. 지미 크럼튼 목사님은 성령의 은사들에 대해서 잘 알고 계셨고 내가 그것을 잘 사용할 수 있도록 하셨다. 사역의 초기에 내가 잘 서 있을 수 있도록 인도해 주신 목사님의 역할은 얼마나 소중한 것인지…….

교회 사역자로 활동한 지 수개월이 지나 나는 한 지역의 순복음 사역자 협회의 모임에 피아노를 연주하도록 초대를 받았다. 더반에서 유명했던 프레드 로버츠 목사님이 초청 연사로 설교를 하게 되어 있었다. 모임이 시작되자 나는 피아노를 연주하며 청중과 함께 찬양하며 예배를 인도하고 있었다. 500명은 족히 넘어 보이는 사람들이 손을 들고 주님을 예배하기 시작했다. 그 때 프레드 로버츠 목사님이 내게로 걸어와 이렇게 말씀하셨다.

"하나님께서 이 모임은 당신이 인도해야 한다고 말씀하시는군요."

나는 당황해서 이렇게 말했다.

"목사님, 당신은 이해하실지 모르겠지만 저는 설교자가 아닙니다."

"이 모임은 당신이 이끌어야 합니다. 어서 서두르세요."

목사님은 이렇게 말씀하고 자신의 자리로 걸어 들어갔다.

그렇게 많은 사람들 앞에서 사역을 요청받은 적이 단 한 번도 없었지만 초조해하거나 두려워할 시간이 없었다. 하나님께서는 그곳에 함께 하고 계셨다. 나는 곧 성령의 충만함으로 노래하고 예언하기 시작했다. 그러자마자 바로 하나님의 음성이 들려왔다. 나는 25분 정도 설교를 했고 놀랍게도 예배 단상에는 그리스도를 만나기 원하는 사람들이 줄지어 나오기 시작했다.

그 모임에 참석했던 사람들의 삶에 어떤 일이 일어났는지에 대해서는 잘 알지 못했지만 적어도 하나님께서 내게 하신 일들에 대해서는 너무나 잘 알고 있었다. 내가 그동안 기다려 왔던 하나님의 부르심에 대한 확증을 그 시간에 받은 것이다.

프레드 로버츠 목사님이 우리 지역에 와서 설교를 할 때면 언제나 나를 부르셔서 예배를 인도하도록 하셨다. 매우 독특한 방법으로 우리의 사역은 그렇게 함께 성장해 갔다.

"언제 한 번 자네가 더반에 와주었으면 하는데, 언제든 환영이니 꼭 방문해 주게나."

프레드 로버츠 목사님은 그렇게 말씀하곤 하셨다.

● ● **사랑이 시작되다**

그리스도를 만난 이후 나는 단 한 번도 다른 이와 연애를 해본 적이 없었다. 전혀 그럴 기회가 없었다고 말하는 것이 낫겠다. 미래의 아내를 찾기 위해 시간을 허비하지 말라고 분명히 말씀하셨고 그래서 데이트 따윈 전혀 하지 않았다. 예수님과 사랑에 푹 빠져 있었고 그래서 다른 어떤 관계도 필요하지 않았다. 주님은 이렇게 말씀하셨다.

"내게 시선을 고정하거라. 너에게 아내가 될 사람을 데려올 것이고 그녀를 만나는 순간 알아 보게 될 것이다."

어느 날 밤, 포트 엘리자베스에 있는 교회에 어떤 젊은 여인이 문을 열고 들어섰다. 그녀의 이름은 제인 반즈였다. 제인은 더반에 있는 영국계 가족 출신이었는데 우리 교회에 출석하고 있는 자신의 친구를 만나러 온 것이었다. 그녀는 크리스천 가정에서 자라긴 했지만 주님과 함께하는 삶을 산 적은 없었다. 하지만 그날 밤 놀라운 일이 그녀에게 일어났다. 주님 앞에 자신의 삶을 다시 한 번 드리는 일이 일어난 것이다.

예배가 끝난 후 함께할 수 있는 자리가 주어졌는데 우리는 서로 자기 소개를 했고 그녀를 만난 바로 그 순간 나와 결혼하게 될 여인이라는 사실을 깨닫게 되었다. 그 때는 몰랐지만 나중에 알고 보니 제인은 프레드 로버츠 목사님의 조카라는 사실을 알게 되었다.

제인과 나는 깊은 사랑에 빠졌고 밤새 전화를 하느라 그 비용을 대기 위해 다른 직업을 구해야 했을 정도였다.

몇 주가 지난 후 잠시 휴가를 받아 더반을 방문했다. 그곳에 도착했을 때 프레드 로버츠 목사님은 외곽에서 수련회를 주관하고 계셔서

우리는 운전을 해서 목사님을 뵈러 갔다.

예배가 진행되고 있을 때 예언의 말씀을 받게 되었다. 내 인생에서 두 번째 임한 말씀이었는데, 그 첫 번째는 유텐헤이그에 있는 교회에 어떤 목사님이 방문하셔서 내게 손을 얹고 기도하면서 하신 말씀이었는데 그 내용은 다음과 같았다.

"제가 할 수 있는 말은 이것 하나뿐입니다. 하나님께서는 당신을 사역자로 부르셨습니다."

프레토리우스 목사님은 이 말씀에 대한 확신이 없었지만 주님께서 주신 말씀으로 믿어 왔고, 지금 이곳 수련회 장소에서도 하나님은 또 다시 예언의 말씀을 하시기 시작했다. 누군가 다가와 나를 위해 기도하며 이런 말을 전한 것이다.

"하나님께서 당신을 더반으로 옮기실 것입니다."

처음에는 이 예언을 그냥 무시하려 했다. 하지만 내 영혼 가운데 점점 더 확신이 들기 시작했으며 포트 엘리자베스로 돌아간 후 눈을 감으며 기도할 때마다 그 말씀이 계속 맴돌았다. 결국 지미 크럼튼 목사님을 찾아가 이 예언에 대해 말씀드리자 목사님은 이렇게 말씀해 주셨다.

"주님께서 계획하신 일이라면 어떻게 할 수 없지 않겠나."

내 인생에서 정말 놀라운 움직임이 일어났다. 프레드 로버츠 목사님의 교회에서 사역하게 되었을 뿐 아니라 곧 이어 제인과 결혼하기에 이르렀다.

●● 법률을 뛰어 넘는 연합

프레드 로버츠 목사님이 나를 포함한 다른 사역자들을 목회실로 부른 것은 그곳에 간 지 불과 두 달여 만의 일이었다. 목사님은 우리를 향해 이렇게 말씀하셨다.

"하나님께서 사역의 궁극적인 장벽이 부숴져야 할 것이라고 분명하게 말씀하시는군요. 영적으로 우선 모두가 하나되어야 할 것에 대해 말씀하십니다. 이곳을 지배하고 있는 법률이 어떠하든 말입니다."

목사님의 제안은 당시 교회가 속해 있던 오순절 연합의 회칙과 상반되는 것이었다. 왜냐하면 그들의 정책 안에는 지역의 법률에 복종해야 한다는 내용이 포함되어 있기 때문이다. 그리고 그 법률에는 교회 안에 어떠한 흑인도 들일 수 없게 되어 있었다.

프레드 로버츠 목사님은 계속해서 말씀하셨다.

"우리가 교단에서 벗어나 도심 한가운데로 들어가야 한다고 믿습니다. 그리고 인종차별 정책에 대항해 누구에게나 교회의 문을 열어야 한다고 봅니다."

그야말로 엄청난 결단이었다. 오랜 세월 교회에서 사역해 왔으며 7,800여 명의 성도와 함께 끊임없이 성장하고 있는 교회를 인도하고 있는 목사님에게는 말이다. 하지만 그것은 옳은 결정이었다.

1979년 우리는 더반 시내에 있는 리릭 극장을 인수해 크리스천 센터를 세워 그 문을 열기에 이르렀다. 첫 예배에는 손에 꼽을 정도의

예언의 비밀

사람들만이 모여 예배를 시작했다. 하지만 두세 달이 지나지 않아 그 수는 무려 2,000명을 넘어서기 시작했다. 줄루 족 , 코사 족, 반투스 족, 인도인, 그리고 혼혈인들과 영국 사람들, 그리고 남아프리카 백인들까지 합세하는 하나님의 무지개색 백성들이 모두 모인 것이다.

프레드 로버츠 목사님은 나의 멘토가 되었고 예언 사역이 점점 더 성장해 가는 것을 뿌듯하게 바라보셨다. 그의 사위 네빌 맥도널드와 딸 웬디 역시 부목사로 사역을 했고 팀의 주축이 되어 주었다. 네빌은 후에 케이프타운에 다인종 교회를 시작하게 되었고 그 도시에서 가장 크게 성장하게 되었다.

하나님은 더반의 모임 가운데 그야말로 엄청난 일들을 하셨고 나는 유럽과 호주, 그리고 미국에까지 초청을 받아 사역하기 시작했다. 오늘날 우리 교회는 2만여 명의 성도가 모여 예배를 드리고 있다.

1986년 가족과 함께 캐나다 여행을 하던 중 미국에서 사역할 일정 때문에 다음날 아침 급하게 공항으로 가 미국행 비행기 티켓을 발부 받으려 할 때 카운터에 있던 한 여인이 말을 걸었다.

"클레멘트 씨 아니신가요?"

그녀의 얼굴에서 무언가 석연치 않은 일이 일어나고 있음을 알 수 있었다.

"그렇습니다만 무슨 문제라도 있는 건가요?"

"선생님께 다음과 같은 메시지를 전달하라는군요. 남아프리카에 계시는 아버지께서 소천하셨다고 합니다."

가슴이 철렁 내려 앉았고 바로 다음 순간 주님께서 말씀하셨다.

"내가 너에게 했던 말을 기억하고 있느냐?"

나는 즉시 옛날 세례받던 시기로 거슬러 올라가 그 때 들었던 하나님의 음성을 기억해 낼 수 있었다.

"가족 중 누구라도 구원받지 않고 죽음을 보지 않을 것이다."

하지만 아버지는 그리스도와 온전한 관계를 맺으신 적이 없었다. 나는 당황하지 않을 수 없었다.

공항 로비에서 나는 큰소리로 외치며 카운터 직원에게 말했다.

"말도 안 되는 일이야. 주님께서 아버지는 돌아가시지 않았다고 말씀하셨어요. 아버지는 구원받지도 않으셨고 성령의 충만함을 경험하지도 못하셨다구요."

여직원은 안절부절못하며 이렇게 말을 이었다.

"아, 네. 그런 사실에 대해서는 저는 잘 모릅니다만 선생님께 전하라는 메시지는 그것이 전부입니다. 정말 애도를 표합니다."

이 책을 읽어 나가다 보면 알게 되겠지만 세례받을 때 들었던 주님의 말씀은 내가 기대했던 것과는 다른 방법으로 다가오고 있었다.

3장

그분의 말씀이 되다

하나님은 그분의 음성으로
세상을 향해 말씀하신다.
하나님께서 왜 여러분을 사용하시는지 묻지 말고
여러분을 통해 무엇을 말씀하기를 원하시는지
묻기 바란다.

내 인생은 온통 놀랄 만한 일들 투성이다.

어렸을 때는 피아니스트가 될 것이라 생각했지만 그렇게 되지 않았고, 예수님께서 삶 가운데 들어 오셨을 때는 록 가수로서 성공 가도를 달리고 있을 때였다. 사역자가 되기 위해 신학 공부를 하려 했지만 신학교에서는 받아 주지 않았고, 크리스천 음악가로 전문 사역을 하기 위해 부름받았다고 믿었던 순간 공연에서 겨우 세 곡만을 불렀을 뿐이다.

나는 마치 야곱과 같은 인생을 살고 있다는 생각이 들었다. 야곱은 외삼촌 라반의 딸 라헬과 사랑에 빠져 그녀를 얻기 위해 7년 동안 라반을 위해 봉사해야 했다. "내가 외삼촌의 작은 딸 라헬을 위하여 외삼촌에게 칠년을 봉사하리이다"(창세기 29장 18절). 야곱은 기다리는 동

안 모든 어려움들을 잘 감당했다. 하지만 막상 결혼식날 밤이 되어 야곱이 신부의 베일을 들어 올리는 순간 그곳에는 라헬 대신 라반의 장녀인 레아가 앉아 있다는 사실을 발견하게 된다.

너무나 자주 하나님은 이런 식으로 일하셨다.

유텐헤이그에 있는 교회는 마치 광야와 같은 곳이었고 하나님은 내가 구하지도 않고 이해하지도 못하는 일들로 나를 뒤흔드셨다. 여러 차례 퇴짜를 맞고 거절당하면서 주님으로부터 오는 말씀으로 기도하게 되었는데 처음에는 아주 잠잠하고 조용한 음성을 들을 수 있었다. 마치 귀엣말처럼 말이다.

"내가 너를 여러 나라를 위해 예언자로 불렀다."

"예언자라구요? 주님께서는 제가 예언자가 되기를 바라시는 건가요?"

그 단어를 어떻게 규정해야 할지도 모르는 상황 가운데 기도만 하면 그 음성은 점점 더 크게 들려 오기 시작했다. 마침내 권능에 찬 하나님의 음성이 들려왔다.

"다른 많은 나라들을 위해서 너를 예언자로 불렀느니라."

나는 성경을 펼쳐 들고 하나님께서 교회에 주시는 특별한 사역들에 대해 읽기 시작했다.

"그가 혹은 사도로, 혹은 선지자로, 혹은 복음 전하는 자로, 혹은 목사와 교사로 주셨으니"(에베소서 4장 11절).

사역에는 이렇게 크게 다섯 가지의 부류가 있는데 주변을 둘러보면 이러한 사실을 현저하게 발견할 수 있다. 사도로서 영적인 권한을 위임받은 사람들이 있는가 하면 하나님의 말씀을 선포하는 목사들이 있고, 구원받지 못한 이들에게 복음을 전하는 전도자가 있고, 그리스도의 몸을 세우는 교사들이 있다. 하지만 선지자는 어디에 있는가?

누군가가 다가와 구약에 등장하는 이야기를 읽어 보라고 한 적이 있다. 위대한 선지자인 에스겔, 다니엘, 호세아 그리고 요엘과 같은 사람들의 이야기 말이다. 그러나 나는 이렇게 답했다.

"나는 지금 신약을 읽고 있습니다. 신약에 보면 교회 안에 선지자들이 있다고 말하고 있습니다."

●● 가르친다고 해서 되는 것이 아니다

내가 예언자가 되려는 소망이 전혀 없었다는 사실을 이해해 주었으면 한다. 사람들이 생각하기에 선지자는 스스로 그 은사를 발견하고 교회 안에서 계속 성장해 가는 존재라고 여기는 것 같다. 하지만 이 은사는 내 인생 가운데 하나님의 특별한 부르심으로 가능한 것이었다.

하나님은 전 세계에 전과는 비교할 수 없을 정도로 많은 선지자들을 세우고 계신다. 그리고 그분 역시 그들의 예언을 듣고 있을 것이다. 주님께서는 선지자들을 통해 직접 말씀하신다. 그래서 오늘날 예언 사역에 대해 이해하고 있는 것이 그토록 중요한 것이다.

만약 여러분이 이 책에서 전 세계를 다니며 다른 사람들에게 한 예언을 통해 일어난 극적인 영웅담을 기대했다면 실망만 하게 될 것이다. 이 책은 하나님에 대해 말하고 있다. 하나님께서는 그분의 음성을 여러분에게, 그리고 여러분을 통해 흘러 넘치기를 바라고 계신다. 하나님께서 그분의 목소리가 되어 달라고 부르시는 그 때를 위해 준비되기를 간절히 바란다.

다음의 문장들을 주의 깊게 살펴보라.

❖ 예언의 주된 목적은 무엇이라고 생각하는가?
❖ 하나님께서 이 세대에 예언자들을 일으켜 세우시는 이유가 무엇이라고 생각하는가?
❖ 하나님께서 여전히 우리를 향해 말씀하신다고 믿는가?
❖ 소수의 사람들만이 하나님의 약속을 받는다고 생각하는가?(사도행전 2장 17-18절을 보라)
❖ 예언은 교회를 위한 것인가, 세상을 위한 것인가, 아니면 모두 다인가?
❖ 하나님의 음성을 어떻게 분별할 수 있는가?
❖ 거짓 선지자들을 가려 내는 방법은 무엇인가?
❖ 모든 예언이 현실로 나타나는가?

내 삶 가운데 찾아온 하나님의 유일하신 부르심을 받아들였을 때 하나님께서 이 예언의 은사를 사용하시며 행하시는 위대한 일들에 대해 상상하기 시작했다. 그리고 실제로 그 일들을 목도했다. 사람들이 회개의 길로 돌아올 수 있도록 주님의 진리를 선포하고 있는 나 자신을 볼 수 있었으며 사역으로 부름받은 사람들에게 말씀을 전하는 꿈을 꾸기 시작했다. 심지어는 노래를 통해 예언을 전하며 휠체어나 침상에서 고통받고 있는 사람들을 일으키는 꿈까지 꾸었다. 그 순간 하나님은 내 소매를 끌어 당기셨다. 이제 내가 가진 은사를 사용할 때가 온 것이다.

감옥에 갇혀 있던 요셉에게 어떠한 일이 일어났었는지 기억하고 있는가? 하나님은 요셉에게 꿈을 해석할 수 있는 은사를 주셨지만 왕을 만나기 전 그 능력을 왕의 술 맡은 관원장과 떡 굽는 관원장에게 시험해 보았다. 요셉은 각자의 꿈을 해석해 주었다. 하나님의 말씀은 요셉을 통해 3일 안에 이루어졌고 2년이 흐른 뒤 왕은 비상한 꿈을 꾸었고 한 젊은 유대인 청년을 부르기에 이른다.

내가 한 꿈을 꾸었으나 그것을 해석하는 자가 없더니 들은즉 너는 꿈을 들으면 능히 푼다더라(창세기 41장 15절).

요셉은 그것이 자신의 능력이 아니라 하나님의 것이라고 설명한다. 하나님께서 그 꿈의 해석을 보이신 것이다. 요셉은 주님의 음성이 되었을 뿐 아니라 감옥에서도 풀려나게 되었다.

예언의 비밀

왕은 이렇게 말한다.

"내가 너로 애굽 온 땅을 총리하게 하노라"(창세기 41장 41절).

은사를 사용하기 시작하면서 하나님의 음성은 더 분명해졌다. 그리고 예언에 대해 더 깊이 이해할수록 전능자의 음성을 더욱 더 담대하게 전하는 사람이 되어 갔다.

● ● 에덴 동산에서의 음성

하나님의 음성은 새로운 현상이 아니다. 이미 창조 때부터 하나님의 음성은 존재했었다.

"하나님이 가라사대 '빛이 있으라' 하시매 빛이 있었고"(창세기 1장 3절).

하나님께서 빛을 어떻게 창조하셨는가? 그것이 생겨나도록 말씀하셨다. 이런 방식으로 지구와 식물, 동물들과 사람을 만드신 것이다. 하나님은 말씀하셨고 그 말씀대로 모든 것이 이루어졌다.

하나님은 또한 자신의 숨을 불어 넣어 인간을 만드셨다.

여호와 하나님이 흙으로 사람을 지으시고 생기를 그 코에 불어 넣으시니 사람이 생령이 된지라(창세기 2장 7절).

하나님은 또한 말씀하셨다.

"생육하고 번성하라"(창세기 1장 28절).

하나님은 말씀으로 모든 것을 창조하셨다. 예언의 원리 중 가장 기본적인 요소는 바로 하나님께서 말씀하시면 우리들 삶 속에 뭔가 새로운 것이 창조된다는 점이다. 예를 들어 하나님께서는 우리가 가지고 있지 않거나 모르고 있던 방향성이나 인도하심 또는 지식들을 허락하신다.

아담과 이브를 향한 주님의 목적은 무엇이었을까? 그것은 바로 온 인류가 지구를 다스려 의로움으로 충만하게 하는 데 있었다. 매일 하나님의 음성을 들으며 그들은 지식과 지혜, 그리고 능력과 충만함이 날마다 더해 갔다. 하나님의 성품이 그들 안에 형성되고 있던 것이다. 더 많은 하나님의 말씀을 들을수록 그분의 음성은 더 친숙해져 갔다.

하나님은 아담과 이브에게 말씀하셨다.

"생육하고 번성하여 땅에 충만하라, 땅을 정복하라" (창세기 1장 28절).

만약 인류가 계속해서 하나님의 음성에 귀를 기울인다면 평안함 가운데 창조적인 일들을 이룰 수 있을 것이고 이 땅을 다스릴 수 있을 것이다. 하지만 사탄은 언젠가 우리가 그를 정복하리라는 것을 알고 있다. 그를 심판해 우리의 발 밑에 두는 그날 말이다. 그는 이렇게 도전한다.

"나는 그들이 하나님의 음성을 듣지 못하도록 막아야만 한다."

사탄이 주로 사용하는 무기 역시 말씀의 능력을 사용하는 것이다. 사탄은 아담과 이브에게 이렇게 말한다.

"너희가 결코 죽지 아니하리라. 너희가 그것을 먹는 날에는 너희 눈이 밝아 하나님과 같이 되어 선악을 알 줄을 하나님이 아심이니라"
(창세기 3장 4-5절).

그들이 하나님의 말씀을 순종하지 못하도록 유혹할 뿐만 아니라 불순종으로 인해 사람들은 두려움에 빠질 것이고 결국 하나님과 사람 사이의 의사 소통은 끊어지게 되리라는 것을 잘 알고 있었다. 하지만 사탄이 에덴 동산에서 이브에게 거짓말을 하여 그들이 금지된 열매를 먹고 난 이후에도 주님은 계속해서 말씀하신다.

그들이 날이 서늘할 때에 동산에 거니시는 여호와 하나님의 음성을 듣고 아담과 그 아내가 여호와 하나님의 낯을 피하여 동산나무 사이에 숨은지라(창세기 3장 8절).

하나님께서 오신 사실을 어떻게 안 것일까? 바로 그분의 음성을 통해서 알았던 것이다.

주님은 항상 그의 백성들과 대화하기를 원하신다. 주님은 우리에게 물으시고 우리는 함께 대답한다.

"여호와 하나님이 아담을 부르시며 그에게 이르시되 '네가 어디 있느냐?'"(창세기 3장 9절).

갑자기 하나님의 음성이 아담에게는 두려운 것이 되어버렸다. 그가 죄를 지었기 때문이다. 아담은 말한다.

"내가 동산에서 하나님의 소리를 듣고 내가 벗었으므로 두려워하여 숨었나이다"(창세기 3장 10절).

처음으로 아담은 자신이 육체를 가졌고 벌거벗었으며 제한적인 존재라는 사실을 인식하게 된 것이다.

전능자의 음성은 더 이상 듣기에 즐겁고 마음에 기쁨을 가져다 주지 못했다. 그들의 본성이 의로움에서 사악한 것으로 바뀌었기 때문에 하나님의 음성은 공포스럽기만 했다. 순수한 하나님의 음성은 그들의 죄를 분명히 하는 결과만 가져올 뿐이었다.

창조된 이래 처음으로 그들은 두려움과 열등감, 그리고 쓴 뿌리의 감정을 경험하게 된 것이다. 사탄은 또한 자만심과 교만함, 그리고 질투의 씨앗 역시 심어 두었다. 마침내 하나님은 에덴 동산에서 그들을 쫓아 내셔야만 했다.

하지만 그 때에도 하나님은 계속해서 말씀하신다. 구약의 앞 부분을 읽어 내려가다 보면 주님께서 죄로 인해 얼마나 슬퍼하고 계시는지 극명하게 확인할 수 있다. 그분의 음성은 전혀 사라지거나 작아진 것이 아니었다. 가인이 그의 동생을 죽였을 때 주님께서는 이렇게 말씀하신다.

"네 아우 아벨이 어디 있느냐?"(창세기 4장 9절).

가인은 자신이 한 거짓으로 인해 양심의 가책을 받았으며 하나님의 임재로부터 떠나고 말았다.

"가인이 여호와(의 임재)의 앞을 떠나가"(창세기 4장 16절).

● ● **더 이상은 안 되요!**

인류는 점점 더 번성해 갔지만 주님과 대화할 수 있는 의로운 사람들은 그리 많지 않았다. 주님은 에녹과 같이 하나님을 경외하는 이들을 찾을 때면 그와 함께하시기 위해 문자 그대로 들어 올리셨다.

에녹이 하나님과 동행하더니 하나님이 그를 데려 가시므로 세상에 있지 아니하였더라(창세기 5장 24절).

인류 역사를 통틀어 에녹이나 노아, 그리고 아브라함처럼 하나님의 음성에 순종하는 사람들은 흔하지 않았다. 하지만 하나님은 계속해서 말씀하신다. 이스라엘 백성들이 이런 식으로 말할 때까지 말이다.

"더 이상은 안 되요. 하나님의 음성을 더 이상은 들을 수 없어요."

그들은 전능자가 그들 앞에서 말씀하시는 것을 멈추도록 사정했다(출애굽기 20장 19절과 히브리서 12장 9절을 보라).

하나님의 마음은 분명히 찢겨졌을 것이다. 만약 당신의 자녀가 이렇게 말하는 것을 상상이나 할 수 있겠는가?

"나는 다시는 엄마, 아빠가 하시는 말씀을 듣고 싶지 않아요. 두 분의 음성이 저를 얼마나 무섭게 하는지 아세요?"

그 다음에 일어난 일은 역사 속에서 놀라운 전환점을 맞이했다. 창조 때만 해도 하나님은 그의 백성들에게 직접 말씀하시곤 했었다.

시내 산에서 모세와 이스라엘 백성들과 함께 언약을 맺으실 때만 해도 주님은 산 꼭대기로 모세를 불러 얼굴과 얼굴을 맞대고 말씀하셨다 (출애굽기 20장을 보라).

하지만 하나님의 음성은 너무나 강렬해서 그 소리는 아래쪽에 머물러 있던 백성들에게도 들렸다. 그들은 공포에 질렸고 모세는 사람들의 반응을 다음과 같이 기술했다.

산이 불에 타며 캄캄한 가운데서 나오는 그 소리를 너희가 듣고 너희 지파의 두령과 장로들이 내게 나아와 말하되 '우리 하나님 여호와께서 그 영광과 위엄을 우리에게 보이시매 불 가운데서 나오는 음성을 우리가 들었고 하나님이 사람과 말씀하시되 그 사람이 생존하는 것을 오늘날 우리가 보았나이다. 이제 우리가 죽을 까닭이 무엇이니이까? 이 큰 불이 우리를 삼킬 것이요, 우리가 우리 하나님 여호와의 음성을 다시 들으면 죽을 것이라' (신명기 5장 23-25절).

그들은 모세가 의로운 사람이기 때문에 하나님의 보호를 받을 수 있다는 사실을 알았던 것이다. 하지만 그들은 죄악으로 가득했고 하나님의 음성을 견딜 수 없다고 여겼다. 그들은 또 이렇게 말했다.

무릇 육신을 가진 자가 우리처럼 사시는 하나님의 음성이 불 가운데서 발함을 듣고 생존한 자가 누구니이까? 당신은 가까이 나아가서 우리 하

예언의 비밀

나님 여호와의 하시는 말씀을 다 듣고 우리 하나님 여호와의 당신에게 이르시는 것을 다 우리에게 전하소서. 우리가 듣고 행하겠나이다(신명기 5장 26-27절).

그들은 더 이상 하나님의 음성을 듣는 자리 가운데 있으려 하지 않았다. 실은 모세에게 이렇게 말하고 있던 것이다.

"우리는 그 음성을 들을 만한 자격이 없습니다. 당신은 괜찮을지 몰라도 우리는 그렇지가 않아요."

하나님의 음성은 그들을 뒤흔들기에 충분했고 그들의 육신에 속한 생각으로는 그 음성에 부정적으로 반응할 수 없었던 것이다. 문자 그대로 죽을 것만 같았던 것이다. 하나님의 음성을 직접 듣기보다는 중간에서 연결해 줄 중보자를 원했다.

이 시점으로부터 하나님은 사람을 대하는 방식을 바꾸셨다. 수 세기가 지나면서 하나님은 더 이상 직접 사람에게 말씀하시지 않으셨다. 대신 제사장과 선지자들을 통해 말씀하시기 시작했다. 제사장들은 사람들을 대신해 하나님을 대면했고, 선지자들은 하나님을 대신해 사람에게 말씀을 전했다.

인류의 고통은 점점 더 심해지기 시작했는데 하나님과 바로 대화할 수 있는 통로를 잃어버렸기 때문이다. 많은 사람들이 오늘날 갑작스럽게 수명이 짧아진 시점이 그 때부터라고 생각하고 있다. 900살이었던 평균 수명은 800살로 줄어 들었고, 그리고 300살, 결국 오늘날에 이르렀다.

그렇다면 하나님께서는 선지자들을 통해 그의 백성들에게 어떻게 말씀하셨을까?

❖ 과부의 밀가루와 기름은 바닥나지 않았다. 엘리야에게 하신 주님의 말씀으로 일어난 일이었다 (열왕기상 17장 16절).
❖ 엘리사가 왕의 사절에게 이렇게 말했다. "이것이 주님께서 하신 말씀이다. 주님께서는……" (열왕기하 7장 1절).
❖ 신실하지 못한 이스라엘 백성에게 "주님은 호세아를 통해 말씀하시기 시작했다" (호세아 1장 2절).
❖ "주님께서는 이사야를 통해" 앗시리아 군대의 장관에게 말씀하셨다 (이사야 20장 2절).
❖ 페르시아의 왕은 포로로 잡혀 있는 이스라엘 백성들에게 자유를 선언하며 이렇게 말했다. "예레미야의 입술을 통해 주님께서 하신 말씀이 이루어졌으니" (열왕기하 32장 22절).

수백 년 동안 하나님은 에스겔, 다니엘, 호세아, 요엘, 아모스, 오바댜, 요나, 미가, 나훔, 하박국, 스바냐, 학개, 스가랴와 말라기와 같은 선지자들을 통해 그의 백성들에게 말씀하셨다. 일반 백성들에게 하늘 문은 닫혀 있던 것이다.

선지자가 마을로 들어와 "주님의 말씀을 들으시오"라고 말하면 백

예언의 비밀

성들은 덜덜 떨기 시작한다. 가끔 자신들이 저지른 죄 때문에 "꺼져버려! 다른 데 가서 떠들라고!" 하고 말하기도 한다.

사람들은 하나님의 말씀을 거절할 때가 많다. 순전히 사람이 하는 소리로만 들리기 때문이다. 사람들은 엄청난 상처를 입었고 그들을 위한 하나님의 말씀을 듣기 위해 다른 사람을 의지해야 했기 때문에 조종당하기 쉬운 위치에 놓여 있었다. 도대체 그들이 무슨 짓을 한 것일까? 하늘의 창문들은 굳게 잠기게 되었다.

말씀이 육신이 되다

드디어 일어나고야 말았다. 그리스도께서 하늘 문을 여시고 베들레헴에 태어나신 것이다. 가장 위대한 예언이 성취되었다. 하나님은 말씀하신다.

"나를 위해 이 세상에 나의 말씀을 보낼 시기가 되었다."

예수님이 바로 그 말씀이셨다.

태초에 말씀이 계시니라. 이 말씀이 하나님과 함께 계셨으니 이 말씀은 곧 하나님이시니라……말씀이 육신이 되어 우리 가운데 거하시매 우리가 그 영광을 보니 아버지의 독생자의 영광이요, 은혜와 진리가 충만하더라 (요한복음 1장 1절, 14절).

얼마나 놀라운 사건인가! 더 이상 혈통과 육정으로 난 선지자가 하나님의 말씀을 사람들에게 전할 필요가 없어진 것이다. 그리스도는 살아 계신 하나님의 말씀이셨다.

당시 제사장들은 누군가 자신들의 영역을 침범해 들어 왔기 때문에 너무나 화가 난 상태였다. 그들은 세례 요한이 하나님의 음성이 되는 것을 받아들일 수 없었다. 세례 요한은 예수님께서 오실 것을 예언하고 다녔고 그들은 요한이 어떠한 존재인지 알기를 원했다(요한복음 1장 19절).

요한은 선지자 이사야의 말을 그대로 인용했다.

"나는 선지자 이사야의 말과 같이 '주의 길을 곧게 하라' 고 광야에서 외치는 자의 소리로라"(요한복음 1장 23절).

요한은 결국 자신이 오시리라 예언했던 메시아에게 세례를 주었고 예수님이 물에서 나오실 때 초자연적인 현상이 일어났다.

하늘이 열리고 하나님의 성령이 비둘기같이 내려 예수님 위에 임하심을 보시더니 하늘로서 소리가 있어 말씀하시되 "이는 내 사랑하는 아들이요, 내 기뻐하는 자라" 하시니라(마태복음 3장 16-17절).

예수님께서 받으신 세례는 다음 네 가지 중요한 점을 시사하고 있다. 첫째, 말씀이 이 땅에 임하셨고, 둘째, 하늘이 열렸으며, 셋째, 성령이 내려 오셨고, 넷째, 하늘로부터 음성이 있었다.

하나님께서 여러분의 마음 가운데 그분의 말씀을 보내시는 순간, 성령님께서 그 말씀을 비추어 음성이 되도록 하신다. 성령님께서 하시는 일이지 우리가 하는 것이 아니다. 하나님은 우리의 입술을 빌려 하시고자 하는 말씀이 음성화되도록 하시는 것이다.

이 사건 이후 예수님의 말씀은 위대한 기적 가운데 그 결실을 맺기 시작했다. 바다 물결이 뛰놀 때 예수님은 이렇게 말씀하셨다.

"잠잠하라, 고요하라."

그리고는 바람이 그치고 아주 잔잔해졌다(마가복음 4장 39절).

나사로가 나흘 동안 죽어 있을 때에도 그리스도께서는 자신의 음성이 그를 살릴 능력이 있다는 사실을 알고 있었다. 예수님은 무덤으로 가 울부짖으며 외치셨다.

"나사로야, 나오너라!"

나사로는 장사 지낼 때 썼던 천을 그대로 감은 상태에서 살아나 앞으로 걸어 나왔다(요한복음 11장 43-44절을 보라). 그분의 음성은 능력으로 가득해서 생명을 다시 불러일으킨 것이다. 말씀은 그 내용이 음성을 통해 들려졌을 때 그 위력을 발휘하게 된다.

놀라운 변화가 세상 가운데 임하게 된 것이다. 인간의 불순종은 죄로 나타났고 하나님의 말씀은 오직 중간 매개자를 통해서만 전해 듣게 만들었다. 그래서 사탄은 하나님의 선지자들과 제사장들을 불순종하게 할 수 있는 모든 방법을 다 동원했으며 가끔 성공할 때도 있었다.

하지만 지금 여기 순종을 통해 하늘의 문을 연 사람이 있다. 바로 예수 그리스도이다. 하나님이 다시 한 번 그의 백성들에게 직접 말씀하시기로 한 것이다.

사탄이 예수님을 유혹하기 위해 산으로 이끈 것은 전혀 놀랄 만한 사실이 아니다. 그리스도께서 불순종하셨다면 사람과 다를 것이 없었을 것이다. 하지만 주님께서는 모든 것을 죽음을 통해 이루셨다.

저는 그 앞에 있는 즐거움을 위하여 십자가를 참으사 부끄러움을 개의치 아니하시더니 (히브리서 12장 2절).

하늘로부터 드러난 진리

베드로는 자신을 위한 하나님의 음성을 처음으로 들었던 사람 중 하나였다.

예수께서 가이사랴 빌립보 지방에 이르러 제자들에게 물어 가라사대 "사람들이 인자를 누구라 하느냐?" 가로되 "더러는 세례 요한, 더러는 엘리야, 어떤 이는 예레미야나 선지자 중의 하나라" 하나이다. 가라사대 "너희는 나를 누구라 하느냐?" (마태복음 16장 13-15절).

자신이 하늘로부터 직접 음성을 듣는 것이 부적합하다고 여기는 그런 문화에서 자라난 제자들은 예수님의 질문에 바로 대답하지 못했다. 그 때 베드로는 이에 대답할 수 있는 충분한 용기를 가지고 있었

고 다음과 같이 대답했다.

"주는 그리스도시요, 살아 계신 하나님의 아들이시니이다." (마태복음 16장 16절).

예수님께서는 다음과 같이 의미심장한 내용을 언급하셨다.

"바요나 시몬아, 네가 복이 있도다. 이를 네게 알게 한 이는 혈육이 아니요, 하늘에 계신 내 아버지시니라" (마태복음 16장 17절).

베드로가 아버지 하나님과 신령한 대화를 나누었기 때문에 예수님은 다음과 같은 예언을 하신다.

너는 베드로라. 내가 이 반석 위에 내 교회를 세우리니 음부의 권세가 이기지 못하리라. 내가 천국 열쇠를 네게 주리니 네가 땅에서 무엇이든지 매면 하늘에서도 매일 것이요, 네가 땅에서 무엇이든지 풀면 하늘에서도 풀리리라 (마태복음 16장 18-19절).

예수 그리스도께서 신령한 대화 통로를 회복하셨기 때문에 하늘의 문은 항상 열려 있는 것일까? 그렇지 않다. 그 문은 영적인 사악함으로 막혀 있기 일쑤다. 그래서 이 땅에서 묶거나 풀 수 있는 권세를 받은 것이고, 하나님께서 우리에게 말씀하실 때 하늘에서는 그 음성에 따라 묶고 푸는 것이다.

그리스도는 아버지 하나님의 말씀이셨다. 예수님은 제자들에게 이와 같은 말씀을 하신 적이 있다.

"나를 본 자는 아버지를 보았거늘 어찌하여 아버지를 보이라 하느냐? 나는 아버지 안에 있고 아버지는 내 안에 계신 것을 네가 믿지 아니하느냐? 내가 너희에게 이르는 말이 스스로 하는 것이 아니라. 아버지께서 내 안에 계셔 그의 일을 하시는 것이라"(요한복음 14장 9-10절).

그리고 나서 다음과 같은 약속을 하신다.

"내가 진실로 진실로 너희에게 이르노니, 나를 믿는 자는 나의 하는 일을 저도 할 것이요, 또한 이보다 큰 것도 하리니 이는 내가 아버지께로 감이니라"(요한복음 14장 12절).

그분은 사실 이렇게 말씀하고 계시는 것이다. "나는 아버지께로 돌아갈 것이다. 하지만 너희는 하나님의 음성이 될 것이다." 예수님께서는 아버지의 말씀이셨다. 하지만 우리는 그 말씀을 실체화하는 음성이 되는 것이다.

후에 성령님께서 오순절이 되어 강림하시게 된다.

"저희가 다 성령의 충만함을 받고 성령이 말하게 하심을 따라 다른 방언으로 말하기를 시작하니라."(사도행전 2장 4절)

성령님께서 말씀을 불어 넣으시고 그것이 음성으로 발현되도록 한 것이다. 베드로가 다락방에서 복음을 전파하기 시작했을 때 문자 그대로 그는 하나님의 음성이 되었다. 베드로 스스로는 그런 설교를 할 수 없었다. 성령님께서 말씀을 부어 주신 것이다.

바리새인들이 한 번은 예수님께 하나님의 나라가 언제 오느냐고 물은 적이 있다. 예수님은 말씀하셨다.

하나님의 나라는 볼 수 있게 임하는 것이 아니요, 또 여기 있다, 저기 있다고도 못 하리니 하나님의 나라는 너희 안에 있느니라(누가복음 17장 20-21절).

예수님은 다시 영적인 차원에서 놀라운 변화가 임하고 있다는 사실을 지적하고 계신 것이다. 하나님은 더 이상 선택된 사람들 하고만 대화하기를 원하시지 않는다. 믿는 사람들의 마음 안에 자신의 나라를 계시하기를 원하시는 것이다.

열려진 문

오늘날 선지자들이 세워진 목적은 구약시대의 그것과는 사뭇 다르다. 구약의 선지자들은 보통 심판을 알리거나 미래에 일어날 일들을 예언했고, 신약에 등장하는 선지자들도 이와 비슷한 일들을 하긴 했지만 그들이 존재하는 주된 목적은 아니었다.

수년 동안 예언 사역을 하면서 현재의 선지자들은 어떤 역할을 수행하고 있는지 이해하게 되었다. 주님께서 말씀하시는 그 순간은 곧 기회의 문이 열리게 되는 때이다. 주님께서는 각 개인이 어떻게 살아야 할지에 대해 말씀을 주시곤 한다. 그 말씀은 하나님의 마음을 대변하는 것이다. 그 사람을 위해 하나님께서 하고자 하시는 일인 것이다. 하지만 그 사람이 하나님께서 그를 위해 만들어 두신 문으로 걸어가기를 원하지 않는다면 자신을 향한 하나님의 계획이 이루어지는 것을 보지 못할 것이다.

대부분의 사람들은 하나님께서 오늘날 어떻게 말씀하시는지에 대한 개념이 전혀 없다. 신실한 사람들이 다음과 같은 질문을 해오는 것을 수없이 많이 목격했기 때문이다.

"지금 데이트하고 있는 사람과 결혼해야 합니까? 직장에서 승진하게 됩니까? 어머니께서 암으로 돌아가시게 될까요?"

선지자는 미래에 일어날 일들을 모두 알고 있는 신령한 존재가 아니다. 하나님은 선지자를 통해 하나님께서 말씀하기 원하시는 것만을 나타내실 뿐이지 각 개인이 듣기 원하는 것을 말씀하시지 않는다.

텍사스에 사는 어떤 사람이 최근에 나를 찾아왔는데 자신이 하나님의 말씀이 필요하기 때문에 함께 기도해 달라고 요청했다. 이 사람이 주님과 깊은 관계를 맺고 있다는 확신이 들어 다음과 같이 대답했다.

"왜 제가 주님으로부터 당신이 들어야 할 말씀을 대신해서 기도해야 합니까?"

내가 설명하는 동안 그는 짐짓 놀라는 표정이었다.

"저처럼 당신에게 하나님의 보좌로 들어갈 수 있는 길이 열려 있습니다."

하나님의 자녀로서 그는 내가 듣는 것만큼이나 분명하게 하나님의 음성을 들을 수 있는 것이다.

모든 크리스천이 주님의 도구가 되어 주님의 분명하고도 위엄 있는 말씀을 받을 수 있다는 사실을 교회는 깨달아야 한다.

여러분의 인생을 결정할 때마다 선지자가 필요한 것은 아니다. 여러분 스스로가 바로 하나님의 음성이다. 하나님은 자신의 백성들에게 직접 말씀하시기를 원하신다. 하지만 그는 선지자를 보내 여러분의 은밀한 기도 가운데 이미 말씀하셨던 바를 확증하기를 원하신다.

성경은 하나님의 음성에는 두 가지가 있다고 말하고 있다. 하늘에서의 음성과 땅에서의 음성이다. 히브리서 기자는 이렇게 말하고 있다.

"너희는 삼가 말하신 자를 거역하지 말라. 땅에서 경고하신 자를 거역한 저희가 피하지 못하였거든 하물며 하늘로 좇아 경고하신 자를 배반하는 우리일까 보냐"(히브리서 12장 25절).

오늘날, 주님께서 우리에게 직접 말씀하신다. 자신이 하신 말씀을 확증하기 위해 선지자를 보내시는데도 말이다.

예수님께서 요단 강에서 물로 세례를 받으실 때 아버지께서는 하늘에서부터 이렇게 말씀하셨다.

"이는 내 사랑하는 아들이요, 내 기뻐하는 자라"(마태복음 3장 17절).

그리고 나서 주님께서는 제자들에게 다시 물으시는 것이다.

"너희는 나를 누구라 하느냐?"(마태복음 16장 15절).

그리고 베드로가 이에 답한다.

"주는 그리스도시요, 살아 계신 하나님의 아들이시니이다"(마태복음 16장 16절).

베드로는 예수님께서 세례를 받으실 때 아버지 하나님께서 말씀하신 내용을 확증하고 있는 것이다. 그래서 예수님은 제자들에게 이렇게 말씀하시는 것이다.

"이를 네게 알게 한 이는 혈육이 아니요, 하늘에 계신 내 아버지시니라" (마태복음 16장 17절).

주님께서는 우리가 하나님의 음성이 되기를 바라신다. 예수 그리스도께서는 아버지 하나님과 우리 사이에 가로 놓여 있던 휘장을 찢으신 것이다.

성령님께서 이 땅에 임하셨다. 예수님은 우리 모두를 아버지 하나님의 왕과 제사장이 되도록 하셨다(요한계시록 1장 6절을 보라).

사람들은 계속해서 묻는다.

"킴, 하나님께서 당신에게 말씀하실 때 우리가 듣는 것처럼 그렇게 소리가 들리나요?"

가끔 그러한 일들이 일어나기도 하지만 대부분의 경우 하나님께서는 내 영혼에 말씀하신다. 그리고 그것이 주님의 음성이라는 것을 알아 들을 수 있도록 배워 왔다.

하나님은 실제로 들리는 음성으로 말씀하실 수 있는 능력이 있으시다. 하지만 하나님의 음성을 들었다고 하는 경우들을 살펴보면 그 음성은 항상 성령님과 우리 영혼 사이의 의사 소통인 경우가 대부분이다. 어떠한 형태이든 하나님의 음성을 듣는 법을 배우는 것은 아주 중요하다.

●● 하나님의 말씀을 듣는 것

여자가 그 나무를 본즉 먹음직도 하고 보암직도 하고 지혜롭게 할 만큼 탐스럽기도 한 나무인지라 여자가 그 실과를 따먹고 자기와 함께 한 남편에게도 주매 그도 먹은지라. 이에 그들의 눈이 밝아 자기들의 몸이 벗은 줄을 알고 무화과 나무 잎을 엮어 치마를 하였더라. 그들이 날이 서늘할 때에 동산에 거니시는 여호와 하나님의 음성을 듣고 아담과 그 아내가 여호와 하나님의 낯을 피하여 동산나무 사이에 숨은지라 (창세기 3장 6-8절).

인간은 하나님의 음성을 다른 사람들이 하는 말처럼 그렇게 듣고 이해할 수 있는 존재로 창조되지 않았다. 다른 방식, 즉 영적인 방식으로 하나님의 음성을 들을 수 있도록 지어졌다. 하지만 아담과 이브가 하나님의 말씀을 지키지 않았을 때 에덴 동산에는 엄청난 비극이 발생했다. 하나님께서 인간을 보호하기 위해 만들어 두신 그 경계를 넘어서면서 말이다.

그들이 열매를 취하자마자 눈이 열리고 벌거벗은 것을 알게 되었다. 바로 그 순간 영적인 세상에 엄청난 장애가 생겨났다. 아담과 이브에게 어두움이 임하고 그들의 영혼은 더 이상 살아 있는 것이 아니었다. 영적인 귀와 눈으로 듣거나 볼 수 없게 된 것이다. 그들의 영적인 관점은 죄악으로 가득한 행위로 인해 손상되었고 하늘나라의 것들을 볼 수 있는 눈이 멀어 버린 것이다.

인간은 지각을 통해 통찰력과 예지 능력을 가지게 되었지만 아담과 이브가 주 하나님께서 정원을 걸어 오시는 소리를 들었을 때 그들은 숨었다. 그 이유는 그 소리가 어색하고 뭔가 다르게 느껴졌기 때문이다. 그들은 더 이상 하나님의 영적인 음성을 분명하게 들을 수 없게 된 것이다. 하나님의 소리는 이제 전혀 낯선 소리가 되어 그들에게 두려움만을 자아낼 뿐이었다.

익숙하지 않은 것을 꺼려 하는 것은 인간의 자연스런 본성이다. 이성으로 이해되지 않는 것들을 두려워하고 우리가 속해 있지 않은 것들에 대한 막연한 거부감이 있다. 타락으로 인해 하나님의 음성은 그냥 소리에 지나지 않게 되었다. 그 존재가 불분명한 소리 말이다. 그리고 곧 하나님의 창조물은 그 소리를 들으려는 갈망조차 잃고 말았다. 아담이 하나님으로부터 느꼈던 두려움의 실체는 여러분이 하나님의 음성을 듣지 못하게 만드는 두려움과 같은 것이었다. 하나님의 음성을 듣기 위한 첫 번째 열쇠는 바로 이 두려움의 실체를 몰아내는 데 있다.

제 삼일 아침에 우뢰와 번개와 빽빽한 구름이 산 위에 있고 나팔 소리가 심히 크니 진중 모든 백성이 다 떨더라. 모세가 하나님을 맞으려고 백성을 거느리고 진에서 나오매 그들이 산 기슭에 섰더니 시내산에 연기가 자욱하니 여호와께서 불 가운데서 거기 강림하심이라. 그 연기가 옹기점 연기같이 떠오르고 온 산이 크게 진동하며 나팔 소리가 점점 커질 때에

100　　　　　　　　　　　　　　　　　　　　　　　예언의 비밀

모세가 말한즉 하나님이 음성으로 대답하시더라(출애굽기 19장 16-19절).

이스라엘 백성들은 모세에게 그들을 위한 중개자가 되어 달라고 부탁했다. 그들은 높은 산, 검은 구름, 연기 그리고 불과 같은 것들을 대하고 싶지 않았던 것이다. 그들에게는 너무나 과한 것이었다. 슬프게도 그들은 더 이상 하나님의 음성을 개인적으로 듣고 싶어 하지 않게 되었다. 그들에게 하나님의 음성은 너무나 엄하게 들렸고 이것은 아담과 이브가 느꼈던 것과 같은 두려움으로 다가 왔다. 아담과 이브, 그리고 이스라엘 백성들은 하나님을 두려워하여 숨으려고 했던 것이다. 아담과 이브는 덤불 숲 뒤에, 이스라엘 백성들은 모세 뒤에 숨었다. 그렇다면 여러분은 어디로 숨을 것인가?

●● 하나님 음성에 담긴 창조력

하나님이 가라사대 "빛이 있으라" 하시매 빛이 있었고(창세기 1장 3절).

하나님은 말씀으로 빛을 창조하셨다. 말씀의 능력으로 창조가 이루어진 것이다. 이런 방법으로 하나님은 지구를 만드시고 식물과 동물들, 그리고 사람을 만드신 것이다. 하나님은 말씀하셨고 말씀대로 모든 것이 나타났다. 하나님께서 말씀하시는 것은 무엇이나 다 그대로 이루어졌다.

예언의 가장 기본적인 원리 중 하나는 우리 삶 가운데 어떠한 것이든 새로운 것을 창조해 낸다는 것이다. 하나님의 말씀에는 창조의 능력이 깃들어 있다. 그분의 말씀이 우리에게 임하면 활발하게 움직이는 힘을 느낄 수 있게 된다. 전에는 전혀 갖고 있지 않거나 알고 있지 못했던 방향이나 지침, 그리고 지식을 소유하게 되는 것이다. 하나님께서 사람을 만드실 때 숨을 불어 넣으시며 말씀을 주신 것을 기억하고 있는가? 그 호흡은 생명을 의미하는 것이었고 그들에게 주신 말씀은 그들이 존재하는 목적이었다. 온 땅을 다스리며 하나님의 생명과 의로움으로 이곳을 가득 채우는 것이 인류의 운명이었다.

> 여호와 하나님이 흙으로 사람을 지으시고 생기를 그 코에 불어 넣으시니 사람이 생령이 된지라 (창세기 2장 7절).

하나님은 창세기 1장 28절에서 "생육하고 번성하라"고 말씀하신다. 그저 아담에게 숨만 불어 넣었다면 인류는 자신의 존재 목적이나 운명을 알지 못했을 것이다. 그래서 하나님은 아담이 생육하고 번성해 땅에 충만하고 이 땅을 다스리기 원하는 마음과 그렇게 할 수 있는 능력을 자신의 말씀을 통해 가질 수 있도록 하신 것이다. 하나님의 말씀은 그 말씀을 성취할 수 있도록 우리 안에 소망과 능력을 창조해 내시는 능력의 근원이다. 하나님은 꿈이 현실이 될 수 있는 능력을 우리에게 부어 주신다. 바로 숨(바람)과 말씀의 능력 말이다.

　바람이 불어 올 때 삶의 목적을 담고 있는 하나님의 음성을 싣고 온다. 아담과 이브는 날마다 하나님의 음성을 들었고 그들의 지식과 지혜와 능력 그리고 충만함이 점점 더해지고 있었다. 그들이 하나님의 말씀을 받아들이고 이에 응답할수록 하나님의 성품이 그들 안에 자리를 잡아 갔던 것이다.

　만약 인류가 계속해서 하나님의 음성을 들었더라면 이 땅을 다스릴 능력을 가진 안정적이면서 창조적인 존재가 되어 있었을 것이다. 사탄이 아담과 이브가 하나님의 음성을 듣지 못하도록 방해했던 이유는 인류가 자신을 넘어서서 급기야는 심판할 권한을 가지고 그들의 발 아래 자신을 복종시키리라는 것을 잘 알고 있었기 때문이다. 하나님과의 대화만 끊을 수 있다면 그러한 일이 일어나지 않으리라 여겼던 것이다.

　아담이 타락한 이후 하나님의 음성은 그의 귀에 듣기 좋은 소리가 아니었으며 그의 마음에 기쁨을 가져다 주지 못했다. 그의 본질이 의로움에서 사악함으로 바뀌었기 때문에 하나님의 음성은 오히려 경악스러울 뿐이었다.

　이제 아담은 더 이상 하나님의 음성을 듣지도 못하고 그분을 알아 보지도 못하게 되었다. 여러분의 청력이 영적인 장애를 가진 상태라면 여러분의 시야 역시 혼란스럽고 희미해져서 더 이상 하나님의 형상을 알아 보지 못하게 될 것이다.

●● 하나님의 형상

하나님의 형상을 알아보는 과정은 여러분에게 큰 도전거리가 될 것이다. 사람은 하나님이 주시려는 말씀이 어떤 형상으로 다가오게 될지 알 수 없을뿐더러 어떤 형태는 오히려 그 말씀을 거절하게 만들기도 할 것이다. 구약을 통틀어 살펴보면 하나님께서 여러 가지 다른 형태로 사람을 찾아 오시는 것을 알 수 있다. 하지만 그 형태에만 너무 집중한 나머지 하나님의 음성을 놓쳐 버리지 않을까 주의해야 한다. 그렇지 않으면 우리를 찾아 오신 하나님을 인식하지 못한 채 그 형태만을 붙잡고 있는 형국이 된다.

가끔 하나님은 기드온에게 그러셨듯 천사의 모습으로 찾아 오시기도 하고, 어떤 경우는 발람에게 다가가셨을 때처럼 당나귀의 모습을 하시기도 한다. 아브라함을 찾아 왔던 세 명의 사람들처럼 우리들 중 한 사람의 모습을 하시기도 한다. 자신의 뜻을 전하기 위해 하나님은 여러 가지 다른 형태를 띠실 수 있다. 여러분이 접하게 되는 그 형태들 안에 하나님의 음성은 영적으로 지각할 수 있도록 담겨 있는 것이다.

그 날에 저희 중 둘이 예루살렘에서 이십오리 되는 엠마오라 하는 촌으로 가면서 이 모든 된 일을 서로 이야기하더라. 저희가 서로 이야기하며 문의할 때에 예수께서 가까이 이르러 저희와 동행하시나 저희의 눈이 가리워져서 그인줄 알아보지 못하거늘 예수께서 이르시되 "너희가 길 가면

서 서로 주고 받고 하는 이야기가 무엇이냐?" 하시니 두 사람이 슬픈 빛을 띠고 머물러 서더라.

그 한 사람인 글로바라 하는 자가 대답하여 가로되 "당신이 예루살렘에 우거하면서 근일 거기서 된 일을 홀로 알지 못하느뇨?" 가라사대 "무슨 일이뇨?" 가로되 "나사렛 예수의 일이니. 그는 하나님과 모든 백성 앞에서 말과 일에 능하신 선지자여늘, 우리 대제사장들과 관원들이 사형 판결에 넘겨 주어 십자가에 못 박았느니라. 우리는 이 사람이 이스라엘을 구속할 자라고 바랐노라. 이뿐 아니라 이 일이 된 지가 사흘째요, 또한 우리 중에 어떤 여자들이 우리로 놀라게 하였으니 이는 저희가 새벽에 무덤에 갔다가 그의 시체는 보지 못하고 와서 '그가 살으셨다' 하는 천사들의 나타남을 보았다 함이라. 또 우리와 함께 한 자 중에 두어 사람이 무덤에 가 과연 여자들의 말한 바와 같음을 보았으나 예수는 보지 못하였느니라" 하거늘, 가라사대 "미련하고 선지자들의 말한 모든 것을 마음에 더디 믿는 자들이여, 그리스도가 이런 고난을 받고 자기의 영광에 들어가야 할 것이 아니냐?" 하시고 이에 모세와 및 모든 선지자의 글로 시작하여 모든 성경에 쓴 바 자기에 관한 것을 자세히 설명하시니라.

저희의 가는 촌에 가까이 가매 예수는 더 가려 하는 것 같이 하시니 저희가 강권하여 가로되 "우리와 함께 유하사이다. 때가 저물어가고 날이 이미 기울었나이다" 하니 이에 저희와 함께 유하러 들어 가시니라. 저희와 함께 음식 잡수실 때에 떡을 가지사 축사하시고 떼어 저희에게 주시매 저희 눈이 밝아져 그인줄 알아 보더니 예수는 저희에게 보이지 아니하시는지라. 저희가 서로 말하되 "길에서 우리에게 말씀하시고 우리에게 성경을 풀어 주실 때에 우리 속에서 마음이 뜨겁지 아니하더냐?" 하고 곧 그시로 일어나 예루살렘에 돌아가 보니 열한 사도와 및 그와 함께 한 자들이 모여 있어 말하기를 "주께서 과연 살아나시고 시몬에게 나타나셨다" 하는지라.(누가복음 24장 13-33절).

예수님께서는 부활하신 후 많은 사람들에게 나타나셨지만 그들은 예수님을 알아 보지 못했기 때문에 그분의 음성을 인식하지 못했다. 엠마오로 향하는 길목에서 예수님은 두 명의 제자에게 나타나셨다. 그들은 예수님을 알아 보지 못했고 그분이 하는 말을 좀더 듣기 위해 그를 초대했다. 자신들의 고통 때문에 눈이 가리워져 그것을 해결할 수 있는 해답이 바로 앞에 있었는데도 알아 보지 못한 것이다. 그들의 눈이 열렸을 때 이렇게 말한다.

"그분이 말씀하실 때 우리의 가슴이 뜨겁지 아니하더냐?"

그분의 모습에 대해 눈이 열려 있지 않았다면 이런 고백을 할 수 없었을 것이다. 하나님의 말씀은 변화를 수반하고 있기 때문에 우리의 가슴을 뜨겁게 만든다. 우리는 주님이 어디에 계시는지 감지할 수 있어야 하고 신령한 지각력을 사용해 그분을 알아 볼 수 있어야 한다. 한번 그분을 만나게 되면 여러분의 가리워졌던 시야는 밝아질 것이고 여러분의 귀로 끊임없는 하나님의 말씀을 듣게 될 것이다. 하나님의 말씀이 임하면 우리의 가슴은 뜨거워질 것이고 올바른 길로 우리의

삶을 인도할 것이다.

듣기를 멈추고 눈으로 바라보라. 그분을 보았던 그곳에서 그분의 음성을 들어 보라. 우리는 본래 그분의 음성을 들을 수 있는 존재로 창조되었다. 다른 피조물들은 들을 수 없도록 독특하게 창조되었다.

●● 주님의 음성을 듣도록 창조되었다

주님께서 우리 속사람에게 말씀하시도록 하는 것이 어떻게 가능할까? 하나님께서 사람을 만드셨던 방법으로 돌아가 보자. 사람은 피와 살이 있는 육체 안에 거하고 있는 영적인 존재로서 창조되었다.

"여호와 하나님이 흙으로 사람을 지으시고 생기를 그 코에 불어 넣으시니 사람이 생령이 된지라"(창세기 2장 7절).

사람이 아버지 하나님과 함께 거할 수 있도록 하나님은 자신의 성령을 사람에게 불어 넣으셨다. 그 결과 하나님은 영혼 가운데 성령으로 말씀하실 수 있었고 육체에 대해 신경쓰실 필요가 없었다. 주님께서는 영적으로 우리에게 말씀하실 수 있으며 우리는 하나님께서 하시는 말씀을 이해할 수 있게 되었다.

하나님의 음성을 인식하기 위해서는 필요한 것이 있다. 아버지 하나님과 우리 사이에 놓여 있는 열린 채널을 만드는 것이다. 우리가 하나님의 음성을 듣는 자리 가운데 있을 때 마치 엄청난 무기를 받은 병사와 같은 느낌을 받게 될 것이다. 각자 자신의 길로 가게 만드는 모든 종류의 장애물들을 뛰어 넘도록 잘 준비되어 있어야 한다.

매일 아침 성경을 펴고 몇 구절을 읽는 그런 시간을 가지라는 소리가 아니다. 이것 또한 무척 중요한 일이다. 하지만 여러분의 삶 속에서 하나님의 말씀이 살아나도록 하는 시간을 가져 보라 권하고 싶다. 우리의 생각과 행위뿐만 아니라 우리의 입술에서 나오는 모든 말들을 통해서도 말이다.

● ● **친숙한 목소리**

성경은 말한다.

"귀 있는 자는 성령이 교회들에게 하시는 말씀을 들을지어다" (요한계시록 2장 17절).

성령님이 과거에 우리를 어떻게 인도해 오셨는지에 대해 말하는 것이 아니다. 주님께서 지금 말씀하시는 것에 대해 말하고 있는 구절이다.

이 구절을 계속해서 읽어가다 보면 하나님께서는 쉼 없이 항상 말씀하고 계신다는 사실을 알게 될 것이다. 만약 그 음성을 들을 수 있는 기회가 주어진다면 그분께서 여러분의 삶 속에서 위대하고 놀라운 일을 행하실 것이다. 미래에 대한 하나님의 뜻이 가진 통찰력을 얻게 될 뿐만 아니라 지금 어떻게 살아야 할지 보여 주실 것이다. 이

것이야말로 초자연적인 삶의 양식이다. 세상이 간절히 원하지만 놀라운 음성에 귀 기울이기 전까지는 절대로 가질 수 없는 그런 삶의 모습 말이다.

아들 케일럽이 작은 아기였을 때 우리가 예배를 인도하는 동안 주일학교 유아실에 맡기곤 했었다. 누구나 그렇듯 아이들은 낯선 사람들이 있는 곳에서는 짜증을 내고 다른 아이들의 기분마저도 악화시키곤 한다.

어느 날 밤 긴 모임의 거의 막바지에 이르러 누군가가 본당에 케일럽을 데리고 오는 것이 보였다. 아들은 나의 목소리를 듣는 순간 몸가짐이 달라지며 끔찍한 작은 악동에서 활기찬 아이로 탈바꿈했다.

나의 목소리는 아들에게 익숙해져 있었고 본능적으로 평안과 안정감을 줄 수 있는 소리였다. 나를 보거나 만질 필요도 없었다.

아버지의 목소리만으로도 충분했던 것이다. 그 아이가 어떤 느낌이었는지 표현할 수 있었다면 분명히 이렇게 말했을 것이다.

"이제 모든 게 다 괜찮아질 거예요."

하나님의 영광은 단지 표적이나 기이한 일들, 그리고 기적을 통해서만 볼 수 있으며 그러한 것들이야말로 하나님을 주님으로 인정하게 하는 것이라 믿고 있다.

하지만 하나님의 영광과 위대함은 위엄에 찬 음성으로 여러분과 나에게 말씀하실 때 드러나는 것이라 말하고 싶다.

"우리 주 예수 그리스도의 능력과 강림하심을 너희에게 알게 한 것이 공교히 만든 이야기를 좇은 것이 아니요, 우리는 그의 크신 위엄을 친히 본 자라. 지극히 큰 영광 중에서 이러한 소리가 그에게 나기를 '이는 내 사랑하는 아들이요, 내 기뻐하는 자라' 하실 때에 저가 하나님 아버지께 존귀와 영광을 받으셨느니라. 이 소리는 우리가 저와 함께 거룩한 산에 있을 때에 하늘로서 나옴을 들은 것이라. 또 우리에게 더 확실한 예언이 있어 어두운 데 비취는 등불과 같으니 날이 새어 샛별이 너희 마음에 떠오르기까지 너희가 이것을 주의하는 것이 가하니라"(베드로 후서 1장 16-19절).

어떤 이들은 주님께서 자신의 보좌로부터 오셔서 친히 방문해 주시기를 기도한다. 하지만 그분을 섬기면 섬길수록 그분이 우리를 자신이 계신 곳으로 이끄신다는 사실을 알게 될 것이다. 영광 중의 영광이요 지극히 거룩한 주님의 산으로 말이다. 주님을 믿기만 하면 누구에게나 하나님의 거룩한 영역으로 들어갈 길이 열리는 것이다.

●● 적의 영토를 점령하라

하늘에서의 싸움은 여전히 계속되고 있다.

우리의 씨름은 혈과 육에 대한 것이 아니요, 정사와 권세와 이 어두움의 세상 주관자들과 하늘에 있는 악의 영들에게 대함이라(에베소서 6장 12절).

그리스도께서 그 왕국을 아버지 하나님께 바치시기 전까지 이 싸움은 끝나지 않을 것이다.

"그 후에는 나중이니(마지막 날이 올 것이니) 그리스도께서 모든 정사와 모든 권세와 능력을 멸하시고 나라를 아버지 하나님께 바칠 때라"(고린도 전서 15장 24절).

그리고 사탄은 그 마지막을 보게 될 것이다.

"또 저희를 미혹하는 마귀가 불과 유황 못에 던지우니 거기는 그 짐승과 거짓 선지자도 있어 세세토록 밤낮 괴로움을 받으리라"(요한 계시록 20장 10절).

성경에서는 이 사탄에 대해 다음과 같이 묘사하고 있다.

"공중의 권세 잡은 자"(에베소서 2장 2절)

우리가 하나님의 음성이 되려고 할 때 두려움에 떠는 존재들이 바로 사탄이다. 우리의 숨소리만으로도 그의 영토를 점령할 수 있다. 이러한 이유 때문에 우리 영혼 가운데 있는 것들을 말로 소리 낼 필요가 있는 것이다.

예수님께서는 말하는 것과 믿는 것은 서로 함께 가는 것이라고 말씀하신 적이 있다.

내가 진실로 너희에게 이르노니 누구든지 이 산더러 들리어 바다에 던지우라 하며 그 말하는 것이 이룰 줄 믿고 마음에 의심치 아니하면 그대로 되리라. 그러므로 내가 너희에게 말하노니 무엇이든지 기도하고 구하는 것은 받은 줄로 믿으라. 그리하면 너희에게 그대로 되리라"(마가복음 11장 23-24절).

우리가 입술로 고백하는 이유는 무엇인가? 우리 자신에게 다시 다짐하려 하거나 하나님을 확신시키기 위함이 아니다. 그것은 어둠의 왕국이 전능하신 하나님의 음성으로 뒤흔들려야 하기 때문이다. 여러분은 모두 하나님의 음성을 발하는 악기인 것이다.

아마도 이런 질문을 할지도 모르겠다.

"하나님은 왜 저를 사용하는 거죠? 저는 그저 평범한 사람일 뿐인데요."

여러분이 그리스도 몸의 일원이고 하나님의 성령을 받았다면 하나님의 호흡이 여러분에게 거하고 있다. 그분은 한 가지 위대한 목적을 성취하시기 위해 대화할 수 있는 능력을 주신 것이다. 하나님은 그분의 음성으로 세상을 향해 말씀하신다. 하나님께서 왜 여러분을 사용하시는지 묻지 말고 여러분을 통해 무엇을 말씀하기를 원하시는지 묻기 바란다.

복음의 영광은 말씀이 우리와 함께 거하시는 데 있다. 그것을 보게 된다면 말씀은 우리 영혼 가운데 거하며 우리는 전능하신 하나님의 목소리가 될 수 있다.

주님께서 여러분에게 말씀을 주신다면 어떻게 반응하겠는가? 성령님께서 여러분에게 숨을 불어 넣기 시작하실 때 무엇을 하겠는가?

여러분의 입을 열어 주님의 목소리가 되겠는가?

하나님께서 무언가 말씀하시려는 것을 여러분에게 주신다면 주저하지 말라. 그것을 말하라. 하늘 문이 열릴 것이고 사탄은 달아날 것이다.

예수님께서 말씀이시라는 사실을 항상 기억하라. 성령님께서는 우리의 호흡이시며 여러분은 하나님의 목소리이다.

4장
내일을 위한 약속

선지자는 누군가의 삶에 일어날 일을 면밀히 다 말해서는 안 된다. 그 예언을 듣는 사람은 선지자가 말하는 바가 무엇인지 알게 될 것이다. 그 주제를 가지고 접근해 오는 주님의 말씀은 화살처럼 그들의 마음을 파고들게 되어 있다.

"당신이 주님의 말씀을 받으시리라 믿습니다. 그리고 당신이 기도하셨으면 하는 것이 있습니다."

캐나다의 알버타에서 온 한 목사님이 전화로 이렇게 말했다.

"그게 무엇이지요?"

"자세한 이야기를 해서는 안 될 것 같습니다. 그냥 하나님께서 그것을 나타내 주시기를 기도해 주십시오."

나는 이미 그의 교회를 방문하기로 한 상태였다. 그러나 지금 도대체 내게 일어난 일이 어떠한 것인지 궁금하지 않을 수 없었다. 내가 할 수 있는 일은 기도하는 것뿐이었.

알버타로 가기 전 며칠 동안 나는 특별한 말씀을 구하고 있었다.

"주님, 당신으로부터 말씀을 듣기를 원합니다. 이 교회를 위해 주

님께서 전하고 싶으신 말씀은 무엇입니까?"

그 때 주님의 얼굴을 눈앞에서 보듯 선명하게 볼 수 있었는데 내 영혼 가운데 이런 말씀을 주셨다.

"그 교회에 어떤 여인 하나가 있는데 엄청난 혼란과 잡음을 일으키는 장본인이란다."

하나님은 말씀뿐만 아니라 그녀의 얼굴까지도 보여 주셨다.

첫 예배를 위해 주일 아침 단상으로 걸어 들어가면서 청중들을 바라보았다. 그곳에 그 여인이 있었다. 기도하면서 보았던 바로 그 얼굴이었다. 그 여인은 네 번째줄 의자 끝자락에 앉아 있었다. 그녀의 남편은 바로 옆에 있었다.

목사님이 나에 대해 소개하시려는데 갑자기 속에서 이런 외침이 들려 왔다.

'지금이야. 바로 지금 해야만 해.'

'잠시만요, 주님. 여기 있는 이 성도들은 저를 잘 알지도 못합니다.'

하지만 성령님의 긴급한 요청에 순종하고 말았다. 예배 단상에서 내려와 그 여인을 행해 걸어 간 것이다.

"그 자리에서 일어서 주시겠습니까?"

이렇게 말하는 순간 뭔가 불편한 기운이 성도들 사이에서 흘러 나오는 것을 느낄 수 있었다. 모두 꼼짝하지 않은 채 무슨 일이 일어날 것인지 지켜보고 있었다.

"하나님께서 당신이 비행기 타는 것을 무서워한다고 말씀하시는

군요."

이렇게 말하고 나니 그 여인은 내가 그것을 알고 있다는 사실을 기뻐하며 남편을 바라보았다.

"예, 그렇답니다."

"주님께서 당신이 비행기를 탈 것이라고 말씀하시네요. 엔진이 두 개 있는 작은 비행기로군요. 그리고 하나님은 알래스카의 눈 덮인 곳으로 당신을 태우실 거라는 군요."

나는 계속해서 주님이 주시는 말씀을 전달하고 있었다.

"그런데 문제가 있어요. 하지만 당신은 강한 믿음을 소유하셨군요. 하나님께서 '이제 때가 이르렀다. 이곳에서 너를 놓아 주겠노라'고 말씀하시는군요."

예배를 마친 후 목사님과 점심 식사를 하고 있는데 그가 이렇게 말하는 것이었다.

"킴, 오늘 아침 하나님께서 당신을 어떻게 사용하셨는지 아시나요?"

"이야기해 주시지요."

목사님은 그녀와 그녀의 남편은 이 교회를 세운 사람들이며 그래서 교회의 모든 성도들의 의사 결정에 참견을 한다고 말해 주었다. 자신의 목회와 아내에 대한 것까지도 말이다.

"이 일이 얼마나 중대한 사안이었는지 아마 당신은 상상도 못 할 겁니다. 우리는 지금 몇 달 동안 이 교회를 그만 둬야 하는지에 대해 깊이 생각하던 중이었거든요."

얼마 후 그 부부는 알래스카로 이사했다는 소식을 들었다. 그 교회를 떠나자 그들은 너무나 행복해 했다는 것이다.

만일 내가 "당신들은 이곳에서 골칫덩어리니 교회를 나가 주시는 게 어떻겠습니까?"라고 말했다면 알버타에서의 예배는 어떠했을까?

어떤 사람들은 선지자들이 다 그와 같이 말한다고 생각한다. 그 옛날 흰 도포 자락을 휘날리던 에스겔처럼 악행을 두고 볼 수 없는 존재라고 여긴다.

"이제는 네게 끝이 이르렀나니 내가 내 진노를 네게 발하여 네 행위를 국문하고 너의 모든 가증한 일을 보응하리라"(에스겔 7장 3절).

구약시대 당시 하나님께서 말씀하시던 방식이었으나 우리는 신약시대를 살고 있다. 만약 분노하는 마음으로 그 여인에게 질책을 퍼 부었다면 그 여인은 반항심으로 가득했을 것이고 교회는 분열했을 것이다. 주님의 일들은 고통스러움만 가득했을 것이다.

지금까지도 이때의 경험을 잊을 수 없는데 그 이유는 예언을 하는 데 있어 다음과 같은 세 가지의 중요한 원리를 보여 주고 있기 때문이다. 주님은 여전히 창조적이시며 그분께서 말하고자 하시는 바를 다양한 형태로 전하실 수 있다. 하지만 거의 대부분의 경우 다음과 같은 현상을 발견할 수 있다.

1. 예언은 온 교회를 위한 것이다.
2. 예언은 사랑을 기초로 하여 주어지는 것이다.
3. 예언은 하나님의 약속을 보여 준다.

주님의 선지자로서 우리의 영혼은 하나님의 영으로 조율되어 있어야 한다. 하나님의 말씀을 언제 어떻게 전해야 할지 알고 있어야만 한다. 예언의 말씀을 왜 전해야 하는지를 알아야 하며(우리의 동기), 하나님으로부터 온 그 말씀을 어떻게 전해야 하는지 알아야 하는 것이다(우리의 태도).

●● 급박함과 충동심

시몬 베드로가 그리스도께서 살아 계신 하나님의 아들이시라는 놀라운 깨달음을 선포할 때 성령의 긴박함을 느끼고 있었다. 이 말씀은 하늘로부터 임하여 그의 뇌리 속을 스쳐 지나가 영적인 급박함 속에 입술을 통해 발현된 것이다. 계시는 섬광처럼 빠른 속도로 임하기 때문에 그 말씀을 상세히 분석하거나 정의 내릴 시간이 없다. 그것이 이해되기 전에 선포되기도 한다.

예수님은 베드로에게 이러한 진리는 성경적인 해석이나 신학적인 논리로 이해할 수 있는 것이 아니라고 분명히 말씀하신다. 그것은 하늘의 아버지께로부터 바로 그에게 임한 것이다. 베드로가 고백했던

진리는 하늘의 선포였던 것이다. 베드로는 그저 하늘에서 임한 말씀을 실어 나르는 도구에 불과했다.

그리고 나서 예수님은 자신이 긴박하게 임해야 할 하나님의 능력으로 사는 존재이며 열쇠를 손에 쥐고 있음을 말씀하신다. 그렇다면 그 열쇠란 무엇일까? 예수님은 곧 베드로가 이 열쇠를 가지게 될 것이라 말씀하시며 그가 하늘의 목소리가 되는 법을 배웠기 때문에 묶고 푸는 권세를 가지게 될 것이라고 하신다. 이런 삶은 죄성을 지닌 본성을 거스르는 것이며 그것과 완전히 반대되는 삶을 의미하기도 한다. 급박함은 죄성과 대립되는 것이다. 하지만 충동심은 죄를 부추기는 것이다.

베드로는 이제 훈련의 마지막 단계에 접어들 준비가 되었다. 우리의 훈련을 완성할 수 있는 경험은 오직 한 가지뿐이다. 예수님은 이어서 십자가에서의 죽음을 언급하신다. 자신의 죽음, 곧 하나님의 아들이 십자가에서 죽음을 맞이하게 될 것이라고 말씀하시는 것이다. 하지만 이는 베드로가 가지고 있던 하나님의 아들에 대한 신학과는 도저히 맞아 떨어지는 대목이 아니었다. 베드로는 이런 충동적인 생각에 사로잡혔다.

'안 돼, 안 돼, 그럴 순 없어. 어떻게 이런 일이 일어날 수 있단 말이지? 하나님의 아들은 절대로 십자가에서 죽을 리 없어. 마땅히 왕좌에서 다스려야 하는 존재라고.'

베드로는 이런 자신의 생각이야말로 미래를 위한 그의 평판에 들어 맞는 것이라고 여긴 것이다.

"예수님은 절대로 십자가에나 가실 분이 아니라구요."

충동심, 사람의 생각과 급한 마음과 필요가 뒤섞인 이러한 충동심이야말로 하나님의 목적을 이루는 데 거대한 장애물이 되는 것이다.

우리 인간이 얼마나 인내심이 부족하고 분노하기 쉬운지 모른다. 그래서 이러한 인간의 본성을 없애려 얼마나 노력하고 있는가? 하지만 사실은 하나님이야말로 이런 측면을 가지고 계시는 것 같아 보인다. 하나님의 본성이 지닌 그 빛이 터져 나오면 거룩한 긴박성이 발현된다. 급박함은 사람의 필요와는 상관없이 나타나는 거부할 수 없는 힘이다.

시몬 베드로는 자신의 운명을 보호해야 할 필요가 있었다. 그래서 위와 같은 발언을 한 것이다. 자신이 기름부음을 받았을 때의 모습처럼 말하고 있었다고 생각했을지도 모른다. 하지만 그렇지 않았다. 베드로는 긴박성이 지난 신령한 능력을 잃고 바로 죄성으로 가득한 충동심으로 옮겨 간 것이다. 기름부음을 가장한 충동심 말이다. 이 얼마나 두려운 일인가? 너무나 쉽게 뒤바뀌는 이 모든 순간을 보라.

인정받기 위해 행동하려 들지 마라. 자신이 받은 계시 하나가 맞았다고 해서 하나님이 되는 것은 아니다. 우리가 인식하고 감사할 필요가 있는 예언은 단지 몇 안 되며, 만약 그런 필요가 우리 인생 전체를 좌지우지하게 된다면 우리의 삶과 사역을 모두 엉망으로 만들어 버릴 것이다.

예언의 비밀

다음 이야기하는 예를 주의해서 보기를 바란다. 나아만 장군의 이야기를 기억하고 있는가? 그는 시리아(아람) 왕의 큰 신임을 받고 있었다. 하지만 문둥병에 걸리고 말았다. 이 병은 고대 시대에서는 신의 벌로 여겼다. 나아만 장군은 이스라엘로 가 병이 낫기를 구하고 있었다. 엘리사는 그의 종 게하시를 통해 요단 강에 몸을 일곱 번 씻으라는 전갈을 보낸다. 엘리사는 지방을 떠돌며 순회하던 선지자였으며 부와는 상관없이 오직 믿음으로만 생활하던 중이었다. 부유한 나아만 장군은 엘리사의 필요를 채워 줄 수 있는 인물이었지만 엘리사는 자신의 필요에 따라 사역을 하지 않았다. 자신의 필요를 바라며 사역을 하게 되는 순간 그것은 더 이상 하나님의 것이 아니다.

게하시는 자신의 주인과는 다른 영혼을 소유하고 있었다. 그래서 상황을 잘 이용해서 이득을 취하고자 했다. 그는 긴박하게 나아만 장군의 뒤를 따라가 병이 나은 것에 대한 대가로 금전적인 요구를 하게 된다. 나아만 장군은 물론 자신의 병을 고친 대가를 치르고 싶어했기 때문에 그에게 두 자루의 은과 갈아 입을 옷 두 벌을 선사한다.

게하시가 돌아왔을 때 엘리사는 의심스러운 눈초리로 그를 바라보고 무언가 석연치 않은 구석을 발견하게 된다. 나아만의 몸에 있던 문둥병이 여전히 그 자리에 남아 있던 것이다. 이미 나아만에게서 떨어져 버렸는데도 말이다. 이제 문둥병은 게하시에게로 옮겨 간 것이다. 그의 사악한 행위가 문둥병을 받아 들이는 문을 열게 만든 것이다.

게하시를 위한 축복이 그의 충동적이고 욕심에 가득한 행위로 인해 저주로 뒤바뀌는 순간이다. 그는 자신의 마음에서 들리는 소리가 아닌 자신의 필요에 따라 말을 한 것이다. 하나님은 우리가 겉으로 필요한 것이 아닌 영원한 은혜에 따라 행동하는 법을 가르치기를 원하신다. 우리 자신이 아닌 다른 이들을 사랑하는 것으로 동기부여되어야 한다.

교회를 위한 말씀인가 세상을 위한 말씀인가?

나는 자주 이런 질문을 해 본다.

"예언의 말씀을 주실 때 하나님은 누구를 향해 주시는 걸까? 교회에 말씀하시는 것일까? 아니면 세상을 위한 메시지일까?"

선지자는 우선적으로 그리스도의 몸에 말씀을 직접 전달하는 존재이다. 성경에서도 다음과 같이 말한다.

"방언은 믿는 자들을 위하지 않고 믿지 아니하는 자들을 위하는 표적이나 예언은 믿지 아니하는 자들을 위하지 않고 믿는 자들을 위함이니"(고린도전서 14장 22절)

하지만 하나님께서 믿지 않는 사람들에게 다가가기 위한 방법으로 예언을 사용하실 때가 있다. 바울은 또 이렇게 말한다.

"그러나 다 예언을 하면 믿지 아니하는 자들이나 무식한 자들이 들어와서 모든 사람에게 책망을 들으며 모든 사람에게 판단을 받고 그 마음의 숨은 일이 드러나게 되므로 엎드리어 하나님께 경배하며 '하

예언의 비밀

나님이 참으로 너희 가운데 계시다' 전파하리라"(고린도전서 14장 24-25절).

고린도서에 있는 성경 말씀을 오랫동안 잘못 해석해 온 것은 아닌지 모르겠다. '숨은 일'이라는 단어는 그리스어(헬라어)로 '크립토스'가 원어 표기이며 '보물'이라는 뜻을 지니고 있다. 하나님은 여러분이 예언의 임재 가운데 있을 때 그 마음 가운데 보물이라는 빛을 선물해 주신다.

하나님이 믿는 사람들을 통해 믿지 않는 사람들에게 말씀하실 때 우리는 그분의 말씀을 들을 수 있는 유익을 얻을 뿐만 아니라 그 말씀을 선포할 수 있는 기회도 갖게 되는 것이다. 하늘로부터 들은 음성을 전하지 않는다면, 다시 말해 믿음이 없는 세상과 문화에서 알아 들을 수 있는 언어로 바꾸어 말하지 않는다면 그 말씀은 절대로 이 땅에서 울려 퍼지지 않을 것이다. 성경은 다음과 같이 경고하고 있다.

너희는 삼가 말하신 자를 거역하지 말라. 땅에서 경고하신 자를 거역한 저희가 피하지 못하였거든 하물며 하늘로 좇아 경고하신 자를 배반하는 우리일까 보냐(히브리서 12장 25절).

주님께서 교회를 위해 예언을 하시는 또 다른 이유가 있다. 믿는 사람들은 하나님의 말씀을 받고 그에 따라 행동하는 존재들이다. 하지만 믿지 않는 사람들은 그것을 전하는 예언자를 우러러볼 뿐 그가 전하는 메시지는 간과하기 쉽다는 것이다.

사랑의 마음

하나님이 우리에게 주시는 말씀은 예수님의 성품과 인격을 반영하는 것이라야 한다. 만약 그렇지 못하면 그 메시지는 아무리 정확하게 전해졌다 해도 그 의도대로 이행되지 못할 것이다.

그리스도의 마음과 인격을 한마디로 표현한다면 그것은 무엇일까? 바로 사랑이다. 예수님은 말씀하신다.

"새 계명을 너희에게 주노니 서로 사랑하라. 내가 너희를 사랑한 것같이 너희도 서로 사랑하라"(요한복음 13장 34절).

여러 차례 선지자가 거만하게 진리를 선포하는 것을 본 적이 있었지만 별로 효과가 없었다. 성경은 말한다.

"악한 사자(messenger: 말씀을 전하는 사람)는 재앙에 빠져도 충성된 사신은 양약이 되느니라"(잠언 13장 17절).

'주님께서 말씀하시기를' 이라고 덧붙이는 순간 여러분은 그 말에 있어 하나님의 대리자로 보내심을 받은 것이다. 하나님께서 말씀을 주셨다면 여러분이 말하고자 하는 그 사람에 대한 하나님의 감정 또한 알게 하실 것이다.

구약시대에는 통치자가 다른 나라에 사신을 보낼 때 그 사신은 자신을 보낸 사람이 말한 그대로 전달해야 했다. 자신의 주인이 엄청난 슬픔으로 메시지를 보냈다면 이 역시 그대로 표현해야 했던 것이다. 만약 왕이 기쁨으로 웃었다면 대사 역시 동일하게 웃음을 전달했다.

예언 사역에 있어서도 이와 같은 방법이 그대로 적용된다. 주님의

말씀을 전할 때 주님께 받은 것과 같은 감정을 지니고 그것을 전달하라. 모세가 물을 내기 위해 바위를 두 번이나 내리쳐서 하나님의 마음과 감정의 상태를 잘못 전달했던 경우를 기억하고 있는가? 하나님은 모세에게 이렇게 말씀하셨다.

"지팡이를 가지고 네 형 아론과 함께 회중을 모으고 그들의 목전에서 너희는 반석에게 명하여 '물을 내라' 하라. 네가 그 반석으로 물을 내게 하여 회중과 그들의 짐승에게 마시울지니라"(민수기 20장 8절).

모세는 그저 명령만으로도 물을 내게 할 수 있었다.

하지만 온전한 사랑 안에서 예언을 전하고 있는지 어떻게 알 수 있을까?

선지자는 반드시 다음의 조건을 갖추고 있어야 한다.

✢ 의심하기를 더디하고 바로 믿으라.
✢ 정죄하기를 더디하고 의로 판단하라.
✢ 드러내기를 더디하고 방패가 되어 주라.
✢ 공식적으로 경책하기를 더디하고 참고 용서하라.
✢ 요구하기를 더디하고 바로 주라.
✢ 숨기려 들지 말고 도우라.
✢ 자극하려 하지 말고 조정하라.
✢ 노하기를 더디하고 용서하여 받아 주라.

예언 사역을 하면서 수년 동안 하나님께서는 여러 차례의 실수를 통해 나를 단련시키셨다. 특히 그 상황 자체에 감정적으로 깊이 연루되었을 때 더욱 그랬다.

한 번은 교회 안에 간음을 범한 한 남자를 보여 주신 적이 있는데 나는 즉시 그에게 격분했다. 만약 그에게 싸움을 걸 태세로 다가가 "이보시오. 당신은 아내에게 참으로 불성실한 사람이구료"라고 내뱉었더라면 그 결과는 매우 참혹했을 것이다. 그의 아내는 망신만 당했을 것이고 당사자는 하나님과 나에게 격분했을 것이다. 더 이상 간음을 행하지 않을지는 몰라도 마음 중심으로부터 회개를 했을지 의심스러울 것이다.

선지자는 누군가의 삶에 일어날 일을 면밀히 다 말해서는 안 된다. 그 예언을 듣는 사람은 선지자가 말하는 바가 무엇인지 알게 될 것이다. 그 주제를 가지고 접근해 오는 주님의 말씀은 화살처럼 그들의 마음을 파고들게 되어 있다. 성경은 말한다.

"하나님의 인자하심이 너를 인도하여 회개케 하심을"(로마서 2장 4절).

● ● 중고 시계

내가 공식적으로 죄를 드러내기를 꺼려 했기 때문에 종종 타협하는 선지자로 공격을 받곤 했다. 어떤 사람이 한번은 좋은 선의를 가지고 내게 이렇게 말한 적이 있다.

128 　　　　　　　　　　　　　　　　　　　　예언의 비밀

"우리는 죄가 만연해 있는 한 교회에 당신이 있었다는 것을 잘 알고 있습니다. 하지만 그것을 드러내시지 않더군요."

과연 그런가? 죄는 도처에 널려 있다. 그저 죄를 지적하는 것만으로도 온 종일이 걸릴 것이다. 죄를 범할 때 사람들이 간절히 원하는 것은, 그 어두움에서 벗어나 담대히 하나님께로 나아가도록 하는 말씀이다. 정죄가 아닌 긍휼함이 지닌 능력은 사람들의 삶을 변화시키는 데 있다.

나는 앞에서 말한 그에게 하나님께서 성령의 열매인 사랑과 기쁨과 화평, 그리고 온유함으로 진리를 전하라 가르치셨다고 말해 주었다. 그리고 이 열매들은 수많은 인생들에게 회복을 가져다 주었다. 공개적으로 죄를 드러낸다면 그들이 교회로 들어서지 못하도록 두려움만 양산해 낸다. 그리고 오히려 그 마음을 더 굳어지게 만들 뿐이다. 그렇게 되면 사람들은 계속해서 악한 길로만 걸어갈 것이다. 하지만 교회가 정죄에서 사랑의 영으로 탈바꿈하게 되면 그곳엔 회개가 있다.

하나님께서 이렇게 말씀하신다면 선지자는 어떤 반응을 할까?

"보석 전문점을 경영하고 있는 저기 샘이라는 사람은 사기꾼이란다. 중고 시계들을 마치 새 것인 양 팔고 있구나."

이 메시지를 어떤 태도로 전달하느냐가 중요하다. 아마도 그에게 다가가 주제 넘게 이렇게 말하며 죄를 드러낼지도 모른다.

"이봐 사기꾼. 중고 시계들을 새 것인 양 팔고 있지?"

일시적으로는 그가 똑같은 짓을 하지 않도록 할 수는 있을 것이다. 하지만 그의 마음은 아직 바뀐 것이 아니다. 하나님께서 회개하기 원하지 않는 사람들에게 심판을 내리실 때까지 그의 인생 가운데 오히려 문제들만 야기시킬 뿐이다.

그가 있는 앞에서 어떻게 말하는 것이 현명한 방법일까?

"저는 중고품을 새 것처럼 판매하고 있는 사람에 대해 알고 있습니다."

죄를 드러내되 온유하게 그리고 사랑으로 하라. 상세하게 모든 것을 말하는 것과 회개를 이끌어 내는 것, 이 둘 중 어느 것이 더 중요하다고 여겨지는가?

하나님께서 바로 죄와 대면하게 하시는 적도 있기는 하지만 이는 일반적인 방법은 아니다.

예수께서 성전에 들어가사 성전 안에서 매매하는 자들을 내어 쫓으시며 돈 바꾸는 자들의 상과 비둘기 파는 자들의 의자를 둘러 엎으시며(마가복음 11장 15절).

이 구절은 하나님의 집을 향한 예수님의 사랑과 존경심이 어떠한지를 보여 준다.

주님의 음성을 들을 때 그분이 무어라고 말씀하시든 응답하라. 예수님께서 말씀하셨다.

예언의 비밀

아버지께서 내게 주사 이루게 하시는 역사, 곧 나의 하는 그 역사가 아버지께서 나를 보내신 것을 나를 위하여 증거하는 것이요(요한복음 5장 36절).

호주에서 예배를 인도했던 당시는 결코 잊혀지지 않는데 그 이유는 다음과 같다. 그곳 예배당에는 많은 사람들이 모여 있었다. 맨 앞줄에 앉은 한 남자가 손을 들고 주님을 찬양하고 있었는데 하나님께서 나에게 이렇게 말씀하시는 것이다.

"저 남자는 어린 아이에게 성희롱을 하는 자이다. 포르노그래피에 사로잡혀 있고 그것을 팔기도 한단다."

그 말씀이 임했을 때 나는 생각했다.

'이렇게 끔찍할 수가. 거룩한 것에 세속적인 것을 섞고 있다니……'

갑자기 분노가 치솟아 올랐다. 그리고는 갑자기 단 아래로 내려가 지금까지 한 번도 하지 않은 행동을 하고 말았다. 그의 손등을 아주 얼얼하게 찰싹거리며 때리기 시작한 것이다. 너무나 말하고 싶었지만 말씀을 전하지 않았다. 그 남자는 주체할 수 없을 정도로 흐느끼며 울기 시작했고 그의 인생에서 진정한 회개가 일어나게 되었다.

예수님께서 우물가에 있는 여인과 대화했던 때를 떠올려 본다면 예수님은 그녀의 삶에 대해 모든 것을 알고 계셨지만 신중을 기해 대화를 이끌어 가셨다.

가라사대 "가서 네 남편을 불러 오라." 여자가 대답하여 가로되 "나는 남편이 없나이다." 예수께서 가라사대 "네가 남편이 없다 하는 말이 옳도다. 네가 남편 다섯이 있었으나 지금 있는 자는 네 남편이 아니니 네 말이 참되도다"(요한복음 4장 16-18절).

주님은 그녀가 절반쯤 밝힌 진실 가지고도 그녀를 칭찬했다. 예수님은 "네가 거짓말을 하는구나"라고 말씀하시지 않았다. 오히려 "네 말이 옳도다. 하지만…"이라고 말씀하신 후 진리를 선포하시고 그녀를 자유케 하셨다.

선지자는 말해야 하는 내용보다 더 많은 것을 알아야 한다. 어떻게 말해야 하는지에 대해 배워야 하는 것이다. 예수님은 말씀하셨다.

"보라, 내가 너희를 보냄이 양을 이리 가운데 보냄과 같도다. 그러므로 너희는 뱀같이 지혜롭고 비둘기같이 순결하라"(마태복음 10장 16절).

예언의 말씀은 사람들을 때려 주저앉히거나 부끄러움 가운데로 내모는 데 그 목적이 있는 것이 아니다. 오히려 희망을 위해 존재하는 것이다. 하나님이 우리 삶의 운명이 되셔서 우리 마음 가운데로 '영원'을 심어 주신다는 사실을 깨달을 수 있도록 돕기 위해 존재하는 것이다.

'영원'이 우리의 DNA이다

하나님은 인간의 마음에 '영원'이라는 공간을 만드셨다. 솔로몬은 이것을 다음과 같이 표현하고 있다.

"하나님이 모든 것을 지으시되 때를 따라 아름답게 하셨고 또 사

람에게 영원을 사모하는 마음을 주셨느니라…"(전도서 3장 11절).

하나님은 사람의 DNA 구조 안에 '영원'이라는 개념을 심어 넣으셨다. 먼 과거에서부터 영광스러운 미래까지 연장되는 삶을 생각할 수 있는 그런 능력 말이다. 사람이 세상에 있으면서 자신이 속한 시대와 장소에서 경험하는 것보다 훨씬 더한 삶이 있을 것이라는 지식이 바로 그것이다. '영원'이란 과거와 현재, 그리고 미래 모두를 동시에 감싸 안은 것을 의미한다. 전도서에서 '마음'이라는 단어는 바로 DNA를 말하는 것이다. DNA는 우리 몸 안에 있는 모든 구조와 물질들이 그 기능을 제대로 담당할 수 있도록 지시하는 역할을 한다.

여러분의 DNA는 분자들의 왕이라고 할 수 있다. 왜냐하면 이것이 지닌 정보 꾸러미는 인격과 지식, 그리고 어떤 경우 저주까지도 형성하게 하는 유전 정보를 운반하기 때문이다. 하지만 하나님은 여러분의 DNA에서 선조 때부터 얽매였던 것을 제거하셔서 예수님의 보혈로 이와 반대되는 삶을 살도록 인도하신다. 여러분의 DNA 안에는 이런 '영원'이 존재한다는 사실을 절대로 잊어서는 안 된다.

이 DNA는 우리를 '영원'과 연결시킨다. 이 세계에서 들어 올려 하나님이 사시는 곳으로 인도하는 것으로 하나님께서 직접 심으신 것이다. 이 DNA 구조물은 우리가 일시적인 것으로는 만족하지 못하게 만든다. '영원'보다 조금 못한 것으로는 도저히 만족할 수 없는 것이다. 성경에서는 하나님이 우리 안에 '영원'을 사모하는 마음(DNA)을 주셨다고 말한다. 즉, 무언가 영원한 것과 연결될 때까지는 절대로 만족할 수 없음을 의미하는 것이다.

부처나 하레 크리슈나(힌두교에서 믿는 신)가 만족을 가져다 줄 수 없다. 사실 어떠한 종교도 만족을 줄 수 없는데 그 이유는 종교가 무언가 영원한 것을 붙잡으려 강요하다 보면 오히려 일시적인 것이 되어 버리기 때문이다.

우리 안에는 영원함이 있다. 영원하신 하나님을 담아 두는 저장고와 같다고 할까? 그동안 '영원'이라는 말을 잘못 이해하고 있던 것은 아닌가? '영원'이라는 말을 꺼낼 때면 왠지 종교적인 것을 가장 먼저 떠올리게 된다.

"오, 그 말은 내가 영원히 살게 될 것이라는 의미 아닌가?"

그리고는 푹신한 구름과 금으로 된 거리를 연상하기 시작한다. 이것은 '영원'의 진정한 의미가 아니다. 물론 영원한 삶에 대한 의미를 전혀 내포하고 있지 않은 것은 아니다. 하지만 '영원'이라는 말을 영원한 사람이라는 의미로 제한할 수는 없다. 하나님은 우리의 가슴속에 '영원'을 심어 두셨다. 하나님의 영원하신 목적과 닿을 수 있게 되었다는 뜻이다.

인간은 우주적인 실수 덩어리가 아니다. 하나님의 차원으로 올라서서 영원의 공간을 마음껏 날아다니는 존재로 창조된 존재이다. 시간이 생기기도 전에 그분의 생각 속에서 빚어진 계획의 일부였던 것이다. 세상의 시간과 공간 속에서 살고 있지만 절대로 사라져 버리지 않을 것이다. 일시적으로 존재하는 것이 있는 반면 영원히 사

라지지 않는 존재도 있다. 우리는 이 두 가지의 차이를 알고 있어야 한다.

우리의 돌아보는 것은 보이는 것이 아니요, 보이지 않는 것이니, 보이는 것은 잠깐이요, 보이지 않는 것은 영원함이니라(고린도후서 4장 18절).

이 썩을 것이 썩지 아니함을 입고 이 죽을 것이 죽지 아니함을 입을 때에는 사망이 이김의 삼킨바 되리라고 기록된 말씀이 응하리라(고린도전서 15장 54절).

너희가 거듭난 것이 썩어질 씨로 된 것이 아니요, 썩지 아니할 씨로 된 것이니 하나님의 살아 있고 항상 있는 말씀으로 되었느니라(베드로전서 1장 23절).

성경은 모든 것이 일시적인 것이며 부패하고 썩어 사라져 버릴 것들이라고 분명히 말하고 있다. 하지만 우리는 그들처럼 사라질 존재가 아니라고 또한 말하고 있다. 썩지 아니할 씨(하늘의 DNA)로 거듭나 영원한 삶을 살게 될 것이기 때문이다. 우리의 피 안에 '영원'을 소유하고 있는 것이다.

우리 안에는 영원한 속성이 살고 있다. 우리는 이러한 운명의 존재이지만 죽음의 옷을 입었던 나사로처럼 우리 중 대다수가 이것을 거쳐 가야 할 수도 있다. 하나님의 음성만이 죽음의 무덤을 뚫고 영원한 사람들을 깨워 일으켜 올릴 것이다. 바로 무덤을 깨고 일어날 새로운 나사로의 운명을 가진 것이다. 이 운명은 야곱의 몸 안에 갇혀 있는 하나님의 이스라엘이기도 하다.

나는 이 이스라엘이 일어나기를 간절히 바란다. 하나님의 음성을 듣고 여러분이 영원한 가치 안에서 거듭나 그의 창조를 위한 궁극적인 계획의 한 부분이 되기를 소망한다.

여러분 중 많은 사람들이 고민하고 있을 것이다. 당신의 속사람 안에 영원한 존재가 살아 있으며 여러분은 지금 보이는 모습, 그 이상이라는 사실을 알게 되었다. 하나님과 씨름하기 전까지는 영원한 운명을 펼칠 수 없을 것이다. 선한 싸움을 싸울 때까지는 그것을 밖으로 꺼내 올릴 수 없을 것이다.

다른 사람이 말하는 여러분이 아니라 진실한 모습의 여러분 자신에 대해 말하고 있는 것이다. 하나님께서 창조하신 그 운명을 지닌 사람에 대해 말하고 있는 것이다.

여러분 중 많은 사람들은 자신이 생각하는 분량까지 이를 수 없으리라는 좌절감 속에서 살아가고 있을지도 모르겠다.

'당신은 어떠한 것도 하지 못할 것이다' 라는 말은 거짓이다. 이러한 거짓 영과 반드시 싸워야 한다. 거짓이 사라지고 우리의 참 모습이 지닌 아름다움과 발견되어야 할 우리의 운명이 성취될 때까지 말이다.

● ● 하나님의 약속 안에 있는 영원

하나님께서 말씀하실 때 자신의 백성들이 기대했던 바를 놀랍게 재조명해 주신다. 하나님은 오늘과 내일에 대해 말씀하시지만 과거에 일어났던 일들을 중요한 교훈으로 사용하신다. '영원'은 이 모든 때에 속해 있다. 이 모든 때가 결국은 하나인데도 말이다. 하나님이 그의 백성에게 말씀하시기로 할 때 많은 경우 자신의 계획을 먼저 선지자에게 나타내신다.

하나님은 자신이 하기로 결정하신 것은 무엇이나 할 수 있는 능력을 가지고 계신다. 하지만 우리에게 많은 책임을 지워 주시기도 한다. 하나님이 "생육하고 번성하여 땅에 충만하라. 땅을 정복하고 땅에 다니는 모든 생물을 다스리라"고 부탁하신 존재가 누구인가? 하나님은 아담과 이브를 통해 여러분과 내게 이러한 과제를 던져 주셨다.

예언 사역은 소망의 사역이다. 예언은 내일을 위한 하나님의 꿈을 계시하는 사역이다. 목표를 향해 나아갈 수 있도록 더욱 구체적인 단계를 제시하는 선지자도 간혹 있을 것이다. 하지만 대부분은 그저 하나님께서 여러분의 미래를 위해 무엇을 원하시는지 언급하고 떠나버리기 일쑤이다.

그러고 나면 이제 목사와 교사가 당신에게 말할 차례다.

"자, 이것은 여러분이 도달해야만 하는 내용입니다."

나는 주님을 위해 말씀을 전하는 자로서 놀라운 과제를 부여받았다. 나는 하나님의 좋은 소식을 전하고는 나의 길을 간다. 어떤 사람들은 사도라고 하면 불의한 것을 척결하기 위한 뭔가 음산하거나 화난 표정을 하고 있는 그림을 떠올릴지도 모르겠다. 하지만 그것은 구약에 등장하는 선지자들의 모습이지 오늘날 하나님께서 부르시는 선지자의 모습은 아니다.

아마 이런 질문을 할지도 모르겠다.

"예언은 항상 이루어집니까? 주님으로부터 오는 말씀이 현실로 나타나지 않을 가능성도 있습니까?"

하나님께서 "내가 할 것이다"라고 말씀하신다면 그분의 계획에 확신을 가질 수 있을 것이다. 하지만 우리가 감당해야 할 부분이 있다. 그 말씀과 함께 믿음을 더해야 한다. 그것을 받아 들이는 행동을 포함해서 말이다. 이 조건대로 따르지 않는다면 그 약속은 우리의 자손들에게로 넘어가게 될 것이다.

나는 하나님께서 이런 방식으로 일하시는 것에 대한 확신이 있다. 하지만 불행하게도 대부분의 사람들은 하나님이 말씀하시는 그대로를 믿고 있지 않는 것 같다. 주님께서는 여러분에게 이렇게 말씀하고 계실지도 모르겠다. "내가 너를 고치겠다" 또는 "내가 너에게 공급해 주겠다" 라고 말이다. 이 때 갑자기 자신의 정체성 문제로 고민하고 있는 사람이라면 이런 생각을 할 것이다. '나는 그럴만한 존재가 못돼. 여전히 잘못된 일만 저지르는 걸. 하나님께서 내게 이렇게 말씀하실 리가 없지.'

성경은 다음과 같이 기술하고 있다.

그러므로 성령이 이르신 바와 같이 "오늘날 너희가 그의 음성을 듣거든 노하심을 격동하여 광야에서 시험하던 때와 같이 너의 마음을 강퍅케 하지 말라. 거기서 너희 열조가 나를 시험하여 증험하고 사십 년 동안에 나의 행사를 보았느니라"(히브리서 3장 7-9절).

●● 하나님의 의도와 우리의 행동

사람들이 흔히 하는 질문이 있다.

"왜 예언은 이루어지지 않는 건가요? 하나님은 왜 이루어지지도 않는 것을 말씀하시는 걸까요? 도대체 무슨 일이죠? 뭐가 잘못된 건가요?"

우선, 하나님에게는 아무런 문제가 없다는 사실을 밝히고 싶다. 하나님은 절대로 틀림이 없으시다. 항상 사람 쪽에 잘못이 있다. 선지자가 실수를 했거나 그 말씀을 받은 사람이 뭔가 해서는 안 되는 일을 한 것이 화근이 된다.

생각해 보라. 하나님은 아담과 이브에게 본인의 의도를 밝히셨다. 그들을 향한 말씀은 지구를 정복하고 이에 속한 모든 것을 다스리는 데 있었다. 하지만 정복은커녕 오히려 정복당하지 않았던가? 하나님의 말씀이 성취되지 못했던 것은 누구의 잘못인가? 하나님의 잘못이었나? 전혀 그렇지 않다. 그렇다면 하나님께서 무슨 일이 일어나게 될지 아셨는가? 그렇다. 도대체 그런 사실을 아셨음에도 인류를 향해 축복의 말씀을 하신 이유가 무엇일까?

하나님의 의도는 그 어떤 부정적인 반응이나 행위들을 알아 내는 데 있지 않다. 그러한 것에 관심조차 두지 않으신다. 물론 부정적인 반응과 행위들은 존재하겠지만 하나님이 말씀하실 때에는 그와는 상관없이 하나님께서 하시겠다는 뜻이다. 최종에 이루어질 말씀만이 있는 것이다. 여러분의 실수 때문에 지연된다 하더라도 그 말씀이 실패했음을 의미하는 것이 아니다. 그 말씀은 여전히 성취될 것으로 남아 있다.

언제인가 하나님이 나에게 이런 말씀을 하신 적이 있다.

"미국으로 가거라. 내가 너를 대통령 앞으로 인도할 것이다. 내가 너를 왕들 앞으로 인도할 것이다. 이 나라를 향해 예언할 것이고 감옥으로 가게 될 것이며 가난한 자들에게 말씀을 전할 것이다. 극빈자들에게도 가게 될 것이며 왕자들에게도 가게 될 것이다. 그리고 내가 너를 부자와 가난한 자, 그리고 그와 같은 자들에게로 인도할 것이다."

하나님께서 이 모든 것을 내게 말씀하셨다. 그렇다면 이 말씀이 자동적으로 즉각적으로 동시에 일어났을까? 그렇지 않다. 우선 나는 조국을 떠나 미국으로 가야 했다. 그리고 내가 행동을 취하기 전까지는 그 어떠한 일도 일어나지 않았다.

예언의 비밀

하나님은 자신의 의도가 행동으로 나타날 때까지 올바른 반응을 보이도록 요구하셨다. 그분의 의도는 항상 행동으로 바로 옮겨지는 것은 아니다. 하나님은 자신의 뜻에 따라 그분의 시간과 장소로 우리를 인도하신다. 그리고 인간의 의지를 통해 하나님은 행동하신다. 하나님은 인간이 '아니오'라고 말할 권리를 주셨다. 하나님은 여러분이 약물을 과다 복용해서 죽을 수 있는 권리나 '약을 끊고 살아 보겠어!'라고 외칠 수 있는 권리도 주신다. 자신의 삶을 결정할 권한을 가지고 있는 것이다. 그래서 여러분 자신이나 가족에게 선한 일을 할 수도 악한 일을 할 수도 있는 것이다.

그래서 하나님께서 말씀하실 때 그 목적지로 향하는 올바른 인생 여정을 따를 수 있도록 우리에게 자신의 뜻을 나타내시는 것이다. 하나님께서 말씀하실 때 마약 중독자가 되거나 건물에서 뛰어내리는 것과 같은 어리석은 짓을 하지 않을 것이라고 생각하시기에 자신의 뜻을 보이신다. 하나님께서 말씀을 주실 때에는 여러분이 어떤 종류의 잘못을 하게 될 것이라는 가정을 하시지 않는다는 것이다. 하나님은 믿을 수 없는 것을 상상해 내는 그런 존재가 아니시다.

내가 무엇을 발견했는지 안다면 이 사실을 이해하는 것이 얼마나 중요한지 깨닫게 될 것이다. 구원받지 못한 사람들 중에서 가끔 믿는 이보다 더한 믿음을 가진 사람들이 있다. 믿는 이에게는 영혼뿐 아니라 생각이라는 영역이 있다. 그리고 종종 여기서 문제가 발생한다. 이 생각이라는 것은 하나님이 우리에게 주신 것 중 가장 영향력 있는 영역일 것이다.

"아, 내 영혼을 생각했을 때에는……."

우리의 영혼은 우리의 생각에 영향을 미친다. 그럼에도 우리의 생각은 가장 영향력 있는 존재이다. 그래서 우리의 생각(지각)에까지 새롭게 함을 입어야 한다고 성경은 말하고 있는 것이다. 생각은 엉망진창이 되기 쉬운 성격을 지니고 있기 때문이다. 우리의 영혼은 우리의 생각과 행동을 지배할 수 있도록 설계되었다. 하지만 이 생각이라는 것은 너무나 힘이 세서 종종 우리의 영혼이 가지고 있는 권력에 대항하여 침범해 들어가기도 한다. 이것이 바로 로마서에서 사도 바울이 말했던 싸움이다.

우리의 생각은 싸움터이다. 생각은 성령님께서 여러분에게 간청하며 이렇게 말씀하시는 장소이다.

"너의 생각이 고려하는 대로 그렇게 해서는 안 된다. 네가 갈 올바른 길에서 벗어나게 만들기만 할 뿐이야."

하나님은 우리 모두에게 기회의 창문을 주셨다. 잘못을 저지를 수도 옳은 일을 결정할 수도 있는 창문 말이다. 어떤 것을 선택하느냐에 따라 우리의 삶이 좌우될 것이다. 하지만 우리는 하나님의 파트너이다. 동반자 관계가 깨어지지 않은 채 그대로 남아 있다면 하나님의 모든 약속들은 우리의 삶 가운데 이루어질 것이다.

내일을 위한 하나님의 약속을 원한다면 지금 당장 해야 할 일이 있다.

예언의 비밀

"오늘날, 너의 마음을 강퍅케 하지 말라."

하나님은 그 선택권을 우리에게 주셨다.

다른 길을 선택해서 여러분의 마음을 강퍅하게 한다면 오늘날은 여전히 그대로 오늘날로 남아 있게 될 것이며 내일은 절대로 오지 못할 것이다. 하나님은 지금 미래를 위해 여러분을 준비시킬 말씀을 하고 계시는 것이다.

내일로 들어가는 길

사람들은 왜 하나님의 음성을 듣지 못하는 귀머거리가 되었을까? 그 이유는 주님께서 어떻게 일하시는지를 알지 못하기 때문이다. 이스라엘 백성들과 전혀 다를 것이 없다. 주님께서는 말씀하신다.

저희가 항상 마음이 미혹되어 내 길을 알지 못하는도다(히브리서 3장 10절).

하나님께서 "내가 너의 병을 고쳐 주겠다"라고 말씀하셨을 때 의사가 "당신은 이제 석 달밖에 살지 못합니다"라고 진단을 내린다면 대부분의 사람들은 "하나님께서 어떤 일을 하실 수 있을까?"라는 반응을 보인다. 하나님이 고치실 수 없다고 생각하는 것이다. 그리고 하나님의 음성에서 돌아선다. 왜일까? 영적인 음성을 듣는 것보다 자연적인 음성을 듣는 것이 훨씬 쉽게 와닿기 때문이다.

메시지는 분명하다. 이스라엘 자손들은 그들의 마음을 강퍅하게 만들었고 주님의 약속이 그들이 거하는 곳에 머물기를 원하지 않았다. 하나님은 말씀하신다.

"저희는 내 안식에 들어오지 못하리라"(히브리서 3장 11절).

약속을 받아 들이지 않을 때 시간은 거기서 멈추는 것이다. 그리고 여러분은 내일로 들어가지 못한다.

바로 이것이 하나님께서 일하시는 방식이다. 하나님은 여러분의 마음 상태가 어떠한지를 살피시는 것이다.

또 하나님이 누구에게 맹세하사 그의 안식에 들어오지 못하리라 하셨느뇨? 곧 순종치 아니하던 자에게가 아니냐? 이로 보건대 저희가 믿지 아니하므로 능히 들어가지 못한 것이라(히브리서 3장 18-19절).

그리스도께서 사역하시던 초기에 그분은 갈릴리 모든 지방으로 들어가셔서 회당에서 가르치시고 하나님 나라의 복음을 전파하셨으며 사람들 가운데 있는 모든 종류의 아픔과 질병들을 고치셨다고 기록하고 있다(마태복음 4장 23절을 보라).

하지만 그분이 고향인 나사렛에 들어가셨을 때 어떠한 일이 일어났는가?

저희의 믿지 않음을 인하여 거기서 많은 능력을 행치 아니하시니라(마태

144 예언의 비밀

복음 13장 58절).

히브리서 3장에서 말하는 '안식'이란 도대체 무엇일까?
그것은 우리의 모든 원수로부터 놓임을 받아 쉼을 얻게 되는 상태를 의미한다.
성경은 이런 해방을 맛볼 수 있는 세대가 올 것이라고 말한다.
히브리서 기자가 이 말씀을 적고 있을 때는 그 아무도 이러한 안식 가운데 들어가지 못했다. 하나님은 이스라엘 백성에게 그것을 약속하셨지만 믿음으로 그것을 받지 못했다. 결국 그 약속은 여러분과 나에게 남겨진 것이다.

그러므로 우리는 두려워할지니 그의 안식에 들어갈 약속이 남아 있을지라도 너희 중에 혹 미치지 못할 자가 있을까 함이라(히브리서 4장 1절).

이 약속은 하늘에 관한 것이 아니다. 바로 현재의 삶에 관한 것이다. 질병과 죄악을 정복하고 다스릴 수 있는 세대가 존재한다고 말하고 있다.
다음에 성경은 예언의 말씀을 받아들일 때의 마음 자세에 대해 말하고 있다.

저희와 같이 우리도 복음 전함을 받은 자이나 그러나 그 들은바 말씀이 저희에게 유익되지 못한 것은 듣는 자가 믿음을 화합지 아니함이라(히브리서 4장 2절).

그렇다. 하나님께 말씀을 받는 것은 가능하다. 하지만 그 유익을 받지 못할 수도 있다. 그 말씀을 믿음으로 받지 못할 경우 그것이 유익이 되지 못하는 것이다. 오직 믿는 이들만이 그분의 안식으로 들어가게 된다.

그러면 거기 들어갈 자들이 남아 있거니와 복음 전함을 먼저 받은 자들은 순종치 아니함을 인하여 들어가지 못하였으므로 오랜 후에 다윗의 글에 다시 어느 날을 정하여 오늘날이라고 미리 이같이 일렀으되 "오늘날 너희가 그의 음성을 듣거든 너희 마음을 강퍅케 말라" 하였나니(히브리서 4장 6-8절).

하나님께서는 오늘날에도 여전히 말씀하고 계신다.
"바로 오늘, 너의 마음을 나의 말에 기울이거라. 그러면 내일로 인도할 것이다."
성경은 이어서 말하고 있다.
"그런즉 안식할 때가 하나님의 백성에게 남아 있도다"(히브리서 4장 9절).
우리가 상속받을 것을 주장하고 그분의 안식으로 들어갈 때가 도래한 것이다.

● ● 오직 말씀으로만

많은 사람들이 하나님께서 그의 보좌에서 내려와 기적을 베풀어 우리를 구원해 주시기를 바라고 있다. 하지만 이렇게 기도해야 옳을 것이다.

"주님 말씀해 주십시오."

예수님이 갈릴리 바다 북쪽 해안의 가버나움에 가셨을 때 일어났던 놀라운 사건이 다음과 같이 기록되어 있다.

예수께서 가버나움에 들어가시니 한 백부장이 나아와 간구하여 가로되 "주여 내 하인이 중풍병으로 집에 누워 몹시 괴로워하나이다" (마태복음 8장 5-6절).

그 때 예수님은 그 어느 누구라도 거절할 수 없는 응답을 하신다.

"내가 가서 고쳐 주리라" (마태복음 8장 7절).

하지만 로마의 군대를 이끄는 그 백부장은 이렇게 답한다.

"주여 내 집에 들어오심을 나는 감당치 못하겠사오니 다만 말씀으로만 하옵소서. 그러면 내 하인이 낫겠삽나이다" (마태복음 8장 8절).

그는 개인적인 방문을 원하지 않았다. 그저 말씀만으로도 족했던 것이다.

백부장은 그 당시 다른 사람들보다 주님의 권세가 가장 우월하다는 사실을 잘 알고 있었다. 하나님의 자녀였던 유대인들은 이러한 사실을 이해하지 못했다. 제자들조차 "내가 곧 길이요, 진리요,

생명이니"(요한복음 14장 16절) 라는 말을 이해하지 못했으며 "나를 본 자는 곧 아버지를 본 것"(요한복음 14장 9절) 이라는 말의 참뜻을 알지 못했다.

하지만 로마 사람인 이 백부장은 말이 가지는 권세가 어떠한 것인지 이해하고 있었다. 그는 이렇게 말한다.

나도 남의 수하에 있는 사람이요, 내 아래도 군사가 있으니 이더러 "가라" 하면 가고 저더러 "오라" 하면 오고 내 종더러 "이것을 하라" 하면 하나이다(마태복음 8:9).

주님은 이런 태도를 접해 본 적이 없으셨다. 보통 다른 사람들은 치유의 손길을 구했지만 이 사람은 단지 말씀만을 구했던 것이다.

예수께서 들으시고 기이히 여겨 좇는 자들에게 이르시되 "내가 진실로 너희에게 이르노니 이스라엘 중 아무에게서도 이만한 믿음을 만나보지 못하였노라."······예수께서 백부장에게 이르시되 "가라. 네 믿은 대로 될지어다" 하시니 그 즉시로 하인이 나으니라(마태복음 8장 10절, 13절).

백부장은 하나님의 음성을 온전한 믿음으로 받았기에 병고침의 역사가 일어난 것이다. 예수님은 그의 마음을 보시고 말씀하신다.

148   예언의 비밀

"네 믿은 대로 될지어다."

사역을 하다 보면 날마다 주님의 방문을 구하는 사람들을 만나게 된다. 그들은 하나님이 보좌에서 내려오셔서 집으로 들어 오시기를 바란다.

"제발, 주님, 오셔서 저를 만져 주세요. 오셔서 저를 고쳐 주세요."

오늘날 하나님은 이런 방식으로 일하시지 않는다. 단 한 번, 하나님은 영원에서 내려 오셔서 우리의 시간으로 들어 오셨다. 바로 자신의 아들을 보내어 에덴 동산에서 사탄이 깨어 부쉈던 것을 회복시키신 사건이다. 그리스도는 사람의 육신만을 입으셨던 것이 아니라 우리의 죄를 십자가로 가져 가셔서 그곳에서 죽으시고 다시 살아 나셨으며 그리고 하늘로 올라가셨다.

오늘날 하나님이 다시 우리에게 내려오실 필요가 없다. 하나님은 우리가 바로 하늘로 들어갈 수 있도록 그 길을 열어 두셨다. 주님은 말씀하신다.

"이리 와서 내가 하는 말을 들으렴. 그리고 나의 말을 들을 때 시간의 커튼을 걷어 미래를 보여 주겠다."

주님의 음성을 들을 때 마치 땅에서 높은 곳으로 들려 하늘에서 삼위일체 되신 하나님과 대화하는 소리를 듣는 것 같다. 사도 바울은 이렇게 말한다.

"함께 일으키사, 그리스도 예수 안에서 함께 하늘에 앉히시니"(에베소서 2장 6절)

이사야 역시 하나님이 그를 하늘 보좌로 이끌어 가셨을 때 하나님의 대화 소리를 들었다.

내가 또 주의 목소리를 들은즉 이르시되 "내가 누구를 보내며 누가 우리를 위하여 갈꼬?" 그 때에 내가 가로되 "내가 여기 있나이다. 나를 보내소서" (이사야 6장 8절).

사도 요한이 밧모 섬에서 들었던 것과 같은 분명한 예수님의 음성을 지금 우리도 들을 수 있지 않을까? 하나님은 요한에게 다음과 같은 말로 확증하셨다.

볼지어다. 내가 문 밖에 서서 두드리노니 누구든지 내 음성을 듣고 문을 열면 내가 그에게로 들어가 그로 더불어 먹고 그는 나로 더불어 먹으리라 (요한계시록 3장 20절).

아마도 이제 여러분은 내가 누군가를 향해 "하나님은 여러분이 죽지 않고 살게 될 것이라고 말씀하십니다" 라고 확신에 찬 음성으로 말할 수 있게 된 이유를 알게 되었을 것이다.

하지만 하나님에게 예언의 말씀을 받을 때 하나님께서는 자신이 맡으신 부분을 이미 이행하셨다는 사실을 알아야 한다. 이제 여러분 차례이다. 하나님은 여러분이 그 말씀에 전심으로 동의하기를 기다리고 계신다.

●● 어느 선지자가 더 위대한가?

　남아프리가 공화국에서 있었던 한 집회에서 우리는 엄청난 수의 무슬림들이 참석하는 예배를 인도하기 시작했다. 1,000명이 넘는 사람들이 밤마다 모여 들었는데 그곳에 그리스도를 대표하는 선지자가 왔다는 소문을 들었기 때문이다.

　예배당에 모인 사람들은 그들의 선지자가 그리스도의 선지자보다 더 위대하다는 사실을 입증하고 싶어 안달이었다.

　그날 밤 성령님께서 그 곳을 가득 채우셨고 갑자기 나는 무슬림들을 개별적으로 그것도 이름을 부르며 불러 내기 시작했다. 지금까지 내가 지켜 본 모임 중 가장 독특한 집회였다.

　주님은 '라자'라는 이름을 주셨고 나는 그 이름을 불렀다. 그랬더니 라자가 일어섰다. 나는 그의 집 주소를 말해 주고 물었다.

　"이곳이 당신이 사는 곳 맞습니까?"

　그는 그렇다고 대답했다.

　"라자, 앞으로 나오실래요? 하나님께서 당신에게 무언가 하실 말씀이 있다고 하십니다."

　그가 단상으로 올라오자 이렇게 말했다.

　"하지만 저는 무슬림입니다."

　"그래요? 저는 크리스천입니다. 그리고 하나님은 당신을 위해 내게 말씀을 주셨습니다. 예수님이 당신의 아버지가 간암으로 죽어 가고 있다고 말씀하셨어요. 앞으로 사실 날이 몇 달 남지 않았군요. 하지만 예수님은 단지 선지자가 아니시랍니다. 그분은 하나님의 아들이에요. 아버지께 가서 그렇게 전하면 그는 완전히 나을 거예요."

"예. 당신이 말한 것은 사실입니다. 그리고 당장 가서 아버지에게 말씀드릴게요."

라자가 대답했다.

수백 명의 무슬림들이 그리스도께로 와서 그분을 구주로 받아들였다. 주님의 음성 때문이었다. 여러 날 밤 그들이 단상으로 달려 나올 정도로 하나님의 말씀에 능력이 있었다. 하나님은 단지 살아 계실 뿐 아니라 그의 백성들에게 계속해서 말씀하시는 분이다.

●● 하늘 문을 열다

하나님께서 아브라함, 이삭, 야곱, 그리고 구약시대의 다른 사람들에게 말씀하실 때 항상 다음에 어떠한 일이 일어날지에 대해 보여 주시곤 했다. 주로 그들이 뛰어 넘어야 할 그런 상황에 대한 것이었다.

오늘날, 하나님은 말씀하실 때 또한 약속을 주신다.

"볼지어다. 내가 문 밖에 서서 두드리노니 (만약) 누구든지 내 음성을 듣고 문을 열면 내가 그에게로 들어가 그로 더불어 먹고 그는 나로 더불어 먹으리라"(요한계시록 3장 20절).

이 구절은 믿지 않는 사람들을 위한 것이라고 여기기 십상인데 실

은 믿는 사람들에게도 동일하게 적용되는 말씀이다. 이 말씀은 사실 라오디게아 교회를 향한 메시지의 일부이기도 하다. 주님은 '만약' 우리가 그의 음성을 듣고 문을 열면, 그분은 우리와 함께 하실 것이라고 말씀하신다. '만약'이라는 조건이 전제되어 있는 것이다. 이와 같은 맥락의 구절을 성경에서 찾는다면 다음과 같다.

세계가 다 내게 속하였나니(만약) 너희가 내 말을 잘 듣고 내 언약을 지키면 너희는 열국 중에서 내 소유가 되겠고(출애굽기 19장 5절).

여호와께서 너로 머리가 되고 꼬리가 되지 않게 하시며 위에만 있고 아래에 있지 않게 하시리니(만약) 오직 너는 내가 오늘날 네게 명하는 네 하나님 여호와의 명령을 듣고 지켜 행하며(신명기 28장 13절).

너희는 처음부터 들은 것을 너희 안에 거하게 하라.(만약) 처음부터 들은 것이 너희 안에 거하면 너희가 아들의 안과 아버지의 안에 거하리라(요한일서 2장 24절).

선택은 여러분에게 달려 있다. 하나님의 음성을 들을 것인가 말 것인가? 만약 듣기로 결정한다면 행동을 취해 영적으로 문을 열어야만 한다. 그 문을 여는 것은 누구인가? 바로 당신이다.

많은 사람들이 불신의 환경 속에서 자라왔다. 다른 사람들에게 상처를 받아 하나님이 문을 두드리실 때 그것을 열기를 두려워하게 된 것이다. 하나님의 소리와 사람의 소리에는 엄청난 차이가 있다. 하나님의 구별된 음성을 듣게 되면 당신의 마음은 그의 부르심에 녹아 내릴 것이다.

이 일 후에 내가 보니 하늘에 열린 문이 있는데 내가 들은 바 처음에 내게 말하던 나팔소리 같은 그 음성이 가로되 "이리로 올라오라. 이 후에 마땅히 될 일을 내가 네게 보이리라" 하시더라(요한계시록 4장 1절).

그 음성은 "내가 너에게 내려가겠다"라고 말하지 않는다. "이리로 올라오라"고 말하고 있다.

주님께서 여러분과 내게 말씀하시는 것처럼 요한에게 약속하셨다. "이 후에 마땅히 될 일을 내가 네게 보이리라." 내일이 열릴 것이다.

아브라함이 이삭을 제물로 바치려고 했을 때 하나님은 하늘에서부터 내려오지 않으셨다. 아브라함은 산에서 주님을 따라 올라갔다. 이삭이 놓임을 받자 "아브라함이 그 땅 이름을 '여호와이레'라 하였으므로 오늘까지 사람들이 이르기를 '여호와의 산에서 준비되리라 하더라'"(창세기 22장 14절).

전능자는 시내산에서 모세를 만나러 내려오신 것이 아니었다.

"여호와께서 시내산 곧 그 산꼭대기에 강림하시고 그리고 모세를 부르시니 모세가 올라가매"(출애굽기 19장 20절).

154　　　　　　　　　　　　　　　　　　　　　예언의 비밀

하나님은 변함이 없으시다. 우리에게 말씀하기를 원하실 때 그분의 음성은 그가 계신 곳에서 당신에게 임한다.

물질적인 세상과 인간이 만들어 놓은 사회와는 비교할 수 없는 삶이 우리를 기다리고 있다. 하나님은 하늘의 차원에서 우리의 영혼 가운데 말씀하기를 원하신다. 그 문을 열기로 결정했을 때 주님은 그의 놀라운 약속을 우리 삶 가운데 이루어가기 시작하신다.

5장

"아직 끝나지 않았다!"

육체적인 질병의 감옥이나 경제적인 어려움의 감옥 혹은 호주에서의 그 소년처럼 삶의 고통이 주는 무게 속에 버려진 채 이에 얽매여 있을 시간이 다가올지도 모른다. 하지만 바로 이 때가 하나님의 음성을 들을 때이다.

신문기자가 물었다.

"클레멘트 선생님, 남아프리카 출신 백인 남성이 우리 호주 사람들에게 무엇을 말하려고 온 걸까요?"

100만 명 이상의 사람들이 살고 있는 서부 호주의 주도 퍼스에 있었을 때이다.

순식간에 나는 이 기자가 무엇을 말하고 있는지 알아차렸다. 그리고는 말했다.

"나는 남아프리카를 대표해서 이곳에 온 것이 아닙니다. 분명히 말씀드리겠는데 인종차별이나 다른 정치적인 신념에 대해 말하려고 온 것이 아닙니다."

내가 그동안 흑인들과 함께 생활했기 때문에 겪어 왔던 인생의 고

통이 어떠한지 그가 듣고 싶어한다는 것을 느낄 수 있었다. 하지만 나 자신을 변호하거나 다른 이유들을 구실로 삼기 위해 그곳에 간 것이 아니었다.

"그렇다면 여기에 오신 목적이 무엇입니까?"

그가 다시 물었다.

"나는 이곳에 하나님의 나라를 대표해서 왔습니다. 미치지 못했던 이들을 찾고 닿을 수 없는 이들을 만나기 위해서입니다."

다음날 아침 내가 한 말은 신문 앞면을 장식했다. 나의 사진과 함께 복음 전파 운동이 큰 강당을 움직이고 있다는 내용의 기사가 실려 있었던 것이다.

나는 두 주일쯤 전 이곳 목사님의 초청을 받아 퍼스로 왔다. 그리고 처음 예배에는 손에 꼽을 정도의 사람들만이 참석했다. 하지만 그들은 모두 하나님의 말씀에 굶주려 있었다.

그런데 주님께서 독특한 방식으로 일하시자 사방에서 사람들이 몰려 오기 시작했다. 성령님의 놀라운 기름부으심이 넘쳐 나면서 며칠 만에 그 건물은 사람들로 꽉 들어차 발 디딜 틈도 없게 되었다.

그곳의 몇몇 사역자들이 하나님께서 하시는 일을 보고는 나를 찾아 왔다. 그들은 말했다.

"이 예배를 도시 전역으로 확대해 갔으면 합니다. 우리가 이것을 기획하는 동안 좀더 퍼스에 머물러 주시겠습니까?"

"그러지요. 하나님께서 무언가 초자연적인 일을 행하실 것 같습니다."

퍼스에는 약 6,000명을 수용할 수 있는 가족용 극장이 있었는데 그들은 그곳으로 모임 장소를 옮겼다. 그리고는 한 명이 이렇게 말했다.

"4,000석만 남기고 나머지는 봉쇄해도 되겠어요. 지난번 전도 집회 때에는 약 2,000명이 왔었거든요."

그러자 나는 대답했다.

"여기 놀라운 소식이 있어요. 하나님께서 그분의 말씀을 보내 주시면 사람들은 더 모여들 겁니다. 모두 다 개방하세요. 우리가 그곳을 채울 거예요."

● ● 누군가 유명한 사람?

퍼스에 머문 두 주일 동안 나는 서부 호주에 대한 엄청난 부담이 느껴져 계속 금식하며 기도하고 있었다. 어떤 음식도 입에 대지 않았고 물만 마시며 간구했다.

"주님, 당신의 말씀을 보내 주십시오. 당신의 말씀을 구합니다."

우리가 극장으로 모임 장소를 옮기는 날 신문의 앞면에는 이런 글귀가 실렸다.

"미치지 못했던 이들을 찾고 닿을 수 없는 이들을 만나기 위해 왔습니다."

수천 명의 사람들이 극장으로 쏟아져 들어왔다. 나는 단상으로 걸어 가는 순간 하나님의 능력이 크게 파도치는 것을 느낄 수 있었다.

마치 전기같이 짜릿한 느낌이었다. 금식을 했는데도 키가 10피트나 되는 것처럼 느껴졌다.

거대한 성가대가 찬양하는 동안 나는 기도했다.

"주님, 무언가 색다른 일을 행하여 주옵소서. 당신을 위해 이 도시를 접수해야겠습니다."

나는 하나님께서 청중들 가운데 잘 알려진 몇 사람들을 위해 예언의 말씀을 주시기를 간구했다.

"누구든 유명한 사람을 하나님의 왕국으로 불러 주십시오. 좋은 본보기가 될 것입니다."

국회의원이나 연예인, 아니면 스포츠 저명인사나 방송국 리포터 정도면 딱 알맞겠다고 여겼다. 사람들이 "오늘 밤 어떤 일이 일어났는지 믿을 수 있겠니?"라고 떠들고 다닐 정도로 무언가 깊은 곳을 건드릴 수 있는 그런 일이 일어나기를 기대하고 있었다.

나의 이러한 열망 때문이 아니라 하나님의 의지로 하나님이 말씀하지 않으신다는 사실을 알고 있었다.

모임이 계속 되고 성가대가 찬송가 "나 같은 죄인 살리신"을 불렀다. 나는 강렬한 기름부으심 아래 30분 정도 설교를 했고 주님의 능력은 극장을 가득 메우고 있었다. 사람들은 구원받고 병고침을 받았으며 성령의 세례를 받았다. 하지만 나는 계속 기도하고 있었다.

"주님, 이 밤, 이곳에 있는 누군가를 위해 특별한 예언의 말씀을 가지고 계시다는 것을 다 알고 있습니다. 주님께서 말씀하실 사람을 제발 보여 주십시오."

주님께서 가리키시는 방향을 살펴보자 잘 차려 입은 사람들이 함께 모여 앉아 있는 것을 발견했다. 그리고는 이렇게 생각했다.

'분명히 저들 가운데 있을 거야. 주님, 제가 전해야 할 특별한 말씀이 있으신지요?'

하지만 아무런 응답이 없었다.

그 때 내 영혼에 무언가 긴급함이 느껴졌고 다음과 같은 소리가 들려 왔다.

"공연장 뒤쪽을 보아라. 가장 끝 줄에 있는 의자 맨 마지막 자리가 보이느냐? 네가 갔으면 하는 곳이 바로 거기다."

나는 생각했다.

'내가 들은 게 맞는 걸까? 마지막 줄에 앉은 사람들이 그렇게나 중요한가?'

그 거대한 공연장을 가로질러 걸어가면서 좌우를 번갈아 보며 주님께서 지목하시는 사람이 있나 살펴보았다. 하지만 주님께서는 오직 이 말씀만 하시는 것이었다.

"가장 마지막 줄의 가장 마지막 자리로 갈 때까지 나는 아무것도 말하지 않겠다."

계속해서 걸어가자 사람들은 고개를 돌려 나를 바라보았다. 도대체 누구를 불러 내려는 걸까 다들 의아해하고 있었다. 과연 누구에게 예언을 하려는 것일까?

건물의 뒷벽에 도달했을 때 하나님께서 지명하신 의자를 바라보았다. 그곳에 앉아 있는 사람을 발견했을 때 정말 놀라지 않을 수 없었다.

'이럴 수가, 이건 불가능한 일이야. 왜 하나님은 이 사람에게 말씀하시려는 걸까?'

내 앞에는 머리가 다 헝클어지고 다 낡아 빠진 옷을 걸치고 있는 10대 소년이 앉아 있었다. 그 젊은이의 몸에서 악취가 나는 것을 견딜 수 없었다. 그 소년의 눈을 바라 보자 그 눈에선 공허감과 고통으로 얼룩진 상처가 느껴졌다.

잠시 동안 나는 얼어 붙어 있었다. 그 때 하나님께서 말씀하셨다.

"기억하고 있느냐? 바로 저 아이가 네 자신이다."

갑자기 내 자신이 아무 쓸모 없는 젊은이로 보이기 시작했다. 헤로인을 잔뜩 한 채 포트 엘리자베스 길바닥에서 칼에 맞아 피를 흘리며 죽어 가고 있는 내 모습 말이다. 그리고 누군가가 나를 구해 주고는 주님께로 인도했던 것을 떠올렸다. 마약과 록, 그리고 반항심은 사라지고 주님이 내 심장 속으로 파고 드셨던 바로 순간 말이다.

이제 내가 다른 누군가를 구해야 할 차례였다.

나는 그의 이름을 불렀다. 그는 잔뜩 겁에 질린 어린 아이처럼 뒤로 물러 섰다.

"나에게로 오너라."

나는 단상까지 길고 긴 통로로 그와 함께 걸어 갔다. 청중들 앞에

섰을 때 그의 어깨에 팔을 두르고는 이렇게 말했다.

"하나님께서 너에게 이렇게 말씀하시는구나. '오늘 나는 너의 아버지가 되었다.'"

그 소년은 울기 시작했고 내 품으로 파고들고는 기도해 줄 것을 부탁했다.

● ● **통에 담긴 총알**

이 열여섯 살짜리 소년의 삶에 펼쳐진 기적적인 이야기가 있기 사흘 전에 이 소년에게 어떤 일이 있었는지를 나중에 듣게 되었다. 그 소년은 호주에서 가장 큰 도시인 시드니의 한 마을에서 살고 있었다. 시드니는 퍼스에서 약 2,000마일 떨어진 곳이다. 그 소년의 아버지는 알코올 중독자였고 더 이상 가망이 없는 마약 중독자이기도 했다. 어머니는 아버지의 심한 구타로 이미 돌아가신 상태였다.

그의 아들 역시 마약을 하던 상태였고 어느 날 집에 돌아와서는 아버지에게 엄청난 구타를 당하게 된다. 문자 그대로 발에 차여 문 밖으로 나가 떨어진 것이다. 뼈가 부러지고 피가 흘러 내리기 시작했다. 그리고 그 소년의 아버지는 소리 질렀다.

"다시는 꼴도 보기 싫다. 다시는 말이야. 오늘 나는 너를 버렸다. 나는 이제 더 이상 네 애비가 아니란 말이다."

이 소년은 자신이 가진 마지막 마약을 하고는 비틀거리며 친구의

집으로 향했고 거기서 총을 빌려 왔다. 거기에 총알을 장전하고는 이렇게 속삭였다.

'이제 다 끝났어.'

자살하기로 이미 결심한 상태에서 아무런 이유 없이 호주를 가로지르는 고속도로를 따라 히치하이크(역자 주: 다른 사람의 차에 편승하는 것)를 하기 시작했다.

사흘 후 여전히 홀로 남아 있던 이 소년은 퍼스의 길 가장자리에 앉아 있었고 여전히 자살할 생각을 하고 있었다.

퍼스는 바람이 매우 많이 부는 곳이다. 그래서인지 가까이에 있던 신문이 바람에 날아들었고 그 소년은 그것을 붙잡았다. 접히는 부분을 따라 둘둘 말아 불을 붙이려고 종이를 찢는 순간 앞면에 적힌 "미치지 못한"(unreached) 이라는 구절을 발견하게 되었다. 그 다음으로 나의 사진이 있었지만 오직 이 단어 하나만 계속해서 맴돌았던 것이다. "미치지 못한 사람들." 그는 생각했다.

'이건 바로 나를 말하는 거군.'

수렁에 빠져 있던 이 10대 소년은 이렇게 말했다.

'이 사람을 찾아가야겠다. 이게 내가 할 수 있는 마지막 일이야. 이 사람이라면 무언가 말을 해줄 수 있을 거야.'

그 소년은 다시 신문을 바라보았고 그 기사에 적혀 있는 공연장으로 향했다. 도착하자마자 길 건너편에 있는 건물의 이름을 확인하고는 문을 열고 처음 모임에 참석했다. 그리고는 가장 뒤쪽에 있는 자리를 잡고 앉았다. 그는 예배가 시작되기를 기다리며 이런 생각에 잠겼다.

'하나님이 나를 아신다거나 보살피고 계시는지 도통 알 길이 없군. 예수님이 계시는지도 말이야. 하지만 하나님이 나를 위해 뭔가를 좀 해주셨으면 좋겠군.'

그리고 지금 무대 앞에 서 있는 이 소년은 하나님의 가족이 되었다. 그 도시에 있는 크리스천들은 이 소년을 그들의 일원으로 받아들인 것이다. 그는 성령으로 충만해졌고 호주의 길거리에 있는 젊은이들을 향해 다가가고 있다.

하나님은 그 예배에서 가장 중요한 사람이 누구인지 아셨던 것이다. 하나님의 음성을 항상 신뢰할 수 있어야 한다.

● ● **누가 그의 부르심을 받았는가?**

그리스도께서 사회에서 멸시받던 이들과 대화할 때마다 그분을 경멸하고 그를 따르는 이들을 조롱하던 사람들이 있었다. 예수님이 창녀에게 말을 거실 때 바리새인들이 한 말을 기억하는가?

그 동네에 죄인 한 여자가 있어 예수께서 바리새인의 집에 앉으셨음을 알고 향유 담은 옥합을 가지고 와서 예수의 뒤로 그 발곁에 서서 울며 눈물로 그 발을 적시고 자기 머리털로 씻고 그 발에 입맞추고 향유를 부으

니 예수를 청한 바리새인이 이것을 보고 마음에 이르되 "이 사람이 만일 선지자더면 자기를 만지는 이 여자가 누구며 어떠한 자 곧 죄인인 줄을 알았으리라" 하거늘(누가복음 7장 37-39절).

바리새인들은 예수님이 그 사람이 어떠한가는 상관없이 믿음을 보고 응하시는 분이라는 사실을 이해하지 못했다. 예수님은 "내가 의인을 부르러 온 것이 아니요 죄인을 부르러 왔노라"(마태복음 9장 13절)고 말씀하신다.

이렇듯 비판적이기만 한 바리새인들을 향해 그리스도께서는 뭐라고 말씀하셨을까?

"이러므로 내가 네게 말하노니 저의 많은 죄가 사하여졌도다. 이는 저의 사랑함이 많음이라. 사함을 받은 일이 적은 자는 적게 사랑하느니라." 이에 여자에게 이르시되 "네 죄 사함을 얻었느니라" 하시니(누가복음 7장 47-48절).

플로리다에서 온 한 신사가 이런 질문을 한 적이 있다.
"하나님의 음성을 받으려면 죄가 없어야만 하지요?"
"그렇지 않습니다. 예언은 무엇보다 교회를 위한 것이기는 하지만 하나님은 항상 인간을 구원하시고 자신의 계획을 보이시기 위해 자신의 음성을 사용하십니다."

이삭의 아들 야곱은 그다지 명예로운 인물은 아니었다. 거짓말쟁이고 사기꾼이었다.

자신의 형 에서에게서 장자의 명분을 빼앗기 위해 빵 몇 개와 팥죽으로 속임수를 썼다(창세기 25장 29-34절을 보라). 야곱은 아버지의 축복을 받기 위해 형 에서처럼 가장하기도 했다(창세기 27장 1-41절에 나와 있다).

하지만 하나님은 이런 야곱이 돌베개를 베고 잠을 자고 있을 때 비전을 통해 말씀해 주셨다.

꿈에 본즉 사닥다리가 땅 위에 섰는데 그 꼭대기가 하늘에 닿았고 또 본즉 하나님의 사자가 그 위에서 오르락내리락 하고 또 본즉 여호와께서 그 위에 서서 가라사대 "나는 여호와니 너의 조부 아브라함의 하나님이요 이삭의 하나님이라. 너 누운 땅을 내가 너와 네 자손에게 주리니"(창세기 28장 12-13절).

주님은 야곱에게 약속을 주고 계시는 것이다.

네 자손이 땅의 티끌같이 되어서 동서 남북에 편만할지며 땅의 모든 족속이 너와 네 자손을 인하여 복을 얻으리라. 내가 너와 함께 있어 네가 어디로 가든지 너를 지키며 너를 이끌어 이 땅으로 돌아오게 할지라. 내가 네게 허락한 것을 다 이루기까지 너를 떠나지 아니하리라(창세기 28장 14-15절).

거짓말하고 사기를 쳤던 사람이 심지어는 새로운 이름까지 얻게 되었다. 하나님은 말씀하신다.

"네 이름이 야곱이다만은 네 이름을 다시는 야곱이라 부르지 않겠고 이스라엘이 네 이름이 되리라" 하시고 그가 그의 이름을 이스라엘이라 부르시고(창세기 35장 10절).

그리고 야곱은 이스라엘 열두 지파의 아버지가 된다. 하나님은 여러분의 운명과 미래에 대해서도 말씀하신다. 과거에 대해서가 아니다. 하나님은 야곱을 '이스라엘'이라 부르셨고 '이스라엘'은 야곱에게서부터 나게 되었다.

●● 위에서부터 온 생각들

하나님께서는 어떻게 예언의 말씀을 성취하시는가? 그것은 우선 생각에서 시작된다. 하나님은 무언가를 생각하고 계신다. 그리고 우리는 하나님과 조화를 이루어 간다. 그분의 생각으로 바뀌어 가는 것이다. 그리고 하나님께서 우리가 알기 원하는 것이 무엇인지 이해하게 된다.

"나 여호와가 말하노라. 너희를 향한 나의 생각은 내가 아나니 재앙이 아니라 곧 평안이요 너희 장래에 소망을 주려 하는 생각이라"(예레미야 29장 11절).

성경에는 주님의 생각에 대한 특별한 이해력을 가진 사람이 한 명

등장한다. 바로 다윗이다. 주님과 함께하는 관계 가운데 형성된 다윗의 확신은 두 말할 것도 없다. 그는 주님께 이런 기도를 한다.

"나를 눈동자같이 지키시고……"(시편 17편 8절)

또한 이런 고백도 찾아 볼 수 있다.

"하나님이여, 주의 생각이 내게 어찌 그리 보배로우신지요. 그 수가 어찌 그리 많은지요. 내가 다 세려고 할지라도 그 수가 모래보다 많도소이다. 내가 깰 때에도 오히려 주와 함께 있나이다"(시편 139편 17-18절).

여러분에 대해 하나님이 어떤 생각을 하고 계시는지 궁금해한 본 적이 있는가?

그것은 생각에서 시작되며 말씀으로 빚어진다.

하나님은 다윗에게 하신 영원한 약속에 대해 언급하며 이런 말씀을 하신다.

"내 생각은 너희 생각과 다르며 내 길은 너희 길과 달라서"(이사야 55장 8절).

하나님은 우리의 듣기 수준을 더 올리실 뿐 아니라 그분의 생각을 알고자 하는 열망 역시 끌어 올리기를 원하신다.

여러분에 대한 하나님의 생각을 얼핏 살펴보기만 하는 것으로 새로운 사람이 되어 가는 것이다. 하나님께서 우리에 대해 가지고 계시는 존경심은 우리 자신이 가진 것보다 더 위대한 것이다.

대부분 사람들은 자신의 실수나 실패 때문에 하나님께서 생각을

바꾸실 수도 있다고 여긴다. 여러분의 친구나 이웃은 그럴지 몰라도 하나님은 그러지 않으신다. 하나님은 그분의 형상으로 우리를 창조하셨고 우리 삶 속에 있는 잠재력을 보고 계신다.

우리가 속한 사회는 이렇게 가르친다.

"세 번 스트라이크를 당하면 당신은 퇴장해야 한다."

하지만 인생은 딱딱하게 굳어진 규칙 속에 진행되는 운동 경기가 아니다. 그리고 하나님과의 맺은 동맹은 법적인 형식의 계약서로 이루어진 것이 아니다.

그것은 활발한 관계를 통해, 그러니까 우리와 창조주 사이에 놓여 있는 사랑의 약속으로 이루어진 것이다.

어린 꼬마 아이가 실수했을 경우 무슨 일이 일어나는가? 그 아이를 가족에서 제명시켜 버리는가? 전혀 그렇지 않다. 하나님은 이처럼 우리를 대우하신다.

하나님의 생각은 그분이 말씀하시는 근원이기 때문에 그 생각을 읽을 수 있도록 구해야 한다.

> 비와 눈이 하늘에서 내려서는 다시 그리로 가지 않고 토지를 적시어서 싹이 나게 하며 열매가 맺게 하여 파종하는 자에게 종자를 주며 먹는 자에게 양식을 줌과 같이 내 입에서 나가는 말도 헛되이 내게로 돌아오지 아니하고 나의 뜻을 이루며 나의 명하여 보낸 일에 형통하리라(이사야 55장 10-11절).

하나님의 말씀은 헌신적이다. 주님께서 만약 "네 아이가 마약을 끊게 될 것이다"라는 말씀을 주셨다고 생각해 보자. 그렇다면 이것은 주님의 의지이기 때문에 다시 돌이켜 담지 않으실 것이다.

하나님이 우리에게 말씀하시는 그 순간을 기억해야 할 필요가 있다. 그것은 이미 기정 사실화된 것이다. 또한 하나님은 그 계약을 위해 자신의 일부를 보증으로 내어 주신다.

하나님은 자신을 헌신하셨다. 그렇다면 여러분은 어떠한가? 여러분이 드릴 것은 무엇인가? 하나님만이 예언의 말씀을 성취하셔야 한다고 믿는다면 큰 착각이다.

주님께서 말씀하실 때 그것을 받아들이는 것은 여러분의 몫이다. 그것을 믿으라. 그리고 그것에 따라 행하라. 하나님이 말씀하실 때 우리를 향한 문은 활짝 열린다. 하지만 그 약속이 실현되기 위해서는 한 발짝 앞으로 나서는 행동이 필요하다.

●● 우리는 기다리고 있습니다

내가 아버지께 구하겠으니 그가 또 다른 보혜사를 너희에게 주사 영원토록 너희와 함께 있게 하시리니 저는 진리의 영이라. 세상은 능히 저를 받지 못하나니 이는 저를 보지도 못하고 알지도 못함이라. 그러나 너희는 저를 아나니 저는 너희와 함께 거하심이요, 또 너희 속에 계시겠음이라

(요한복음 14장 16-17절).

예수님은 성령님이 오시면 "그가 너희를 모든 진리 가운데로 인도하시리니 그가 자의로 말하지 않고 오직 듣는 것을 말하시며 장래 일을 너희에게 알리시리라"라고 말씀하신다.(요한복음 16장 13절).

예언의 말씀은 삼위일체의 한 부분이다. 창조의 시기부터 하나님의 음성은 항상 미래에 대한 부분을 드러내었다. 크리스천이 이 땅에 보냄을 받을 때 하나님은 또한 내일에 대해 말씀하셨다. 이제 성령님께서 내려 오셨다. 성령님 역시 앞으로 다가올 일에 대해 말씀하신다.

예수님은 제자들에게 다음과 같이 당부하셨다.

"예루살렘을 떠나지 말고 내게 들은바 아버지의 약속하신 것을 기다리라. 요한은 물로 세례를 베풀었으나 너희는 몇 날이 못 되어 성령으로 세례를 받으리라 하셨느니라"(사도행전 1장 4-5절).

그리스도께서 하늘로 돌아가셨을 때 120명의 신자들은 다락방에 모여 있었다. 그들은 하나님을 기다리고 있었다. 그리고 아마도 이러한 기도를 하고 있었을지도 모른다.

"아버지, 저희는 예수님이 말씀이시라는 사실을 알고 있습니다. 하지만 당신은 더한 것을 약속해 주셨습니다. 주님, 당신은 보혜사에 대해 말씀하시지 않았습니까? 우리와 함께 거하실 그분에 대해 말씀하셨지요. 우리는 지금 기다리고 있습니다. 기다리고 있어요."

그리고 드디어 놀라운 일이 일어났다.

홀연히 하늘로부터 급하고 강한 바람 같은 소리가 있어 저희 앉은 온 집에 가득하며 불의 혀같이 갈라지는 것이 저희에게 보여 각 사람 위에 임하여 있더니 저희가 다 성령의 충만함을 받고 성령이 말하게 하심을 따라 다른 방언으로 말하기를 시작하니라(사도행전 2장 2-4절).

소리만 들렸던 것이 아니다. 그곳에 숨결이 있었다. 그리고 그 바람은 하나님의 음성이 되었다. 그 소리들은 각종 언어로 번역되어 모든 사람들이 하나님의 음성을 들을 수 있게 된 것이다.

● ● 세 겹의 회복

서부 호주에서 있었던 집회를 통해 배운 것은 왜 하나님께서 그런 식으로 말씀하시는지 이해하지 못할 때도 있다는 것이다. 하지만 그 약속이 환히 드러나게 되면 하나님께서 역사하시는 것을 보게 된다.

시몬 베드로의 삶을 살펴보면 그 실상을 면밀히 알 수 있다. 하나님이 예언을 통해 그를 다루시는 모습을 보면 하나님께서 말씀하시는 방법과 그 이유를 알게 될 것이다.

많은 사람들이 꼭 베드로와 같다. 사람들은 자신이 하나님을 실망시킨다고 여기며 그분의 얼굴 보기를 부끄러워하고 있다. 뒤로 숨고는 이렇게 말하는 것이다.

"주님, 제가 다시는 사용되지 못하리라는 것을 잘 압니다. 제가 죄를 지었으니까요……."

하지만 하나님의 음성에 귀를 기울이면 회복의 말씀을 듣게 될 것이다.

의문의 여지 없이 베드로는 가장 심각한 영적인 죄를 저질렀다. 주 예수 그리스도를 한 번도 아니고 세 번이나 부인한 것이다.

십자가형이 집행되기 바로 전 대제사장이 예수님에게 질문을 하는 동안 베드로는 뜰 밖에서 기다리고 있었다.

문 지키는 여종이 베드로에게 말하되 "너도 이 사람의 제자 중 하나가 아니냐?" 하니 그가 말하되 "나는 아니라" 하고(요한복음 18장 17절).

몇 분 후 불에 몸을 쬐고 있던 베드로에게 또 누군가 다가와 묻는다.

"너도 그 제자 중 하나가 아니냐?" 베드로는 이를 부인하며 "나는 아니다"라고 했다(요한복음 18장 25절).

그리고 나서 대제사장의 하인 한 명이 다가온다. 그는 베드로가 귀를 베어 버린 사람의 친척이었는데 이렇게 물어 본다.

"네가 그 사람과 함께 동산에 있던 것을 내가 보지 아니하였느냐?" 베드로는 예수님을 모른다며 또 다시 부인을 한다(요한복음 18장 26-27절).

이 이야기는 베드로가 전능자에게 버림을 받으며 끝나는 것이 아니다. 예수님께서 부활하신 후 하나님이 베드로의 인생을 어떻게 바꾸어 놓으셨는지 본다면 정말 흥분하지 않을 수 없다. 베드로는 세 번이나 주님을 부인했다. 하지만 그리스도께서는 세 번에 걸쳐 그를 회복시키고 계신다.

예수님은 제자들이 물고기를 잡는 동안 디베랴 바닷가에 나타나신다. 그리고 모두 함께 해변에 모여 아침 식사를 하는 동안 예수님은 시몬 베드로에게 말씀하신다.

"요한의 아들 시몬아, 네가 이 사람들보다 나를 더 사랑하느냐?" 하시니 가로되 "주여, 그러하외다. 내가 주를 사랑하는줄 주께서 아시나이다." 가라사대 "내 어린 양을 먹이라" 하시고 또 두 번째 가라사대 "요한의 아들 시몬아, 네가 나를 사랑하느냐?" 하시니 가로되 "주여 그러하외다. 내가 주를 사랑하는 줄 주께서 아시나이다." 가라사대 "내 양을 치라" 하시고 세 번째 가라사대 "요한의 아들 시몬아, 네가 나를 사랑하느냐?" 하시니 주께서 세 번째 네가 나를 사랑하느냐 하시므로 베드로가 근심하여 가로되 "주여 모든 것을 아시오매 내가 주를 사랑하는 줄을 주께서 아시나이다." 예수께서 가라사대 "내 양을 먹이라"(요한복음 21장 15-17절).

베드로의 미래를 위한 계획을 드러내시기 전 하나님은 회복에 대해 다루셔야만 했다.

사람들이 죄를 범했을 때 다시는 회복되지 않으리라 믿는 것만큼

예언의 비밀

불행한 일은 없다. 그리스도와 화해하기 원한다면 걱정할 필요가 없다. 그분은 언제나 당신을 받아들일 준비가 되어 있으시다.

● ● 예수님에게서 베드로에게 옮겨진 예언

하나님의 용서를 경험한 시몬 베드로는 그리스도 안에서 다시 한 번 안정감을 찾게 된다. 하나님은 베드로에게 예언의 말씀을 주셨다. 뭔가 범상치 않은 내용의 예언 말이다.

내가 진실로 진실로 네게 이르노니 젊어서는 네가 스스로 띠 띠고 원하는 곳으로 다녔거니와 늙어서는 네 팔을 벌리리니 남이 네게 띠 띠우고 원치 아니하는 곳으로 데려가리라(요한복음 21장 18절).

이 말씀이야말로 베드로가 그다지 듣고 싶어 하지 않는 내용이었다. 베드로는 이 말씀이 의미하는 바가 무엇인지 의아했을 것이다. 그리스도께서 베드로가 어떠한 죽음을 맞이하게 될지를 말씀하시는 것이었을까?

처음 이 말씀을 묵상했을 때 나는 이렇게 생각했다.

'이게 진정 중요한 예언이란 말인가? 소망은 어디에 있는걸까? 약속은 어디에 있다는 말인가?'

베드로는 아마도 이런 해석을 했을지도 모른다.

"내가 죽게 되면 누군가 나에게 수의를 입혀 무덤으로 데려가려나 보군."

하지만 예수님은 베드로나 우리가 생각하는 것보다 훨씬 긍정적이고 능력으로 가득한 내일에 대한 말씀을 하고 계셨던 것이다.

우리는 자주 하나님으로부터 능력 있는 말씀을 기대한다. 베드로 역시 예수님께서 다음과 같이 예언하시기를 바랐는지 모른다.

"언젠가 너는 예루살렘에서 설교를 하게 될 것이고 3,000명의 사람들이 구원받게 될 것이다. 성전 문 앞에 있는 앉은뱅이를 위해 기도하게 될 것이고 그는 고침을 받을 것이다. 사람들에게 손을 얹기만 하면 그들은 성령을 받을 것이다."

우리는 이 점을 명심해야 한다. 하나님의 입술에서 나오는 어떠한 말씀일지라도 우리의 삶 가운데 놀라운 기적을 일으키는 능력이 된다는 것이다.

● ● **감옥에서 들려온 음성**

그리스도께서 하늘로 올라가셨을 때 베드로는 사역을 시작했다. 다락방에서 기름부으심을 경험한 이후 유례 없는 복음 전파가 이루어지게 된 것이다. 표적과 기이한 일들 그리고 기적들이 항상 따라다녔다.

베드로는 새로운 사람이 되었다. 말씀을 전하기 위해 입술을 열면

178　　　　　　　　　　　　　　　　　　　　　　예언의 비밀

새로운 능력이 나타났다. 그리고 수천 명의 사람들이 하나님의 나라에 들어오기 시작했다.

그 날부터 지금에 이르기까지 사탄은 그러한 부활의 능력을 끊기 위해 갖가지 방법을 동원하고 있다. 그 중 가장 우선적인 시도는 바로 베드로를 교수형에 처하는 일이었다.

그 때에 헤롯 왕이 손을 들어 교회 중 몇 사람을 해하려 하여 요한의 형제 야고보를 칼로 죽이니 유대인들이 이 일을 기뻐하는 것을 보고 베드로도 잡으려 할 새 때는 무교절일이라. 잡으매 옥에 가두어 군사 넷씩인 네 패에게 맡겨 지키고 유월절 후에 백성 앞에 끌어 내고자 하더라 (사도행전 12장 1-4절).

야고보가 이미 죽음을 맞이한 것을 안 베드로가 무엇을 생각하고 있었을까 상상하는 것은 쉽지 않은 일이다. 그가 다음 차례였을까? 비웃음과 조롱의 시련이 주는 결과는 과연 무엇이란 말인가? 헤롯이 다음과 같은 말을 할 것이라 예상했을지도 모른다.

"유월절이 지난 이후 너를 죽이고야 말 테다."

하지만 베드로가 감옥에 있는 동안 교회는 하나님께 그를 위한 기도를 쉬지 않고 있었다(사도행전 12장 5절).

헤롯이 잡아 내기 전날 밤 베드로는 잠을 자고 있었다.

"헤롯이 잡아 내려고 하는 그 전날 밤에 베드로가 두 군사 틈에서 두 쇠사슬에 매여 누워 자는데 파숫군들이 문 밖에서 옥을 지키더니"
(사도행전 12장 6절)

그런 환난 가운데 베드로는 어떻게 잠을 잘 수 있었을까? 베드로는 아마도 엄청난 두려움으로 감옥에 들어왔을 것이다. 하지만 하나님께 이렇게 기도하기 시작했을 것이다.

"하나님, 당신의 뜻을 제게 보여 주십시오. 저를 구원해 주세요. 제가 붙잡을 수 있는 말씀을 허락해 주십시오."

그가 기도하는 동안 이런 말을 했을지도 모른다.

"주님, 그 때 해변가에서 말씀하셨던 것이 도대체 무슨 뜻입니까?"

아마도 예수님께서 말씀하셨던 이 말이 계속 귀에 맴돌았을 것이다.

"네가 늙어서는……."

예수님의 모든 예언을 떠올리며 자신이 교수형을 당하지 않을 것이라는 확신을 가졌을 수도 있겠다. 예수님은 무슨 말씀을 하셨는가?

"내가 진실로 진실로 네게 이르노니 젊어서는 네가 스스로 띠 띠고 원하는 곳으로 다녔거니와 늙어서는 네 팔을 벌리리니 남이 네게 띠 띠우고 원치 아니하는 곳으로 데려가리라"(요한복음 21장 18절).

베드로는 자신을 바라보며 이렇게 말했을 것이다.

"나는 아직 늙지 않았는데? 여전히 젊다구. 아직 죽을 때가 이르지 않았어."

그리스도의 말씀은 죽음에 관한 것이 아니었다. 소망과 기대에 관한 말씀이었다. 갑자기 그리스도의 말씀이 그의 영혼 가운데 홍수처

예언의 비밀

럼 밀려 들기 시작한다. 그리고 그는 하나님의 전으로 들어간다. 그래서 잠이 들었으며 주님께서 구해 주시기를 기다리고 있던 것이다.

홀연히 주의 사자가 곁에 서매 옥중에 광채가 조요하며 또 베드로의 옆구리를 쳐 깨워 가로되 "급히 일어나라" 하니 쇠사슬이 그 손에서 벗어지더라(사도행전 12장 7절).

생각해 보라. 베드로가 자신의 처형을 기다리는 동안 평온하게 잠이 들어 있는데 그곳에는 빛나는 광채가 있었으며 천사가 그를 흔들어 깨우는 장면을 말이다. 베드로는 약속 안에서 온전한 안식을 취하고 있었던 것이다.

다음의 성경 구절은 그리스도의 예언이 성취되는 놀라운 과정을 보여 준다.

"천사가 가로되 띠를 띠고 신을 들메라" 하거늘 베드로가 그대로 하니 천사가 또 가로되 "겉옷을 입고 따라 오라" 한대(사도행전 12장 8절).

천사가 뭐라고 말하고 있는가? "띠를 띠고?" 예수님은 베드로에게 "네가 늙어서는 누군가가 너에게 띠를 띠게 하고……"라고 말씀하셨다.

천사가 "신을 들메고 나를 따르라"고 말하는 이유는 무엇일까? 아직도 그는 스스로 걸을 수 있다. 그가 나이 들면 혼자서는 걸을 수 없을 것이다. 주님께서 말씀하신 것처럼 누군가가 그를 움직이도록 도와야 할 것이다.

지금은 베드로가 죽을 때가 아닌 것이다. 그는 앞으로도 살아 있을 것이다. 그 아무도 그에게 옷을 입혀 주지 않을 것이다. 그는 아직도 생생하다.

이에 베드로가 정신이 나서 가로되 "내가 이제야 참으로 주께서 그의 천사를 보내어 나를 헤롯의 손과 유대 백성의 모든 기대에서 벗어나게 하신 줄 알겠노라" 하여 (사도행전 12장 11절).

하나님의 음성을 절대로 경시하지 말라. 하나님은 우리에게 맞서는 어둠의 권세에 대항하기 위한 무기로 당신의 말씀을 사용하신다. 힘겨운 영적 전쟁의 시간 동안 우리는 하나님의 약속을 붙들고 큰 기쁨과 확신 속에서 안식을 취할 수 있다.

육체적인 질병의 감옥이나 경제적인 어려움의 감옥 혹은 호주에서의 그 소년처럼 삶의 고통이 주는 무게 속에 버려진 채 이에 얽매여 있을 시간이 다가올지도 모른다. 하지만 바로 이 때가 하나님의 음성을 들을 때이다.

"아직 끝나지 않았다! 내가 너를 위해 성취할 놀라운 일이 아직 남아 있노라."

6장

위대한 변화

창조와 형성 사이에 주님은 자신의 구속 계획을
받아들이거나 거절할 수 있는 기회를 주신다.
구속 계획을 거절하게 되면
사탄이 우리의 세속적인 진흙을 취해
무언가 사악한 것을 빚게 만드는
기회를 주는 셈이다.

자멸을 초래하는 마약과 반항의 소용돌이 속에서 시궁창에 버려진 채 죽어 가고 있던 나를 하나님이 구원하셨던 그 순간, 나는 가장 좋은 것을 하나님께 드리고자 하는 소망을 가졌다. 하나님의 말씀과 관련된 모든 것들, 크리스천으로서의 삶, 그리고 교회는 모두 낯설기만 했다. 내가 기도할 수 있는 전부는 그저 다음과 같았다.

"주님, 내가 가진 모든 것은 다 주님의 것입니다. 당신께서 내게 음악적인 재능을 주셨고 그것을 당신의 영광을 위해 사용하기를 원합니다."

나는 하나님의 응답을 기다리고 또 기다렸다. 하나님께서 이렇게 말씀해 주시기를 간절히 바라면서 말이다.

"내가 너의 은사를 배나 더할 것이다. 너의 노래는 나의 나라를 세

우는 데 놀랍게 사용될 것이다."

하지만 주님은 다르게 말씀하셨다.

"킴, 나는 너를 예언 사역으로 부르려고 한다."

예언이라고? 나는 의아했다. 왜 하나님은 나를 선지자로 부르시는 걸까?

하지만 하나님은 그렇게 말씀하셨고 나중에 알게 된 사실이지만, 하나님께서 말씀하실 때에는 아무것도 없는 것에서 무언가 새로운 것을 창조하신다는 것을 깨닫게 되었다. 전에는 없었던 완전히 새로운 것을 만들어 내시는 것이다. 하나님께서는 왜 이러한 방식으로 일하시는 것일까? 그렇게 하지 않으면 하나님이 하신 일에 합당한 영광과 신뢰를 나타낼 수 없기 때문이다. 세상이 이렇게 외칠 수 있어야 하는 것이다.

"사람이 아니라 하나님께서 하셨다!"

하나님께서 말씀하실 때 다음과 같은 세 가지 중요한 현상이 나타난다.

✢ 하나님은 창조하신다.
✢ 하나님은 형태를 만드신다.
✢ 하나님은 변화시키신다.

여기에 더해 하나님은 기름부으심을 통해 그 변화를 입증해 주신다.

하나님의 '창조적인 말씀'과 비교할 수 있는 것은 아무것도 없다. 하나님은 여러분이 이미 소유한 것으로 말씀하시지 않는다. 아직은 가지고 있지 않은 것에 대해 창조하려 하신다. 하나님이 무언가 나타내시려는 방식은 일반적이지 않다. 사람들은 하나님이 이미 다 만들어진 생산품을 그 즉시 만들어 내신다고 생각한다. 하지만 성경에 등장하는 '창조하다'라는 단어는 그곳에 거하기 위해 무언가를 만들어 내는 것을 의미한다.

예언의 말씀은 마치 조개 껍질의 바깥 부분과 같다. 하나님은 그 속을 채우시고 완성해 가시려는 것이다. 그리스도 안에서 거듭 나 새로운 피조물이 되는 것은 장차 되려고 하는 모습의 시작일 뿐이다. 하나님은 우선 무언가를 창조해 내신다. 그리고 나서 그곳에 거하신다.

하나님이 여러분에게 말씀하시는 그 순간 ─ 개인적으로 바로 말씀하시든 묵상이나 기도 시간에 말씀하시든 ─ 창조의 일을 하고 계신다. 마치 우리의 영혼 안에 있는 에너지가 터져 나와 밖으로 뻗어 나가는 것처럼 갑자기 전에는 없었던 무언가를 붙잡게 될 것이다. 이것은 단지 시작에 불과하다.

● ● **주물러서 만들기**

하나님께서 창조 가운데 무언가를 말씀하시면 다음 단계로 바로 옮아 가신다. 그분은 형태를 만드신다. 하나님은 창세기 1장 26절과

27절에서 "우리가 사람을 만들자"라고 말씀하시고는 자신의 형상으로 사람을 만드신다. 하나님께서 어떻게 이 일을 하셨을까? 사람을 먼저 빚기 시작하셨다.

여호와 하나님이 흙으로 사람을 지으시고 생기를 그 코에 불어 넣으시니 사람이 생령이 된지라(창세기 2장 7절).

많은 사람들이 조급해한다.
"주님, 지금 당장 당신의 음성을 들어야만 하겠습니다."
그리고는 기도한다. 하지만 하나님이 말씀하실 때 맨 마지막에 될 일을 바로 보지는 못한다. 우리를 창조하신 후 하나님은 각각의 형태를 주물러 그 외곽을 만드신다. 그리고 매순간 우리의 반응을 살피신다.

한 번은 이런 질문을 하나님께 한 적이 있다.
"하나님께서 모든 사람을 만드셨다면 왜 어떤 사람들은 성자가 되고 어떤 이들은 죄인들이 되는 건가요? 왜 어떤 부모들은 사랑과 온유함으로 자녀들을 대하고 어떤 이들은 그토록 잔인하고 포학하게 구는 걸까요?"

왜 어떤 사람들은 거짓말쟁이, 살인자, 그리고 도둑이 되는 것일까? 그들은 하나님께서 그들을 형성하시려는 것에 반대하기 때문에 그런 지경에 이르게 되는 것이다. 도덕적으로 자유의지를 가진 존재들로서 그들이 가고자 하는 길을 선택할 수 있는 것이다.

창조와 형성 사이에 주님은 자신의 구속 계획을 받아들이거나 거절할 수 있는 기회를 주신다. 구속 계획을 거절하게 되면 사탄이 우리의 세속적인 진흙을 취해 무언가 사악한 것을 빚게 만드는 기회를 주는 셈이다.

성경에서는 우리가 하나님의 아들의 형상에 이르도록 확증된 존재라고 말하고 있다(로마서 8장 29절). 이 말은 곧 우리가 주님의 모습으로 형성되거나 다듬어지게 된다는 뜻이다.

우리는 상상력과 창조력을 가지고 계신 하나님을 섬기고 있다. 하나님이 말씀하실 때 무언가 전혀 색다르고 새로운 것을 창조해 내신다. 이 세상에는 적어도 50억 명 이상의 사람들이 살고 있지만 그 어떤 사람도 똑같은 지문이나 DNA를 지니고 있지 않다는 사실은 가히 놀랄만 하다.

여행 중 만나는 사람들에게서 놀랄 만한 일이 한두 가지가 아니다. 모든 사람이 다 독특한 개성이 있으며 각자의 성향과 본성, 그리고 각기 다른 체질을 타고 났다. 각각의 사람들이 그리스도의 형상대로 이루어진 영적인 인격을 소유하고 있다는 사실이 놀랍지 않은가?

하나님이 자신의 사역으로 사람들을 부르실 때 각자에게 독특한 일을 맡기신다. 하지만 어떤 이들은 이것을 이해하는 데 어려움을 겪는다. 젊은 전도자들은 거울 앞에 서서 빌리 그레이엄이나 오랄 로버츠와 같이 보이려고 애를 쓴다. 그들은 모든 목소리톤이나 제스처를

188　　　　　　　　　　　　　　　　　　　　예언의 비밀

흉내 내려고 한다. 하지만 하나님은 우리가 다른 누군가가 되라고 부르시지 않았다. 우리의 진정한 모습이 되도록 하신다.

야곱아 너를 창조하신 여호와께서 이제 말씀하시느니라. 이스라엘아 너를 조성하신 자가 이제 말씀하시느니라. 너는 두려워 말라. 내가 너를 구속하였고 내가 너를 지명하여 불렀나니 너는 내 것이라(이사야 43장 1절).

우리 모두는 각자의 인격과 이름을 가지고 있다. 하지만 하나님께서 어떤 형상으로 우리를 빚어 가기를 원하시는 걸까? 바로 하나님의 형상이다.

갈라디아 교회에 편지를 쓴 사도 바울은 영적인 형성이 마치 여인이 아이를 낳는 것 같다고 기술하고 있다. 엄청난 산고를 수반하는 작업이다. 하지만 이 고통을 통해 세상에 탄생하게 되는 그 존재는 누구와도 비교할 수 없다. 바로 새로운 생명, 아기인 것이다.

좋은 일에 대하여 열심으로 사모함을 받음은 내가 너희를 대하였을 때뿐 아니라 언제든지 좋으니라. 나의 자녀들아, 너희 속에 그리스도의 형상이 이루기까지 다시 너희를 위하여 해산하는 수고를 하노니(갈리디아서 4장 18-19절).

항상 잊지 말고 기억하라. 먼저 새로운 피조물이 된 우리는 그분의 형상으로 빚어지는 것이다.

● ● **생명의 호흡**

다음에 일어나게 될 일은 더 많은 영적인 내용을 시사하고 있다. 하나님께서 우리를 창조하시고 빚으신 후 이제 우리를 변화시키실 차례이다.

하나님께서 사람을 빚으신 다음에 어떤 일을 하셨는지 기억하고 있는가? 창세기 2장 7절에서는 그의 코에 생기를 불어 넣으셨다고 말하고 있다. 그리고 아담은 살아 있는 존재로 탈바꿈했다.

오늘날 성령님을 통해 이루어지는 사역만큼 중요한 것은 없을 것이다. 주님의 호흡은 성령님에게도 스며들어 있다. 부활하신 후 예수님은 그의 제자들을 불러 모으고 이렇게 말씀하셨다.

> 예수께서 또 가라사대 "너희에게 평강이 있을지어다. 아버지께서 나를 보내신 것같이 나도 너희를 보내노라." 이 말씀을 하시고 저희를 향하사 숨을 내쉬며 가라사대 "성령을 받으라"(요한복음 20장 21-22절).

수백만 명의 사람들이 간증하고 있는 것처럼 이와 같은 능력은 여전히 존재하고 있다.

우리가 주님의 임재 가운데 들어갈 수 있는 것은 성령님께서 가지

예언의 비밀

고 계시는 변화의 능력 때문이다. 변화산 위에서 그리스도께서는 원래의 모습에서 다른 모습으로 변화하셨다. 성경은 예수님께서 "기도하실 때 용모가 변화되고 그 옷이 희어져 광채가 나더라"라고 기록하고 있다(누가복음 9장 29절).

1세기 전 모세 시절 하나님의 임재는 당시 너무나 강력한 것이어서 이스라엘의 자녀들은 모세의 얼굴에 있는 영광 때문에 그의 얼굴을 감히 바라보지 못했다(고린도후서 3장 7절).

모세가 시내 산에서 내려와 계명을 전할 때에는 모세의 얼굴이 환히 빛나고 있어 천으로 얼굴을 가려야 했다(출애굽기 34장 35절).

그러나 이제 그 계명은 "먹으로 쓴 것이 아니요 오직 살아 계신 하나님의 영으로 한 것이며 또 돌비에 쓴 것이 아니요 오직 육의 심비(마음)에 한 것이라"(고린도후서 3장 3절). 변화는 안에서 일어나는 것이기 때문에 우리는 주님의 얼굴을 직접 볼 수 있는 상태로 바뀌게 되는 것이다. "언제든지 주께로 돌아가면 그 수건이 벗어지기 때문에" 가능한 것이다(고린도후서 3장 16절).

성령님의 능력으로 "우리가 다 수건을 벗은 얼굴로 거울을 보는 것같이 주의 영광을 보매 저와 같은 형상으로 화하여 영광으로 영광에 이르니 곧 주의 영으로 말미암음이니라"(고린도후서 3장 18절).

"변화되기 위해 하늘을 얻게 될 때까지 기다려야 하는 건가요?"

이런 의문이 생길지도 모르겠다. 그렇지 않다. 이러한 일은 바로 일어날 수 있다.

"그런즉 누구든지 그리스도 안에 있으면 새로운 피조물이라. 이전 것은 지나갔으니 보라 새 것이 되었도다"(고린도후서 5장 17절).

우리의 본성으로는 세상을 향한 하나님의 음성이 될 수 없다. 최상의 교육과 유창한 화법을 갖춰야만 할 것이다. 하지만 우리의 노력은 아무런 도움이 되지 않는다.

오직 성령님께서 우리를 바꾸어 주셔야 주님의 이름으로 병고침과 귀신을 내어 쫓는 능력을 가지게 되는 것이다. 이것만이 사탄을 뛰어 넘는 권세와 복음을 듣지 못한 이들에게 다가갈 수 있는 능력을 얻는 방법이다.

주님은 우리의 영과 혼 모두를 형성하신다. 하지만 우리가 변화될 때 이를 밖으로도 표출할 수 있는 외형 또한 갖추게 된다. 안에 있는 것이 밖으로 나오게 되는 것이다.

하나님의 영광이 그리스도에게 임했을 때 그의 용모가 바뀌고 입고 계셨던 옷이 하얗게 광채가 나면서 속에 있는 것이 밖으로 드러나는 상황을 그대로 나태내셨다. 그렇다면 언제 예수님에게 그 영광이 임했을까? 그 영광은 음성으로부터 말미암은 것이라고 베드로는 기술하고 있다.

"지극히 큰 영광 중에서 이러한 소리가 그에게 나기를 이는 내 사랑하는 아들이요 내 기뻐하는 자라. 하실 때에 저가 하나님 아버지께 존귀와 영광을 받으셨느니라"(베드로후서 1장 17절).

하나님의 음성이 그 영광을 가져 온 것이다.

예언의 비밀

● ● 변형

　변화를 경험하지 않고 성령의 임재 안에서 사역을 시도하려는 신실한 사람들을 자주 봐 왔다. 충분히 성경을 읽었기 때문에 어떻게 해야 하는지는 알고 있지만 주님께서 그들에게 숨을 불어 넣으시도록 한 적이 없는 것이다. 하나님의 음성이 임하실 때 여러분은 영화롭게 되며 높임을 받게 될 것이다. 변화를 가져오는 능력은 바로 하나님의 음성에 있는 것이다.

　그러므로 형제들아, 내가 하나님의 모든 자비하심으로 너희를 권하노니 너희 몸을 하나님이 기뻐하시는 거룩한 산 제사로 드리라. 이는 너희의 드릴 영적 예배니라. 너희는 이 세대를 본받지 말고 오직 마음을 새롭게 함으로 변화를 받아 하나님의 선하시고 기뻐하시고 온전하신 뜻이 무엇인지 분별하도록 하라(로마서 12장 1-2절).

　같아지는 것과 변화되는 것 사이에는 큰 차이점이 있다. 과학의 세계에서는 완전한 변화를 변형이라고 부른다. 털이 복슬복슬한 애벌레가 그 껍질을 벗어 버리고 나비가 되거나 올챙이가 물 밖으로 나와 개구리가 될 때 일어나는 현상이다.
　신약은 이 세상의 틀에 따라 우리의 형태가 만들어지는 것에 대해 엄중히 경고하고 있다. 사도 바울은 지식에 이르기까지 변화를 입어야 한다고 말하고 있다.

우리가 세상의 영을 받지 아니하고 오직 하나님께로 온 영을 받았으니 이는 우리로 하여금 하나님께서 우리에게 은혜로 주신 것들을 알게 하려 하심이라(고린도전서 2장 12절).

그렇다면 누가 우리를 가르치겠는가?

우리가 이것을 말하거니와 사람의 지혜의 가르친 말로 아니하고 오직 성령의 가르치신 것으로 하니 신령한 일은 신령한 것으로 분별하느니라. 육에 속한 사람은 하나님의 성령의 일을 받지 아니하나니 저희에게는 미련하게 보임이요, 또 깨닫지도 못하나니 이런 일은 영적으로라야 분변함이니라. 신령한 자는 모든 것을 판단하나 자기는 아무에게도 판단을 받지 아니하느니라(고린도전서 2장 13-15절).

성령님께서 우리의 생각이 살아 있는 것이 되도록 비추시리라는 하나님의 약속을 날마다 선포해야 한다. 말씀의 지식이 우리를 변화시키고 우리 안에 있는 것이 밖으로 표현될 수 있도록 기도해야 한다.

7장
예언으로 인한 협곡

무덤 속에 있는 진리는 어머니의 태 속에 있는 것과 다르다. 부활한 진리는 훨씬 더한 것을 말하고자 한다. 옛것의 이름으로 여러분은 더 위대한 것을 하게 될 것이다. 창조적인 진리란 어제 행했던 것보다 더한 것을 하게 될 것을 의미한다.

역사를 살펴보면 인류는 신과 같은 존재가 되고자 하는 갈망을 계속해서 가지고 있었다.

고대 로마시대 시저 아우구스투스, 네로, 그리고 다른 황제들은 스스로 신성스러운 존재라 칭하고 사람들이 자신들을 신과 같이 대하도록 했다. 고대 그리스의 통치자들도 마찬가지였다.

수세기가 지나 영국과 프랑스, 그리고 독일의 군주시대에 이르러서는 왕권은 하늘로부터 오는 것이라 칭하며(역자 주: 왕권 신수설) 권력에 대한 정당성을 입증하려 했다. 하나님으로부터 직접 통치권이 내려 온다고 믿은 것이다. 사악한 왕을 심판하는 것은 다른 인간일 수 없으며 바로 전능자로부터 말미암는다고 여겼다.

초월적인 능력을 소유한 인간이 되고자 하는 소망은 운동 경기에

서도 잘 드러난다. 세계 일류의 선수들은 더욱 더 위대해지기 위한 노력을 아끼지 않는다. 그들은 가장 강하거나 빠르다고 알려지기만을 원한다.

캐나다의 육상 선수 벤 존슨은 1988년 서울올림픽 때 세상에서 가장 빠른 사나이가 되었다. 하지만 자신의 목표를 성취하는 데 급급한 나머지 자신의 스피드를 높이는 데 약물을 사용했다는 사실이 밝혀진다. 결국 그의 꿈은 사라지고 자신이 받았던 명예는 빼앗기고 만다.

세상이 추구하고 있는 이런 세속적인 야망은 살아 계신 하나님의 자녀들이 소유할 수 있는 것일까? 우리는 이미 신령한 것을 함께 나눌 수 있는 존재로 부르심을 받았다. 하나님은 우리가 자신의 거룩과 인격 그리고 성품이 가진 본질을 받을 수 있도록 하셨다. 지금부터는 하나님께서 우리와 함께 나누시기로 한 거룩한 신의 속성과 능력, 그리고 유산에 대해 이야기해 보고자 한다.

● ● **새로운 속성**

베드로는 그리스도께서 변화하시는 모습을 직접 목격한 주인공이다. 그리고 하나님의 이러한 속성에 우리도 함께할 수 있다고 말한다. 베드로는 이 이야기를 믿지 않는 자들에게 말한 것이 아니다.

"우리 하나님과 구주 예수 그리스도의 의를 힘입어 동일하게 보배로운 믿음을 우리와 같이 받은 자들에게 편지하노니"(베드로후서 1장 1절).

그리고 베드로는 다음과 같이 말한다.

그의 신기한 능력으로 생명과 경건에 속한 모든 것을 우리에게 주셨으니 이는 자기의 영광과 덕으로써 우리를 부르신 자를 앎으로 말미암음이라. 이로써 그 보배롭고 지극히 큰 약속을 우리에게 주사 이 약속으로 말미암아 너희로 정욕을 인하여 세상에서 썩어질 것을 피하여 신의 성품에 참예하는 자가 되게 하려 하셨으니(베드로후서 1장 3-4절).

하나님의 음성은 약속의 음성이며 하나님 자신의 놀라운 헌신이기도 하다. 이를 통해 우리는 신의 성품에 참예한 자가 되는 것이다.

참예한다는 것은 무언가를 나눈다는 의미이지 완전히 다 소유하게 되는 것을 말하지 않는다. 다른 말로 하면 단지 거룩이라는 실체와 함께 어울리고 있다는 뜻이다. 우리는 이 땅에서 하나님의 속성을 나타내는 거룩한 표현들이 되어 그의 목적을 위한 동반자가 되는 것이다. 이런 독특한 방식의 연합으로 하나님은 우리에게 역사하시며 우리를 통해 말씀하시고 우리가 그분의 대표자가 될 수 있게 하시는 것이다.

운전을 하며 일터로 가는 일상 속에서, 그리고 일을 하고 가족을 꾸리면서 아마 이런 기분이 들지도 모르겠다.

"글쎄요, 내가 거룩하다는 느낌이 그다지 들지는 않는군요."

과연 그럴까? 우리는 이미 신의 성품에 참예한 사람들이다. 하나

님께서 원하실 때마다, 그곳이 버스 안이든, 자동차든, 집이든 상관없이 우리를 통해 그분의 거룩한 속성은 나타날 수 있다. 갑자기 어느 순간 하나님께서 오셔서 특정한 상황 속에 있는 자신의 뜻을 보이시고는 그 거룩함을 우리의 입술을 통해 표현하시는 것이다.

우리는 아무런 목적 없이 이 땅을 걸어다니는 꼭두각시가 아니다. 하나님을 닮아 가는 우리 자신을 통해 그분의 뜻은 이루어져 가고 있다.

하나님의 속성과 자산들 그리고 성품이 우리를 통해 흘러 넘치기를 원하시는 것이다. 하나님의 자녀로서 갖는 유산이 바로 이러한 것이다.

그리스도께서 십자가에서 이루신 일로 인해 우리는 거룩함을 덧입게 된 것이다.

● ● 사마리아에서 행해지던 마법

믿는 이들의 삶 속에서 하나님의 능력이 세상에 나타날 때 세상이 그와 같은 축복을 탐내는 것은 자연스런 현상이다. 세상은 너무나 시기한 나머지 하나님의 거룩하심을 모방하려고 한다. 이러한 현상은 사마리아에서 그대로 나타났다.

사도행전의 한 사건을 예로 들어 보자. 그 당시 빌립의 사역을 통해 도시 전역에서는 진정한 부흥이 일어나고 있었다.

무리가 빌립의 말도 듣고 행하는 표적도 보고 일심으로 그의 말하는 것을 좇더라. 많은 사람에게 붙었던 더러운 귀신들이 크게 소리를 지르며 나가고 또 많은 중풍병자와 앉은뱅이가 나으니(사도행전 8장 6-7절).

하지만 그 도시에는 빌립이 오기 전부터 존경을 받던 사람이 하나 있었다.

그 성에 시몬이라 하는 사람이 전부터 있어 마술을 행하여 사마리아 백성을 놀라게 하며 자칭 큰 자라 하니, 낮은 사람부터 높은 사람까지 다 청종하여 가로되 "이 사람은 크다 일컫는 하나님의 능력이라" 하더라. 오랫동안 그 마술에 놀랐으므로 저희가 청종하더니(사도행전 8장 9-11절).

시몬은 자신의 사악한 능력으로 사람들을 놀라게 하고 있었기 때문에 사람들은 그를 "크다 일컫는 하나님의 능력"을 가진 존재로 칭송했던 것이다.

심지어는 교회 안에서도 존재하는 이런 종류의 사람들에 대해 주의할 필요가 있다. 그들은 자신의 업적으로 우리를 놀라게 한다. 하지만 놀라기만 해서는 안 된다.

그들의 삶을 잘 살펴보아 진정한 변화가 있는지를 분별해야 한다. 죄를 깨닫고 회개를 했는지, 사랑 안에 있는지, 그리고 하나님과의 관계가 제대로 정립되어 있는지 살펴야 한다.

주님의 능력을 경험해 보지 않은 사람들은 어떠한 것이든 신비로운 것들이 있다면 그것을 찾으려 한다. 제자들은 주님께서 의도하신 것 이상으로 그들의 위치를 격상시키려는 사람들에 대해 잘 알고 있었다(사도행전 14장 8-18절, 그리고 28장 1-6절을 보라).

여러 해 동안 사람들은 시몬을 신령한 존재로 생각해 왔었다. 성경은 사람들이 그가 하는 말에 주의했다고 말하고 있다. 그러한 때 사마리아 지역에 권세와 기름부음과 증력으로 복음이 전파된 것이다. 성경은 이렇게 말하고 있다.

"빌립이 하나님 나라와 및 예수 그리스도의 이름에 관하여 전도함을 저희가 믿고 남녀가 다 세례를 받으니"(사도행전 8장 12절).

예수님의 이름이 갖는 능력이 시몬의 그것과 얼마나 다른가! 엄청난 수의 사람들이 그리스도께 모여 들었지만 시몬은 어떠한가? 그리고 그는 어떠한 반응을 보였는가?

시몬도 믿고 세례를 받은 후에 전심으로 빌립을 따라 다니며 그 나타나는 표적과 큰 능력을 보고 놀라니라(사도행전 8장 13절).

마법사였던 시몬 역시 구원을 받았다. 그는 빌립의 친구가 되었고 병고침과 귀신을 내어 쫓는 것을 가까이에서 지켜 보고 있었다. 그리고 믿음을 가진 이들이 성령님을 받게 될 때 시몬 역시 그 자리에 함께 있었다.

예루살렘에 있는 사도들이 사마리아도 하나님의 말씀을 받았다 함을 듣고 베드로와 요한을 보내매 그들이 내려가서 저희를 위하여 성령받기를 기도하니 이는 아직 한 사람에게도 성령 내리신 일이 없고 오직 주 예수의 이름으로 세례만 받을 뿐이러라. 이에 두 사도가 저희에게 안수하매 성령을 받는지라(사도행전 8장 14-17절).

그리스도께서 하늘로 올라가시고 처음으로 하나님의 영광이 한 사람에게서 다른 사람에게로 옮겨지는 순간이 왔다. 베드로와 요한은 사마리아에서 일어나는 일을 목도한 예루살렘 교회에서 보내졌다. 베드로와 요한은 사람들이 성령을 받도록 그들에게 손을 얹기 시작했다.

구약에서는 축복할 때 손을 얹는 장면이 나온다(창세기 48장 13-20절을 보라). 또는 죄인의 죄를 제물에 전가할 때도 손을 얹는다(레위기 1장 4절). 그리고 누군가가 하나님께서 정해 주신 책임을 위임받을 때에도 마찬가지였다. 모세가 여호수아를 제사장 앞으로 불렀을 때를 보자.

"모세가 여호와께서 자기에게 명하신 대로 하여 여호수아를 데려다가 제사장 엘르아살과 온 회중 앞에 세우고 그에게 안수하여 위탁하되 여호와께서 자기에게 명하신 대로 하였더라"(민수기 27장 22-23절).

그리스도께서 이 땅에 오셔서 역시 이러한 행동을 취하셨다. 예수께서 문둥병자를 고치실 때 손을 뻗어 그에게 손을 대시고 이렇게 말씀하신다.

"내가 원하노니 깨끗함을 받으라"(마가복음 1장 41절).

그리고 자기 주위에 몰려 든 아이들에게 안수하시며 축복하시기도 했다(마가복음 10장 16절).

베드로와 요한이 보여 준 것은 축복, 그 이상이었다. 성령님을 통한 하나님의 온전한 능력을 전달한 것이다. 이것이야말로 시몬이 전에는 보지 못한 능력이었기 때문에 순간 같은 능력을 갖기를 원했던 것이다. 하지만 하나님께서 성령님을 보내 주시는 방법에 대해서는 전혀 알지 못했다. 시몬은 그것을 돈으로 살 수 있다고 여긴 것이다.

시몬이 사도들의 안수함으로 성령받는 것을 보고 돈을 드려 가로되 "이 권능을 내게도 주어 누구든지 내가 안수하는 사람은 성령을 받게 하여 주소서" 하니(사도행전 8장 18-19절).

시몬은 구원도 받고 세례도 받았지만 성령의 선물에 대해서는 아직 더 배워야 했다. 하나님의 능력은 돈으로 팔고 살 수 있는 것이 아니라는 사실을 이해하지 못했다. 시몬은 마술이 그동안 자신에게 엄청난 자긍심과 명성, 그리고 부를 가져다 주었던 것만 생각했던 것이다. 그래서 어느 정도의 돈을 지불하면 새로운 능력을 부여받게 될 것이라 여겼다.

물론 베드로와 요한이 이러한 기름부으심을 받기 위해 치른 대가는 있었다. 하지만 시몬이 치르려 했던 것과는 완전히 다른 것이었다. 그들에게 임했던 권세는 사랑과 기쁨, 그리고 예배 가운데 기도와 금식, 그리고 고난과 핍박을 통해 가능했던 것이다.

하지만 거룩함을 사모하는 다른 사람들처럼 시몬은 뭔가 쉽게 그것을 얻어 빠른 결실을 보고 싶어했다. 시몬은 하나님의 능력을 잘 다룰 줄 알게 되면 그것으로 돈을 벌어 이득을 얻고 싶었던 것이다.

많은 이들이 물질적인 소득에 쉽게 유혹을 받곤 한다. 하지만 베드로는 그러지 않았다. 그는 시몬에게 말했다.

"네가 하나님의 선물을 돈 주고 살 줄로 생각하였으니 네 은과 네가 함께 망할지어다" (사도행전 8장 20절).

시몬은 아나니아와 삽비라에게 일어난 일에 대해서 들었을 것이다. 아나니아와 삽비라는 사도들에게 내놓은 헌금에 대해 거짓말을 했고, 이것을 성령님께서 베드로에게 드러내시자 그들이 그 자리에서 쓰러진 것이다 (사도행전 5장 11절을 보라).

베드로는 지금 이와 비슷한 경고를 시몬에게 하고 있는 것이다. 새롭게 믿은 사람들은 시몬이 성령의 능력을 가질 수 있으리라 생각할 수 있기 때문에 그에게 이렇게 경고한 것이다.

"하나님 앞에서 네 마음이 바르지 못하니 이 도에는 네가 관계도 없고 분깃될 것도 없느니라. 그러므로 너의 이 악함을 회개하고 주께 기도하라. 혹 마음에 품은 것을 사하여 주시리라" (사도행전 8장 21-22절).

베드로는 용서에 대해 약속하지 않았다. 그저 시몬이 회개하고 기도하면 주님께서 어쩌면 그의 허물을 용서해 주실 수도 있다고 말하고 있다. 제자들은 이렇게 말한다.

예언의 비밀

"내가 보니 너는 악독이 가득하며 불의에 매인바 되었도다"(사도행전 8장 23절).

그 때 시몬은 이렇게 간청한다.

"나를 위하여 주께 기도하여 말한 것이 하나도 내게 임하지 말게 하소서"(사도행전 8장 24절).

그리스도를 믿었다고 해서 자동적으로 모든 신령한 것을 받을 수 있는 자격을 갖추게 되는 것은 아니다. 손을 얹어 능력이 전해지도록 하는 것은 신령한 것에 속한 것이다. 하나님 앞에 온전하지 않은 사람이 받을 수 있는 것이 아니다.

● ● **심령술**

모든 초자연적인 은사는 하나님에게서 오는 것이다. 사탄은 그저 대신할 수 있는 것만을 만든다. 고대 점쟁이들은 수많은 방법을 동원해 미래에 일어날 사건을 예견했다. 양이나 염소를 죽여 그 안의 장기를 꺼내 물이 담긴 컵에 떨어지는 기름 덩어리의 모양을 본다든지 하는 방법으로 말이다. 이러한 사람들은 신으로부터 온 메시지를 풀이하는 예언자로 불렸다.

오랜 세월 동안 사탄 숭배나 마술을 근절하려는 다양한 시도들이 있었지만 그러한 시도들 중에는 잘못되었거나 전혀 효과가 없는 것들도 있었다. 1600년대에는 마녀로 의심되는 사람들을 묶어 물 속으로 던져 버렸는데 가라 앉으면 죄가 없고 물에 떠오르면 마녀로 간주 되었다. 그러한 사람들은 장대에 매달아 불에 태우거나 교수형에 처했다.

하지만 전혀 달라지는 것은 없었다. 손금을 읽거나 점을 치는 사람들은 전 지역에 산재하고 있다. 수천 명의 사람들이 꿈풀이나 죽은 사람의 영혼과 대화하는 점강령술, 그리고 타로 카드 점이나 부두교와 같은 주술 종교, 그리고 점성술 같은 것들에 관련되어 있다.

전 미국 대통령 영부인이었던 낸시 레이건 역시 샌프란시스코에 있는 점성술사를 불러 남편이 비행기를 타서는 안 되는 날이 언제인지를 알아보려 했다가 신문 1면에 장식되는 비운을 안기도 했다. 영국의 왕실에 속한 사람들 일부는 인도로 직접 찾아가 힌두교 지도자와 밀회하기도 한다.

텔레비전을 틀면 할리우드의 유명인사가 운영하는 '심령술을 만니는 전화 통화'(psychic hot line) 광고가 나오는데 1분에 2 달러면 전화로 미래에 일어날 만한 사건들에 대해 녹음되어 있는 음성을 들을 수 있다. 그 전화번호는 1-900-666-6666이었던 것으로 기억한다. 참 끔찍하지 않은가?

그렇다면 사람들은 왜 그런 곳에 전화를 거는 것일까? 사람이라는 존재는 위에서부터 오는 계시를 받기 위해 울부짖는 속성을 가지고 있기 때문이다. 어떤 종류의 신이든 상관이 없다.

우리가 마법사나 점쟁이, 혹은 점성술사들의 소리에 귀를 기울이

게 된다면 그저 우리 인생 가운데 펼쳐질 사탄의 계획이나 듣게 될 것이다. 참 유혹적으로 느껴지겠지만 우리를 파멸의 길로 인도하게 될 것이다. 내가 유명한 음악가가 될 것이라고 예언했던 점쟁이를 기억하고 있는가? 그것은 하나님의 계획이 아니었다. 사탄의 것이었다. 나는 유명한 음악가가 되어 갈수록 죽음으로 한 걸음씩 더 가까이 다가갈 뿐이었다.

내가 래리 킹과 함께 저녁 식사를 했을 때 그는 예언과 심령술의 차이점에 대한 질문을 했다. 그래서 심령술사는 살아 있는 것으로 가정하고 죽은 사람들에게 말을 거는 것이지만, 선지자는 죽어 있지만 산 사람들에게 말을 한다고 대답했다.

하나님의 말씀을 읽고 그의 음성을 듣는 사람들은 사랑의 하나님이 전해 주시는 메시지를 받아들이고 있는 것이다. 그들은 그리스도 안에 있고 그의 나라 안에서 무엇이 될 것인지 배우는 사람들이다.

● ● **사기적인 믿음**

선견지명이란 무엇인가? 그것은 신령한 것을 단순히 모방한 것이다. 모세는 이스라엘 백성들에게 이렇게 말한다.

그 아들이나 딸을 불 가운데로 지나게 하는 자나 복술자나 길흉을 말하는 자나 요술하는 자나 무당이나 진언자나 신접자나 박수나 초혼자를 너희 중에 용납하지 말라(신명기 18장 10-11절).

그리고는 이렇게 덧붙인다.

무릇 이런 일을 행하는 자는 여호와께서 가증히 여기시나니 이런 가증한 일로 인하여 네 하나님 여호와께서 그들을 네 앞에서 쫓아 내시느니라 (신명기 18장 12절).

어둠의 영향력 때문에 사람들은 어둠의 능력이 조언하는 대로 이끌리게 되었다. 이런 악한 힘은 하나님을 대항하는 것이다. 성경에서는 이러한 힘은 곧 죽음으로 인도한다고 말하고 있다.

이스라엘의 첫 번째 왕이었던 사울에 대해 이런 기록이 있다.

"사울의 죽은 것은 여호와께 범죄하였음이라. 저가 여호와의 말씀을 지키지 아니하고 또 신접한 자에게 가르치기를 청하고"(역대상 10장 13절).

사탄의 목표는 하나님의 음성이 갖는 권세를 악한 영의 능력으로 대처하는 데 있다.

● ● **거룩한 능력**

바울과 실라가 빌립보에서 그리스도의 메시지를 전하고 있었을 때 사탄은 그들의 수고를 엉망으로 만들어 버리려는 계획을 세운다.

우리가 기도하는 곳에 가다가 점하는 귀신 들린 여종 하나를 만나니 점으로 그 주인들을 크게 이하게 하는 자라. 바울과 우리를 좇아와서 소리 질러 가로되 "이 사람들은 지극히 높은 하나님의 종으로 구원의 길을 너희에게 전하는 자라" 하며 (사도행전 16장 16-17절).

많은 사람들은 사탄이 말할 때 그것이 거짓말이거나 직접적인 대결일 경우라고 믿는다. 그래서 이렇게 응수하기 쉽다.
"아, 악마가 말하고 있는 것이로구나. 조용히 하고 자리에 앉아라."
하지만 사탄은 훨씬 더 영악하고 교활하다. 사탄은 죽고 사는 것이 혀의 권세에 달려 있다는 것을 잘 알고 있다(잠언 18장 21절). 그리고 아첨하며 우리를 속이려 든다.
사탄은 주님의 일을 조정하거나 참견하면서 아첨하거나 자기를 과시하게 하는 영을 사용한다.
위에 등장하는 여종은 계속해서 아첨을 하며 사도들을 선동하고 있다.
"이 사람들은 지극히 높은 하나님의 종으로 구원의 길을 너희에게 전하는 자라."
이 여종의 말은 사실인가? 그렇다. 하지만 하나님께서 말씀하신 것인가? 그렇지 않다. 사실이긴 하나 하나님의 말씀과는 완전히 다르다는 점을 기억하라.
사탄은 괴롭히거나 학대하는 방법을 사용한다.

이같이 여러 날을 하는지라. 바울이 심히 괴로워하여 돌이켜 그 귀신에게 이르되 "예수 그리스도의 이름으로 내가 네게 명하노니 그에게서 나오라" 하니 귀신이 즉시 나오니라(사도행전 16장 18절).

바울이 그 여종의 말을 멈추게 한 이유가 무엇이었는가? 이 젊은 여인이 계속해서 한 말들은 현재 세워져 가고 있는 주님의 교회를 크게 상하게 할 뿐이었다는 사실을 인식했기 때문이다.

정확성만 가지고는 그 사람이 진정한 하나님의 사람인지 판가름할 수 없다. 주님은 당신이 어디에 사는지 밝힐 수 있는 선지자를 통해 주의를 끄실 때도 있다. 하지만 사탄 역시 여러분의 이름이나 집 주소를 알고 있다는 것을 기억하라. 빌립보에 사는 이 여종은 신령함을 빙자했지만 사실은 점에 불과했다.

또한 아첨이나 비위를 맞추는 것에 주의해야 한다. "당신은 하나님의 눈에 아주 특별한 존재입니다"라는 말은 누구나 다 듣기 좋아할 것이다. 하지만 하나님께서 우리가 고치기 원하시거나 좀더 향상되기 원하는 부분을 말씀해 주시는 것이 더 좋지 않을까? 잠시 듣기 좋은 아첨보다는 우리를 자유케 하는 진리에 귀 기울여야 할 것이다.

구약의 미가 선지자는 개인적인 영달을 바랐던 사람들에 대해 다음과 같은 경고를 했다.

내 백성을 유혹하는 선지자는 이에 물면 평강을 외치나 그 입에 무엇을 채워 주지 아니하는 자에게는 전쟁을 준비하는도다. 이런 선지자에 대하여 여호와께서 가라사대 "그러므로 너희가 밤을 만나리니 이상을 보지 못할 것이요, 흑암을 만나리니 점 치지 못하리라" 하셨나니. 이 선지자 위에는 해가 져서 낮이 캄캄할 것이라 (미가 3장 5-6절).

주님이 사람들에게 지금 하시는 말씀을 더 이상 듣지 못하고 과거에 하셨던 말씀만을 기억하고 있다면 이보다 더한 비극은 없을 것이다. 그들에게 더 이상의 새로운 계시는 없다. 대중의 시선을 끌기 위한 갈망만으로 기름부으심을 가장해 점을 치려 하는 덫에 빠져 드는 것이다. 이미 지나간 말씀만을 붙잡고 있는 것은 마치 하루 지난 만나를 먹으려 하는 것과 같다. 그 날 다 먹지 못한 만나는 하루가 지나면 썩어 곰팡이가 생겼다(출애굽기 16장 20절을 보라). 하나님은 무덤을 그저 덮고 있는 진리와 여인의 태 속에서 담대하게 하는 진리 사이의 차이점을 가르치기를 원하신다.

●●● 무덤 속에 있는 진리와 태 안에 있는 진리

약속은 결과물과 같은 효력이 있는 것은 아니다. 약속은 우리의 생각과 마음속에 머물러 있지만 상상력이 만들어 낸 결과물은 우리의 삶이나 우리 주변에 있는 이들의 삶을 옮겨 놓는 역할을 한다. 우리 모두는 어떤 형태의 과정 속에서 살고 있으며 이런 영적인 과정은 곧 약속과 결과물 사이의 공간이다.

과거에 거룩하게 여겨졌던 어떤 행위를 재평가하는 과정에서 현 세대에서는 더 이상 적용할 수 없는 과거의 전통으로 판명되는 경우 이러한 행위는 거부당할 수 있다. 전통은 과거에 존재했던 오래된 특권을 고수하는 것이다. 하지만 결국 오래된 특권은 현실과 동떨어져 존재하게 된다.

예일 대학의 철학교수 루이스 듀프레는 이런 글을 쓴 적이 있다. "기독교는 세속적인 문화에 종속하는 역사적인 요소로 전락했다. 예전에 발휘했던 창조적인 능력의 기능을 상실해 버린 것이다."[1]

기독교의 상당 부분은 문화를 창조하는 능력을 상실하고 이미 세상 문화의 영향을 받고 있다. 죽어 가는 문화에 아무런 영향도 끼칠 수 없는 말도 안 되는 발상으로 세상을 오염시키기보다 세상 문화를 매료시킬 만한 창조적인 능력을 가져야 한다. 우리가 속한 문화 전반에 침투해서 그것을 바꿀 수 있는 사람들은 교회에 충분히 존재하고 있다. 우선 모든 종교적이고 관습적이며 더 이상 영향을 미칠 수 없는 발상들을 포기해야 한다. 그리고 우리 각자가 하나님의 창조적인 말씀이 되어 세상으로 나아가야 한다.

거룩하다 여겨지는 모든 것을 다시 평가할 필요가 있다. 뭔가 거룩해 보이지만 실상은 그렇지 않은 심각한 요소들이 있다. 종교적으로 건드려서는 안 되는 제한구역과 같은 그런 요소들 말이다. 그러한 요소들을 밖으로 끌어 내어 다음 단계로 움직이게 해야 한다.

지금의 교회들은 생명이 없다. 남겨 두기에는 아까운 과거의 경험들을 가지고 가치 평가를 하기 때문이다. 그리고는 그러한 것들을 거룩한 것들이라 이름 붙인다. 하나님께서 혐오하시는 것들인데도 말이다. 아름답다고 생각할 수도 있겠지만 그것의 수명은 이미 다 끝났다. 무언가 신성한 것을 만들기 원한다면 창조적인 진리로 그것을 대신해야 한다.

역사적으로 유명한 진리와 창조적인 진리 사이에는 차이점이 있다. 무덤 안에 있는 진리가 어머니의 태 속에 있는 진리와 같을 수는 없다. 한때 진리로 인식되어 효력이 있었을지는 몰라도 이제는 무덤 속에 있을 뿐이다. 창조력을 발휘하지 못한다면 진리가 아닌 것이다. 생명, 즉 거듭남을 탄생해 내는 능력으로 전환되지 못한다면 아무런 잠재력도 없는 것이다. 교회 안에 이러한 창조적인 진리가 너무나 부족하다. 우리가 해야만 하는 것을 하기보다 전에 해왔던 것에 의존하고 있지는 않은가?

강단에 오를 때마다 우리가 무슨 노래를 부르게 될지 전혀 예측할 수 없다. 왜 그런지 아는가? 우리 사역 팀이 이전의 같은 노래를 부르고 이전의 같은 것을 말하는 비창조적인 장소에 서기를 원치 않기 때문이다. 예전 것을 고수한다면 그곳이 편안한 느낌을 주는 장소가 될 수는 있어도 영적인 장소가 되지는 못할 것이다.

비록 반복적이어서 다소 지루한 상황일지라도 사람들이 창조성을 발휘하도록 하면 하나님께서 갑자기 노래하기 시작하시고 창조적인 능력을 통해 역사하기 시작하신다.

역사적인 진리가 창조적인 진리보다 더 중요할 수는 없다. 우리 속 사람은 무언가를 밖으로 쏟아 낼 수 있는 창조성을 지니고 있다. 순환하는 원리를 재탄생시키는 것이 아니라 이전에 해보지 않은 전혀 새로운 것 말이다. 이것을 창조의 능력이라고 부르는 것이다.

역사적인 진리를 폄하하려는 것이 아니다. 하지만 이런 역사적인 요소들을 진리로 여기며 이미 지나간 계시들로 역사적인 기념탑을 만들려는 성향에 대해 말하려는 것이다. 이미 재가 되어버린 것으로 불을 붙일 수는 없는 노릇이다. 불 타오르는 장작은 능력으로 가득한 것이지만 더 이상 타오르지 않는다면 이미 그 힘은 다한 것이다.

하나님은 움직이시는 분이다. 정지된 상태로 계시지 않는다. 하나님께서 이미 애굽으로 가셔서 그의 백성들을 자유케 하기 위해 기적을 베푸실 때에도 우리는 그저 다 타 버린 재 가운데 머물러 있다. 어떤 사람들은 그곳에 머물러 재에 불을 붙여 보려 하겠지만 하나님의 음성은 이미 타오르는 불길이 되어 덤불을 태우고 있었다. 우리가 불을 붙이려고 하는 것은 그저 잿더미에 지나지 않는 것이다. 하나님이 더 이상 그곳에 계시지 않기 때문에 아무런 소용도 없는데 말이다.

진리에 대한 깨달음을 줄 수 있을지는 모르겠지만 모세는 그곳에 성막을 만들지 않았다. 그는 애굽으로 내려가 지옥을 경험해야 했다. 바로는 시간을 거듭할수록 아집으로 똘똘 뭉쳐 맞서려고만 했다. 왕

214 　　　　　　　　　　　　　　　　　　　　예언의 비밀

실의 마술사들은 하나님의 능력으로 행한 것과 똑같은 일들을 흉내 내었다.

하나님께서는 이렇게 말씀하신다.

"이것은 부흥의 불길이 타올랐을 때 일어났던 일이다. 하지만 그 부흥은 이미 끝이 났다. 네 안에 잠들어 있는 것으로 무엇을 하려고 하느냐?"

바로 창조적인 능력에 관한 것이다.

무덤 속에 있는 진리는 어머니의 태 속에 있는 것과 다르다. 부활한 진리는 훨씬 더한 것을 말하고자 한다. 옛것의 이름으로 여러분은 더 위대한 일을 하게 될 것이다. 창조적인 진리란 어제 행했던 것보다 더한 것을 하게 될 것을 의미한다. 작가들, 시인들, 그리고 연예인들과 음악가들, 대통령들과 국회의원들은 이러한 진리의 지배 아래 있는 나라를 보게 될 것이다.

우리 모두는 낯선 문화를 향해 나아가는 선교사들이다. 낯선 나라가 아니다. 교회는 바벨론의 문화에서 강제적인 포로 생활을 해야 했다. 우리는 예루살렘에서 웅크리고 있으려 한다. 하지만 하나님은 이 속에서 벗어나기를 원하신다. 무시받고 증오받는 곳에서 말이다.

예수님은 제자들에게 세상으로 나아가라고 말씀하셨다. 하지만 그들은 예루살렘에서 하나님께서 행하신 일들을 즐기고만 있었다. 하나님은 그들이 온 세상 끝까지 나아가게 하기 위해서 핍박을 허락하셔야 했다.

우리 역시 우리를 조정하려 드는 문화 안에서 포로생활을 하고 있다. 고용주가 아닌 고용인들이다. 하지만 우리는 이 문화를 정복하라고 부르심을 받은 사람들이다. 하늘을 경험해 낯선 문화 가운데 하나님의 창조적인 능력을 가져오고 의인들에게로 능력을 끌어 올 수 있는 다니엘과 에스더들이 필요하다.

성경은 점치는 것은 혐오스러운 것이라 말하고 있다. 하나님은 이스라엘 백성들에게 다음과 같은 경고를 하셨다는 사실을 잊지 말라.

"음란하듯 신접한 자와 박수를 추종하는 자에게는 내가 진노하여 그를 그 백성 중에서 끊으리니"(레위기 20장 6절).

● ● 갑자기 임한 어두움

사울과 바나바가 실루기아(키프러스)로 여행하던 중 이런 일이 있었다.

온 섬 가운데로 지나서 바보에 이르러 바예수라 하는 유대인 거짓 선지자 박수를 만나니 그가 총독 서기오 바울과 함께 있으니 서기오 바울은 지혜 있는 사람이라. 바나바와 사울을 불러 하나님 말씀을 듣고자 하더라 (사도행전 13장 6-7절).

그 총독은 이 섬을 관할하는 로마인 관료였다.

이 박수 엘루마는(이 이름을 번역하면 박수라) 저희를 대적하여 총독으로 믿지 못하게 힘쓰니(사도행전 13장 8절).

하지만 이 일은 허사였다.

바울이라고 하는 사울이 성령이 충만하여 그를 주목하고 가로되 "모든 궤계와 악행이 가득한 자요, 마귀의 자식이요, 모든 의의 원수여. 주의 바른 길을 굽게 하기를 그치지 아니하겠느냐? 보라 이제 주의 손이 네 위에 있으니 네가 소경이 되어 얼마 동안 해를 보지 못하리라" 하니 즉시 안개와 어두움이 그를 덮어 인도할 사람을 두루 구하는지라(사도행전 13장 9-11절).

그리고 나서 이 총독의 반응은 어떠했는가? "이에 총독이 그렇게 된 것을 보고 믿으며 주의 가르치심을 기이히 여기니라"(사도행전 13장 12절).

그 총독은 하나님의 심판이 임하는 것을 본 것이다.

이 세상의 정부와 같이 치리하는 위치에 있는 사람들 안에 하나님의 의가 나타나기를 원한다면 바울의 담대함을 가지고 하나님의 말씀을 울리게 할 필요가 있다.

바울은 이 땅에서 주님의 입술 역할을 해 왔다. 바울에게 박수 무당, 엘루마를 심판할 수 있는 권세를 준 것은 사탄이 아니었다. 오직 하나님만이 그런 능력을 가지고 계신다. 그리고 자신의 종을 통해 말씀을 내뱉으시는 것이다. 바울은 선생으로서 그 자리에 있었던 것이 아니다. 어느 사람이라도 보일 수 있는 놀라운 예를 보여 주고 있을 뿐이다.

최근 어떤 기독교 지도자가 이런 말을 한 것을 들은 적이 있다.

"우리는 더 이상 표적이나 기사가 필요하지 않습니다. 말씀만으로도 충분합니다." 사도행전의 총독과 같은 경우 성령의 능력이 나타내는 기적이 아니었다면 믿음을 가지기 어려웠을 것이다. 그것은 권세를 나타내는 표적이었다. 하나님은 이와 같은 능력을 우리에게도 주시기를 원하신다. 한 치 앞도 내다보지 못하는 말씀을 그저 앵무새처럼 중얼거리는 것이 아니라 사악한 능력을 소멸시키는 하나님의 음성에 순종하는 방법을 통해서 말이다.

하나님의 나라는 하나님의 음성이 되기를 원하는 여러분과 나 같은 사람들을 통해 온다고 믿는다. 하지만 우선 우리의 속사람이 하나님의 거룩한 품성으로 가득 차 있어야 한다는 것을 잊지 말라. 사람들은 묻는다.

"하나님의 나라가 어디에 있죠?"

예수님께서 하신 말씀으로 답할 수 있을 것이다.

"하나님의 나라는 너희 안에 있느니라" (누가복음 17장 21절).

●● 불 밖을 나와

주님의 능력은 절실히 필요한 순간 임하시기도 한다.

바울은 파선한 배에서 빠져 나와 멜리데(말타)라는 섬으로 올라오게 된다.

토인들이 우리에게 특별한 동정을 하여 비가 오고 날이 차매 불을 피워 우리를 다 영접하더라. 바울이 한 뭇 나무를 거두어 불에 넣으니 뜨거움을 인하여 독사가 나와 그 손을 물고 있는지라(사도행전 28장 2-3절).

그리고 나서 사람들이 바울 주변에 모여 들어서는 이렇게 말한다.

"토인들이 이 짐승이 그 손에 달림을 보고 서로 말하되 '진실로 이 사람은 살인한 자로다. 바다에서는 구원을 얻었으나 공의가 살지 못하게 하심이로다' 하더니"(사도행전 28장 4절).

하지만 바울에게 성령의 능력이 임했다.

"바울이 그 짐승을 불에 떨어 버리매 조금도 상함이 없더라"(사도행전 28장 5절).

사람들은 이에 어떻게 반응해야 할지 몰랐다.

그가 붓든지 혹 갑자기 엎드러져 죽을 줄로 저희가 기다렸더니 오래 기다려도 그에게 아무 이상이 없음을 보고 돌려 생각하여 말하되 "신이라" 하더라(사도행전 28장 6절).

하나님으로부터 온 능력을 가진 사람을 신격화하려는 현상은 인간의 본성이다. 본능적인 반응인 것이다.

그리고 난 후 사흘 동안 그 섬의 지도자 보블리오가 바울을 자신의 집으로 맞이한다.

보블리오의 부친이 열병과 이질에 걸려 누웠거늘 바울이 들어가서 기도하고 그에게 안수하여 낫게 하매, 이러므로 섬 가운데 다른 병든 사람들이 와서 고침을 받고(사도행전 28장 8-9절).

바울이 떠나 갈 때에 사람들은 여러 방면에서 그를 영화롭게 했고 여행에 필요한 것들을 배에 올리기도 했다(사도행전 28장 10절).
세상에 속한 어떤 능력도 주님의 자녀들이 가진 권세를 제압할 수 없다. 어둠의 힘에 맞설 때 주님은 자신의 영원한 빛을 비추시며 우리의 적을 당황하게 만드신다.

네 구속자요, 모태에서 너를 조성한 나 여호와가 말하노라. 나는 만물을 지은 여호와라. 나와 함께 한 자 없이 홀로 하늘을 폈으며 땅을 베풀었고 (이사야 44장 24-25절).

●● 거룩한 유산

하나님이 우리에게 주신 것은 거룩한 성품과 능력뿐만이 아니다. 하나님은 우리에게 거룩한 유산도 허락하셨다. 바울은 에베소 교인들에게 이렇게 말한다.

그 안에서 너희도 진리의 말씀, 곧 너희의 구원의 복음을 듣고 그 안에서 또한 믿어 약속의 성령으로 인치심을 받았으니 이는 우리의 기업에 보증이 되사 그 얻으신 것을 구속하시고 그의 영광을 찬미하게 하려 하심이라(에베소서 1장 13-14절).

바울은 또한 에베소 사람들이 하나님의 부르심의 소망이 무엇이며 성도 안에서 그 기업의 영광의 풍성이 무엇인지 알게 되도록 기도하고 있다.

우리의 영혼 안에 하나님의 거룩한 성품과 능력, 그리고 그 유산이 머물도록 하신 주님께 감사의 기도를 하지 않겠는가?

8장

누가 말하고 있는가?

내가 할 수 있는 것은 바로 그 자리에서
마음에 담아 두었던 그 때의
메시지들을 거부하는 것이었다.
그리고 마지막으로 불결함이 가져왔던 능력을 깨어 버리고
나서야 우리 가정에는 완전한 자유가 찾아 왔다.
나의 건강이 회복된 것이다.

어느 날 밤 등 쪽에 심각한 문제가 있음을 알고 기도하고 있었다. 여전히 잘 낫지 않고 있었는데 주님께서 이렇게 말씀하셨다.

"네가 점을 쳤기 때문에 그 불결함으로 생긴 일이다."

이 말씀이 임했을 때 너무나 놀라지 않을 수 없었다. 어떻게 하나님의 사람이 다른 사람을 통해 불결함을 입을 수 있을까? 그래서 나는 주님께 대답했다.

"주님, '점을 쳐서 생긴 불결함'이라는 게 도대체 무슨 뜻입니까?"

나는 사람들이 간음의 생각과 거짓말, 분노와 교만, 그리고 탐욕으로 상처를 입게 된다는 것을 알았다.

이 세상이나 세상에 있는 것들을 사랑치 말라. 누구든지 세상을 사랑하

예언의 비밀

면 아버지의 사랑이 그 속에 있지 아니하니 이는 세상에 있는 모든 것이 육신의 정욕과 안목의 정욕과 이생의 자랑이니 다 아버지께로 좇아 온 것이 아니요, 세상으로 좇아 온 것이라(요한1서 2장 15-16절).

"주님, 이러한 것들을 모두 극복하려고 애써 왔습니다. 어떻게 사탄이 공격할 수 있겠습니까?"
"그는 말씀의 능력으로 그러한 일을 할 수 있다."
주님께서는 말씀하셨다. 그리고 성경을 펼치자 성령님께서 사람들이 어떻게 사탄의 권세 아래 신음하고 있는지 보여 주셨다. 이 권세는 모방하는 영으로서 역시 많은 사람들에게 울려 퍼지고 있다.

대저 드라빔들은 허탄한 것을 말하며 복술자는 진실치 않은 것을 보고 거짓꿈을 말한즉 그 위로함이 헛되므로 백성이 양같이 유리하며 목자가 없으므로 곤고를 당하나니(스가랴 10장 2절).

"나 여호와가 말하노라. 보라. 거짓 몽사를 예언하여 이르며 거짓과 헛된 자만으로 내 백성을 미혹하게 하는 자를 내가 치리라. 내가 그들을 보내지 아니하였으며 명하지 아니하였나니 그들이 이 백성에게 아무 유익이 없느니라" 여호와의 말이니라(예레미야 23장 32절).

모세는 점술의 위험성을 이스라엘 사람들에게 경고했다.

너희는 신접한 자와 박수를 믿지 말며 그들을 추종하여 스스로 더럽히지 말라. 나는 너희 하나님 여호와니라(레위기 19장 31절).

'더럽히다, 혹은 불결하다'의 의미를 담고 있는 영어 단어 'defiled'는 히브리어에서 유래한 것이며 '오염되다. 특히 어떤 의식이나 도덕적인 차원에서, 더럽히다' 라는 의미를 담고 있다. 상당히 위력 있는 언어가 아닐 수 없으며, 주로 성적인 범죄나 우상 숭배와 함께 이 단어가 사용된다.

모세는 주님으로부터 오지 않은 예언적 발언들은 우상 숭배나 성적인 죄를 저지르는 것과 같이 위험천만한 것임을 경고하고 있었던 것이다.

● ● **이방인이 전한 말**

사람들이 말하는 것을 받아들일 때 지극히 주의할 필요가 있다. 최근 몇 년간 크리스천들이 받아 왔던 가르침은 우리는 서로 긍정적인 고백을 할 수 있도록 지음을 받았으며 그렇게 해야만 한다는 것이다. 하지만 다른 사람들의 말 역시 우리에게 영향을 끼칠 수 있다는 사실을 잊지 말아야 한다.

개인적으로 우리에게 접근하는 사람들이야말로 가장 위험한 요소를 지니고 있는데, 그들은 주로 예배 후 구석으로 몰고 가거나 교회 밖

으로 나가서는 '당신을 위한 특별한 하나님의 말씀'이 있다고 말한다.

오염은 바로 이 순간 치욕스런 발언들이 우리의 영혼으로 들어올 때 발생한다. 마치 하나님이 직접 말씀하신 것처럼 전파되지만 실제로는 이에서 아주 먼 것들이다. 그렇다면 어떤 종류의 말들이 우리의 가족과 사업, 그리고 영적인 삶 가운데 치명적인 상처를 입히는지 알아 보자.

●● **오염의 위험성**

더러움으로 얼룩진 것들은 불결하고 순수하지 않으며 음란하기 짝이 없다. 사탄은 교회가 "티나 주름잡힌 것이나 이런 것들이 없이 거룩하고 흠이 없다"는 사실을 잘 알고 있다(에베소서 5장 27절). 원수들은 거짓 선지자의 입술을 통해 선포된 거짓말들이 가진 능력으로 교회의 가치를 떨어뜨리고자 잠도 자지 않고 있다.

하나님께서 보내지 않은 사람이 여러분에게 예언을 하려 한다면 누가 그에게 말씀을 주겠는가? 바로 '비슷한 영'이다. 정말 위험한 것은 그 사람이 전한 말이 어떠한 것이든 우리의 삶 가운데 정박한 것들로 우리 자신은 더럽혀진다는 것이다. 하나님의 승인이나 기름부으심 없이 성령의 은사를 사용하려는 사람들을 볼 때마다 슬픔을 억제할 수 없다.

성경은 우리가 오염될 수 있는 세 가지 경로를 보여 주고 있다.

1. 쓴 뿌리의 영은 우리의 영혼을 오염시킨다.

모든 사람으로 더불어 화평함과 거룩함을 좇으라. 이것이 없이는 아무도 주를 보지 못하리라. 너희는 돌아보아 하나님 은혜에 이르지 못하는 자가 있는가 두려워하고 또 쓴 뿌리가 나서 괴롭게 하고 많은 사람이 이로 말미암아 더러움을 입을까 두려워하고(히브리서 12장 14-15절).

2. 불순종을 통해 우리의 영혼이 오염될 수 있다.

깨끗한 자들에게는 모든 것이 깨끗하나 더럽고 믿지 아니하는 자들에게는 아무것도 깨끗한 것이 없고 오직 저희 마음과 양심이 더러운지라. 저희가 하나님을 시인하나 행위로는 부인하니 가증한 자요, 복종치 아니하는 자요, 모든 선한 일을 버리는 자니라(디도서 1장 15-16절).

하나님은 오염된 사람은 주님을 안다고는 하지만 행함이 없는 불신자로 여기고 계신다. 불순종의 결과로 이 사람은 하나님의 사역에 적합하지 않은 인물로 판명나는 것이다.

3. 우리의 혀가 영혼을 오염시키는 경우도 있다.

말은 온 몸을 파멸로 이끄는 힘도 가지고 있다.

이와 같이 혀도 작은 지체로되 큰 것을 자랑하도다. 보라, 어떻게 작은 불이 어떻게 많은 나무를 태우는가. 혀는 곧 불이요, 불의의 세계라. 혀

는 우리 지체 중에서 온 몸을 더럽히고 생의 바퀴를 불사르나니 그 사르는 것이 지옥 불에서 나느니라(야고보서 3장 5-6절).

항상 잊지 말라.

"이는 우리로 사탄에게 속지 않게 하려 함이라. 우리가 그 궤계를 알지 못하는 바가 아니로라"(고린도후서 2장 11절).

주님께서 내가 점술 때문에 더럽혀졌다고 말씀하셨을 때 나는 걸을 수 없어 누워 있던 상태였고, 수술을 하느라 병원에도 두 번이나 입원해야 했다. 그래서 결국 하나님께 울부짖을 수밖에 없었던 것이다.

"도대체 무엇 때문입니까?"

하나님께서는 다음과 같이 말씀하셨다.

"그 이유는 네가 점술로 인해 더럽혀졌기 때문이다."

"언제 그런 일이 있었습니까?"

"어느 집회에서 그 사람들에 너에게 한 말들 때문이란."

나는 그 날을 떠올렸다. 그 당시 한 집회에 참석 중이었는데 스스로를 선지자라고 부르는 사람들에게 둘러싸여 예언을 받게 되었다. 나는 그들이 누구인지 전혀 알지 못했다.

나는 그들에게서 내 인생 가운데 가장 좋은 말들만을 들었다. 그들은 내가 이집트의 카이로에 가서 왕자들과 수장들 앞에서 설교하게 될 것이라고 말해 주었다. 엘리자베스 영국 여왕을 만나게 될 것이라는 말도 들었던 것 같다. 그리고 이 나라 저 나라에 내 소유의 집을 가지게 될 것이라는 말도 들었다. 부자가 될 것이며 필요한 모든 것들을 가지게 될 것이라고 했다.

그들이 말을 끝냈을 때 나는 이런 생각을 했던 기억이 난다.

'음, 이 말들을 내 마음의 작은 공간 속에 잠시 남겨 두어야겠다.'

주님은 내가 병원에 있을 때 이렇게 말씀하셨다.

"그 사람들은 나에게서 어떠한 것도 듣거나 볼 수 있는 이들이 아니었다. 그것은 나에게서 나간 말씀이 아니었다. 결국 너는 그 말들로 더럽혀진 것이다."

내가 할 수 있는 것은 바로 그 자리에서 마음에 담아 두었던 그 때의 메시지들을 거부하는 것이었다. 그리고 마지막으로 불결함이 가져왔던 능력을 깨어 버리고 나서야 우리 가정에는 완전한 자유가 찾아왔다. 나의 건강이 회복된 것이다.

● ● **우리가 알 수 있을까?**

이런 오염 현상을 어떻게 막아 낼 수 있을까? 사람의 마음 안에 있는 영혼은 민감하기 그지 없다. 예수님은 말씀하셨다.

"독사의 자식들아, 너희는 악하니 어떻게 선한 말을 할 수 있느냐? 이는 마음에 가득한 것을 입으로 말함이라"(마태복음 12장 34절).

어떤 경우 우리가 하는 말들은 마음 중심에서 비롯되지 않은 것들

이 있다. 가장 중요한 것은 그 사람이 한 말이 아니라 사람의 가장 중심에 있는 마음 상태이다. 하나님께서 우리에게 주신 선물 중 하나는 우리가 영혼을 구별할 수 있도록 하신 것이다(고린도전서 12장 10절). 당신을 통해 반드시 나타나야 할 은사이기도 하다.

자주 하나님의 경고가 느껴질 때면 내 인생에 대해 조언하려는 사람에게 더 이상 말하지 말아 줄 것을 부탁한다. 그렇지 않으면 그 말들로 오염될 것이 분명하다.

우리는 다른 사람을 판단할 때 잘못된 판단 기준을 가지기가 쉽다. 어떤 사람들은 당신이 별로 좋아하지 않는 인격을 가지고 있을 수도 있다. 겉으로만 봐서는 쉽게 흥분하는 기질이거나 차분할 수도 있다. 아니면 아주 소란스러운 사람이거나 부드러운 성품을 가질 수도 있다. 하지만 이러한 요소들은 그다지 중요한 것이 아니다. 우리가 유의해서 봐야 할 것은 그들의 마음이 어떠한가이다.

그렇다고 해서 늘 모든 것을 불신하며 살라는 이야기는 아니다. 마치 하나님이 파견한 탐정처럼 사람들에게 이렇게 말해서는 안 되는 것이다.

"나에게 말하지 마시오."

주님은 사랑의 영으로 온유함과 사려 깊은 태도로 다른 사람들을 대하기를 원하신다.

여러 해 동안 예언 사역을 해오면서 주님이 받으시는 사람들의 마음 상태에 대해 직관적으로 알 수 있게 되었다. 우리 모두가 계속해서 자라 가도록 하나님께서 베풀어 두신 영적인 통찰력이 바로 이러한 것이다.

어떤 사람들은 이렇게 말할 것이다.

"저 사람이 어떤 말을 할지 그리고 어떤 행동을 할지 지켜봐야겠지요."

하지만 모두가 잘못을 행하거나 실수할 때까지 계속해서 그릇된 길로 나아가게 될지도 모를 일이다.

마음에 있던 것을 혀로 옮겨진 말들은 곧 음성을 통해 전해진다. 우리는 단어들이나 문법, 그리고 문화와 억양 이면에 있는 것들을 볼 수 있다. 사람의 마음에서 나는 것만이 우리에게 진정으로 영향을 끼치는 것이다.

최근 한 집회에서 결혼한 부부 한 쌍과 대화할 기회가 있었는데 그들은 이렇게 말했다.

"우리를 위해 기도해 주세요. 가정과 개인적인 건강에 엄청난 문제들이 도사리고 있습니다. 왜 이런 일들이 일어 나는지 도저히 납득이 되지 않습니다. 금식도 하고 기도도 하며 믿음의 싸움도 해보았습니다."

갑자기 주님의 성령께서 나에게 이런 말씀을 주셨다.

"2년 전 너희들에게 누군가가 했던 말들에 대해 이야기해 보거라."

그 부부는 내가 한 질문을 곰곰히 생각해 보더니 그 당시 어떤 사람이 해주었던 예언의 말씀을 기억해 냈다. 그 이후로 계속해서 그들

예언의 비밀

의 삶은 곤두박질치고 있었다. 나는 물어 보았다.

"그 사람은 지금 어디에 있습니까?"

"그 사람은 더 이상 사역을 하지 않고 있습니다. 주님을 위해서 살고 있는지조차 모를 정도입니다."

남편이 대답했다.

마음 중심이 올바르지 못했던 어떤 한 사람으로부터 이 부부에게 불결한 것이 들어온 것이다. 우리는 함께 그가 한 말들을 꾸짖었고 그 부부는 곧 자유함을 입게 되었다. 놀라운 전환점이 삶 가운데 임한 것이다.

●● 우리는 하나님의 집이다

하나님은 시내 산에서 이스라엘 사람들에게 자신을 드러내셨다. 이런 일이 있은 후 구약에서는 "주님께서 시온에 거하신다"(요엘 3장 21절)는 표현을 종종 찾아 볼 수 있다. 시내 산에서 시온으로 그 장소가 옮겨진다는 것은 이스라엘 백성들이 율법의 다른 차원으로 이동했다는 것을 뜻한다. 그들의 찬양과 예배 가운데는 놀라운 자유가 임했지만 여전히 율법적이었다.

시온, 또는 예루살렘은 이 땅에서 하나님께서 임하실 특별한 장소가 되었다. 그 곳에 하나님의 장막, 즉 성막이 들어선 것이다. 다윗은 하나님의 언약궤를 둘 곳을 마련했고 이를 위해 장막을 짓기에 이른다(열왕기상 15장 1절).

그리스도께서 이 땅 가운데 오셔서 죄를 위해 십자가에 달리셨다. 하나님은 사람들이 새로운 차원으로 들어가기를 원하셨던 것이다. 이제 주님은 더 이상 우리에게서 멀리 떨어져 있는 언약궤나 성막, 또는 물질적인 장소 안에 머물러 계시지 않는다. 하나님은 우리 안에 머물러 계신다. 우리 각자가 그분의 거하실 처소가 된 것이다. 이것이야말로 새로운 언약이 가져다 주는 기쁨이다.

우리는 예수님의 보혈로 지성소로 들어갈 수 있는 권한을 가지게 되었다.

"그러므로 형제들아, 우리가 예수의 피를 힘입어 성소에 들어갈 담력을 얻었나니 그 길은 우리를 위하여 휘장 가운데로 열어 놓으신 새롭고 산 길이요, 휘장은 곧 저의 육체니라"(히브리서 10장 19-20절). 성경은 이제 우리가 주님의 집이며 장막이고 성소라고 말하고 있다(히브리서 3장 6절). 그리고 또 다음과 같이 말하고 있다.

하나님의 성전과 우상이 어찌 일치가 되리요. 우리는 살아 계신 하나님의 성전이라. 이와 같이 하나님께서 가라사대 "내가 저희 가운데 거하며 두루 행하여 나는 저희 하나님이 되고 저희는 나의 백성이 되리라" 하셨느니라(고린도후서 6장 16절).

그리스도께서 행하신 일들로 인해 우리 모두는 아주 위대한 임무

예언의 비밀

를 지니게 되었다. 구약시대에는 제사장들만이 성소로 들어갈 수 있었다. 하지만 이제 우리 자신이 곧 성전이 되었고 우리의 삶 가운데 찾아 오는 모든 것에 대해 답할 수 있게 되었다.

크리스천이 된 이후 우리의 몸은 이제 더 이상 우리 자신의 것이 아니다. 우리의 몸은 값을 주고 산 바 되었으며 전능하신 하나님의 성소가 된 것이다.

주님께서 우리 안에 거하신다는 거룩한 믿음에 대해 이해하게 될 때 어느 누구라고 할 것 없이 모두 마지막까지 자신의 몸을 보호하고 돌보려 할 것이다. 아무것이나 성소 문을 들어가도록 내버려 두지 않을 것이다.

주님께서는 자신이 거하시는 처소를 너무나 사랑하셔서 이것을 더럽히는 사람은 누구라도 심판하실 것이다. 그것이 여러분이든 다른 사람이든 말이다.

> 너희가 하나님의 성전인 것과 하나님의 성령이 너희 안에 거하시는 것을 알지 못하느뇨? 누구든지 하나님의 성전을 더럽히면 하나님이 그 사람을 벌하시리라. 하나님의 성전은 거룩하니 너희도 그러하니라(고린도전서 3장 16-17절).

하나님이 우리에게 주시는 성전은 손으로 만든 것이 아니다. 이것은 위에서부터 온 선물인 것이다.

너희 몸은 너희가 하나님께로부터 받은 바 너희 가운데 계신 성령의 전인 줄을 알지 못하느냐? 너희는 너희의 것이 아니라(고린도전서 6장 19절).

우리가 다가올 위대한 날을 준비할 수 있도록 주님은 우리 주변에 보호 장벽을 만드신다.

예수님께서 제자들과 함께 갈릴리 바다를 건너실 때 거대한 폭풍이 임했던 적이 있다.

큰 광풍이 일어나며 물결이 배에 부딪쳐 들어와 배에 가득하게 되었더라. 예수께서는 고물에서 베개를 베시고 주무시더니 제자들이 깨우며 가로되 "선생님이여, 우리의 죽게 된 것을 돌아보지 아니하시나이까?" 하니 예수께서 깨어 바람을 꾸짖으시며 바다더러 이르시되 "잠잠하라. 고요하라" 하시니 바람이 그치고 아주 잔잔하여지더라 이에 제자들에게 이르시되 "어찌하여 이렇게 무서워하느냐? 너희가 어찌 믿음이 없느냐?" 하시니(마가복음 4장 37-40절).

하나님의 온전한 뜻 안에 있다면 두려워할 이유가 전혀 없다. 우리 자신의 뜻을 고집한다면 사탄이 틈을 타고 그것으로 우리를 조종할 수 있지만 우리가 하나님의 뜻 가운데 있다면 전혀 동요될 필요가 없는 것이다. 기억하라. 그리스도께서는 우리의 죄를 해결하시기 위해 자신을 주셨다.

"그리스도께서 하나님 곧 우리 아버지의 뜻을 따라 이 악한 세대에서 우리를 건지시려고 우리 죄를 위하여 자기 몸을 드리셨으니"(갈라디아서 1장 4절).

왜 주님께서 이러한 일을 하셨는가? 우리가 하나님의 뜻 안에 머물러 있지 못하면 사탄이 우리를 파멸시킬 수 있기 때문이다.

이 악한 세대는 우리를 움켜잡아 아버지의 뜻에서 멀어지게 만든다. 잘못된 길로 가게 만드는 거짓 선지자들의 말을 통해 이러한 시도를 하는 경우도 있다.

●● 두 개의 성전

신약에서 이야기하고 있는 성전은 두 가지가 있다. 헬라어로 '히에론'은 바깥 뜰을 포함한 성전 전체 구조를 기술할 때 사용된 단어이다. 말 그대로 하나님의 집을 물리적인 건물 전체로 보는 개념이다. 하지만 '나오스'라는 단어는 오직 제사장들만 들어갈 수 있었던 성전의 지성소를 기술할 때 쓰였다. 은유적으로 '나오스'는 우리 마음의 지성소를 의미한다고 볼 수 있다. 이것은 고린도전서 6장 19절에 잘 설명되어 있다.

"너희 몸은 너희가 하나님께로부터 받은 바 너희 가운데 계신 성령의 전인 줄을 알지 못하느냐? 너희는 너희의 것이 아니라."

예수님께서 예루살렘 성전으로 가셨을 때 소와 양, 그리고 비둘기를 팔고 있는 사람들과 심지어 그 거룩한 곳에서 환전하는 사람들도 있었다. 성경은 이렇게 말한다.

노끈으로 채찍을 만드사 양이나 소를 다 성전에서 내어 쫓으시고 돈 바꾸는 사람들의 돈을 쏟으시며 상을 엎으시고(요한복음 2장 15절).

예수님께서 들어가셨던 성전은 '히에론'이었다. 돌과 진흙으로 만들어진 그런 건물 말이다. 예수님은 이곳에서 말씀하신다.
"이것을 여기서 가져가라. 내 아버지의 집으로 장사하는 집을 만들지 말라"(요한복음 2장 16절).
그러자 바리새인들은 주님을 향해 이런 질문을 한다.
"네가 이런 일을 행하니 무슨 표적을 우리에게 보이겠느뇨?"(요한복음 2장 18절).
그리고 예수님은 말씀하신다.
"너희가 이 성전을 헐라. 내가 사흘 동안에 일으키리라"(요한복음 2장 19절).
그들은 예수님께서 건물로서의 교회가 아닌 '나오스'를 말씀하시는 것을 이해하지 못했다. 그래서 유대인들은 다음과 같이 말한다.
"이 성전은 사십육 년 동안에 지었거늘 네가 삼 일 동안에 일으키겠느뇨?"(요한복음 2장 20절).
그러나 예수님은 성전되신 자기 몸을 가리켜 말씀하신 것이었다.

그들에게 이렇게 말씀하시고자 한 것이 아닐까?

"나는 하나님의 지성소이다. 그리고 하나님의 영광이기도 하다. 만약 너희들이 이 영광을 소멸시키려 한다면 삼 일 만에 이것을 세울 것이다."

그들은 주님께서 죽으시고 부활하시리라는 예언이 이루어질 것이라는 이해가 전혀 없었던 것이다.

우리는 그리스도가 아니다. 하지만 그분의 성령님께서 살과 피로 이루어진 우리의 성전 안에 거하신다. 그래서 하나님께서 바울에게 사람들이 이 성전을 잘 지킬 수 있도록 더럽혀지지 않게 가르치라고 말씀하신 것이다. 우리는 주님의 영광이며, 이 땅에서 주님이 거하실 성전인 것이다.

•• 이방인들은 들어오지 못한다!

이제 주님의 성전이 된 우리가 주의해서 살펴봐야 할 것이 있다면 성전에 대한 규례가 가지는 원리일 것이다. 에스겔은 이에 대한 우리의 책임에 대해 말하고 있다. 주님은 에스겔을 성전으로 이끌어 다음과 같은 말씀을 하신다.

인자야, 저는 전심으로 주목하여 내가 네게 말하는 바 여호와의 전의 모든 규례와 모든 율례를 귀로 듣고 또 전의 입구와 성소의 출구를 전심으로 주의하고(에스겔 44장 5절).

하나님은 말씀하신다.

"너의 성전으로 누가 들어오는지 주의 깊게 살펴라. 이곳은 가장 높은 이가 거하는 처소이다."

우리의 삶 속에서 말하려고 하는 사람, 즉 우리의 성소 안으로 들어오고자 하는 이들이 있기 때문에 주님은 이러한 명령을 하고 계시는 것이다. 그 사람이 이 성소에 들어올 만한 자격이 없다면 돌려 보내야 한다. 하나님은 계속해서 에스겔에게 말씀하신다.

너는 패역한 자 곧 이스라엘 족속에게 이르기를 주 여호와의 말씀이 '이스라엘 족속아, 너희의 모든 가증한 일이 족하니라. 대저 너희가 마음과 몸에 할례받지 아니한 이방인을 데려오고 내 떡과 기름과 피를 드릴 때에 그들로 내 성소 안에 있게 하여 내 전을 더럽히므로 너희의 모든 가증한 일 외에 그들이 내 언약을 위반케 하는 것이 되었으며(에스겔 44장 6-7절).

이방인을 들이는 사람들은 범죄한 것이나 마찬가지였다. 왜냐하면 그들의 마음은 하나님에게 옳지 못했기 때문이다. 성전으로 들어와 그곳을 더럽히게 될 존재들이기 때문이다.

주님의 약속 안에 있지 않은 갑작스런 표적들은 처음 맺었던 언약의 관계와 대등할 수 없을뿐더러 그 어느 누구도 이것을 책임지고 여기서 우리를 보호해 줄 수 없다. 이러한 표적들을 행하는 사람들은 교

회의 감독 없이 독자적인 사역을 하곤 한다. 성경은 이런 종류의 사람들이야말로 '할례받지 아니한 자'라고 말하고 있다.

하나님은 성경과 사역 지도자들, 그리고 교회와 그분 자신의 언약 가운데 있는 백성들을 찾으신다. 주님과 약속을 맺는 그 순간 하나님과 사람 앞에 나설 수 있는 준비가 되는 것이다.

주님은 에스겔에게 말씀하신다.

너희가 내 성물의 직분을 지키지 아니하고 내 성소에 사람을 두어 너희 직분을 대신 지키게 하였느니라. 나 주 여호와가 말하노라. 이스라엘 족속 중에 있는 이방인 중에 마음과 몸이 할례를 받지 아니한 이방인은 내 성소에 들어오지 못하리라(에스겔 44장 8-9절).

시간이 흘러 바울은 에베소 교인들에게 그리스도 안에 있는 사람들은 더 이상 이방 족속이 아니라고 말하기에 이른다.

●● **누가 말할 수 있는가?**

"이방인을 내 성소에 들여서는 안 된다는 것을 잘 알고 있어요. 그렇다면 어떤 사람이 내 인생 가운데 말할 수 있는 존재인가요?"

아마 이런 의문이 들지도 모르겠다. 에스겔은 세 부류의 사람들은 성전으로 들어 올 수 있다고 말한다.

이스라엘 족속이 그릇하여 나를 떠날 때에 사독의 자손 레위 사람 제사장들은 내 성소의 직분을 지켰은즉 그들은 내게 가까이 나아와 수종을 들되 내 앞에 서서 기름과 피를 내게 드릴지니라. 나 주 여호와의 말이니라. 그들이 내 성소에 들어오며 또 내 상에 가까이 나아와 내게 수종들어 나의 맡긴 직분을 지키되(에스겔 44장 15-16절).

제사장이란 거룩한 직분을 감당하기 위해 구별되어 성결케 된 존재이다. 하나님은 주님에게 기름부음 받지 않은 사람들이 말하게 하는 것을 금하라고 하신다.

불행하게도 자신이 받은 예언의 말씀들을 멈추어 돌아보는 사람들은 그리 많지 않은 것 같다. 그저 누군가가 성령께서 주신 은사를 사용해서 일어나는 일들에 대해 감탄하기만을 바라는 것처럼 보인다. 심지어는 친구들에게 전화를 걸어 이렇게 소리친다.

"너도 이 사람이 말하는 놀라운 것들을 좀 들어야 해."

기름부으심과 의로움, 그리고 주님을 향한 헌신에 대해서는 실제로 아무런 주의를 기울이지 않고 말이다.

예수님은 그 열매를 통해 거짓 선지자들을 구별할 수 있다고 말씀하셨다(마태복음 7장 16절).

모세와 아론이 바로에게 가서 여호와의 명하신 대로 행하여 아론이 바로와 그 신하 앞에 지팡이를 던졌더니 뱀이 된지라. 바로도 박사와 박수를

242 예언의 비밀

부르매 그 애굽 술객들도 그 술법으로 그와 같이 행하되(출애굽기 7장 10-11절).

속임수를 통해 왕의 마법사들은 하나님의 기적을 모방한 것이다. 그렇다면 이 술객들의 뱀들은 어떻게 되었는지 기억하는가? 아론의 뱀이 하나도 남김 없이 삼켜 버렸다(출애굽기 7장 12절을 보라).

예언의 말씀이 가져다 주는 결과는 그 씨앗이 심겨질 때 알 수 있는 것이 아니다. 하지만 추수할 때가 이르면 명백한 결과를 알게 된다. 성령님께서 모임 가운데 임하실 때 흥분하는 것은 자연스러운 현상이다. 하지만 나는 사람들에게 이렇게 말한다.

"특정한 어느 한 모임 가운데 일어난 일들로 저희 사역에 대해 판단하지 말아 주십시오. 두 달이나 석 달이 지난 후 아니면 일 년이 지난 후 저를 다시 불러 주십시오."

시간이 흘러 어느 시점에 이르게 되면 하나님의 음성을 듣고 난 후 생긴 진정한 결과들이 무엇인지 알 수 있게 되는 것이다.

● ● **주님의 날이 임하리니**

주님은 그와 함께 더럽혀지지 않은 옷을 입고 다스리게 될 사람들에 대해 말씀하신다(요한계시록 3장 3-4절). 승리한 사람들이 받게 되는 상급은 무엇일까?

"이기는 자는 이와 같이 흰 옷을 입을 것이요, 내가 그 이름을 생명책에서 반드시 흐리지 아니하고 그 이름을 내 아버지 앞과 그 천사들 앞에서 시인하리라"(요한계시록 3장 5절).

곧 임하리라고 했던 그 시간이 빠른 속도로 눈앞에 다가오고 있다. 주님의 것과 비슷하게 들어맞는 거짓 사도들, 거짓 선생들 그리고 거짓 선지자들이 전과는 비교할 수 없을 정도로 무수히 일어나는 것은 불을 보듯 뻔한 일이다.

하지만 동시에 하나님께서 이 땅 가운데 선포하신 말씀들이 승리로 솟아 오르게 될 것 또한 보게 될 것이다. 그리고 우리 모두 이러한 일을 함께 하게 될 것이다. 진리가 사악함을 집어 삼킬 것이다. 하나님의 능력은 전과는 비교할 수 없을 정도로 엄청날 것이며 더럽혀지지 않은 땅으로 발을 디디게 될 것이다. 그리고 주님의 음성을 듣게 될 것이다.

"잘 하였도다."

9장

당신이 알게 된다면

주님이 어떤 분이신지 알기만 하면
그분께 구할 것이고 구한 것을 받게 될 것이다.
찾으면 찾게 될 것이고
문을 두드리면 열릴 것이다.
주님의 저장 창고에 무엇이 있는지 할 수 있다면
많이 알아 둬야 할 필요가 있다.
그것이 병 고침이건 지혜이건 아니면 예언이나
그 밖의 다른 성령의 은사들이건 그것은 상관이 없다.

로드 아일랜드(Rhode Island: 미국 동북부 대서양 연안의 주)에서 집회가 있던 기간에 어떤 젊은이가 인상을 찌푸리며 팔장을 끼고 있는 것이 눈에 띄었다. 어떤 질병 때문에 받는 고통이 그의 얼굴에 고스란히 나타나고 있던 것이다.

하나님께서 나에게 구원받지 못한 몇몇 사람들에 대해 말씀해 주셨기 때문에 그 젊은이를 향해 걸어 내려가야겠다고 느꼈다. 그는 육체적인 질병이 있긴 했으나 매우 잘 생긴 청년이었다. 그에게 일어서 달라고 부탁했을때 그 젊은이는 마지 못해 겨우 일어섰다. 말도 못 할 정도로 약해진 상태라는 것을 한눈에 알 수 있었다.

그 때 하나님께서 그의 인생에 대한 몇 가지 중요한 것들에 대해 예언적인 말씀을 주시기 시작했다.

"기회가 가까이에 있습니다. 그리고 그 선택은 당신에게 달려 있지요. 하나님에게로 돌아선다면 그분이 당신을 영화롭게 하실 것입니다. 당신의 뼈를 고치실 것이며 삶의 목적을 주실 것입니다. 당신은 그분의 이름을 세상에 전하는 삶을 살게 될 것입니다."

이 말씀은 그 젊은이를 아연실색하게 했다.

모임이 끝난 후 그의 친척들과 이야기를 나누었는데 그는 뼈에 희귀한 암이 생겨 죽어 가고 있는 중이었으며 앞으로 몇 달 넘기지 못할 것이라는 말을 듣게 되었다. 친척들이 그 젊은이에게 캘리포니아에서 이 모임에 참석할 수 있도록 설득했으며, 그는 예수님에게는 거의 관심이 없는 반항적인 청년이라는 것도 알게 되었다. 그동안 해왔던 모든 종교적인 경험들은 오히려 실망거리만 되었다는 것이다.

병 고침의 은사가 있는 사람이라면 기적을 바라고 그에게 손을 얹겠지만 나는 그곳에 주님의 말씀을 전하러 간 사람이었다. 하나님의 은사들 각각은 모두 그 나름대로의 독특한 역할이 있는 법이다.

그 젊은이는 집회 기간 동안 구원을 받아들이지 않았다. 나는 주님의 말씀을 전해 주었고 이제 하나님의 부르심을 받아들일 것인지 그렇지 않을 것인지는 그 젊은이의 몫이었다.

●● 조건은 없다

예수님의 제자들이 그분의 이름으로 기적을 베풀었을 때 예수님은 이렇게 말씀하지 않으셨다.

"그들이 믿는 자들이라면 물어 보아라. 그들이 교리를 알고 있는지 그렇지 않은지 말이다."

예수님은 그저 이렇게 말씀하셨다.

"병든 자를 고치며 죽은 자를 살리며 문둥이를 깨끗하게 하며 귀신을 쫓아내되 너희가 거저 받았으니 거저 주어라"(마태복음 10장 8절).

그리고 이렇게 말씀하셨다.

"거기 있는 병자들을 고치고 또 말하기를 '하나님의 나라가 너희에게 가까이 왔다' 하라"(누가복음 10장 9절).

그리스도의 병 고침의 능력에는 그 어떤 선제 조건도 없었다. 하나님께서는 사람들이 자신의 사랑을 확신하도록 기적을 베푸시는 것이라 생각한다.

예수님은 하나님의 나라가 사람들에게 달려 있는 것이 아니라 바로 앞에 가까이 있다고 하셨다. 하나님께서 함께하시는 곳에서는 어느 누군가가 이 나라로 들어갈 수 있는 기회를 주신다.

로드 아일랜드에서 본 그 젊은이가 다시 자리에 앉았을 때 곧바로 그 암에서 자유로워질 수는 없었다. 하지만 그 모임이 끝난 후 젊은이가 자리를 떴을 때 예수님이 누구인지에 대한 새로운 자각이 생겨났다. 비록 자신이 처참한 상황 속에 있지만 하나님이 보시기에는 자신이 말씀을 전할 수 있을 만한 존재라는 사실을 알게 된 것이다.

너희는 삼가 말하신 자를 거역하지 말라. 땅에서 경고하신 자를 거역한 저희가 피하지 못하였거든 하물며 하늘로 좇아 경고하신 자를 배반하는 우리일까 보냐?(히브리서 12장 25절).

다음날이 되어 그 젊은이는 여동생에게 다음과 같은 말을 했다고 한다.

"나 예수님을 알고 싶어."

"그럼, 오빠 함께 기도하자."

둘이서 함께 기도할 때 그 젊은이는 자신의 마음이 시키는 대로 따르기로 했다.

그날 밤 집회에 참석한 그 젊은이는 완전히 다른 사람으로 변화되어 있었다. 찌푸렸던 얼굴은 온데 간데 없었다. 손을 들고 자신의 구원을 기뻐하고 있던 것이다. 그뿐만이 아니었다. 자신의 병 역시 고침을 받게 되었다.

● ● **무엇을 바라는가?**

성경을 몇 장 읽지 않아도 하나님의 방법은 결코 둔하고 지루한 것이 아니라는 사실을 알게 된다. 하나님은 반복되는 일을 통해 자신의 목적을 성취하는 분이 아니시다. 그분의 명령과 약속은 항상 새롭기만 하다.

그 방법이 너무나 독특하기 때문에 어떤 사람들은 주님께서 말씀하신 것이 맞는지 의아할 때도 있다. 예수님께서 우물가의 여인을 만나 이야기하신 방법이 좋은 예이다.

그 여인이 보기에 자신과 대화하고 있는 그 남자는 완전히 낯선 존재였다.

""당신은 유대인으로서 어찌하여 사마리아 여자인 나에게 물을 달라 하나이까?" 하니 이는 유대인이 사마리아인과 상종하지 아니함이러라"(요한복음 4장 9절).

그리고 예수님은 그녀에게 이렇게 답하신다.

"네가 만일 하나님의 선물과 또 네게 물 좀 달라 하는 이가 누구인 줄 알았더라면 네가 그에게 구하였을 것이요, 그가 생수를 네게 주었으리라"(요한복음 4장 10절).

주님은 여인이 자신에게 물을 달라 부탁하라고 격려하셨다.

"만약 무슨 일이 일어날지 안다면 그분에게 부탁하기 시작할 것이고 아버지는 주실 것이다."

만약 그녀가 예수님의 존재를 알게 된다면 그녀는 생수를 얻게 되는 것이다.

주님이 어떤 분이신지 알기만 하면 그분께 구할 것이고 구한 것을 받게 될 것이다. 찾으면 찾게 될 것이고 문을 두드리면 열릴 것이다. 주님의 저장 창고에 무엇이 있는지 할 수 있다면 많이 알아 둬야 할 필요가 있다. 그것이 병 고침이건 지혜이건 아니면 예언이나 그 밖의

다른 성령의 은사들이건 그것은 상관이 없다.

● ● **문제의 강물**

우리가 생각하기에 불가능하다고 여겨지는 것을 하나님께서 주시기를 믿기보다 우리가 바라는 무언가를 받으려 집착하고 있지는 않은가? 하나님의 말씀은 우리가 상상하는 것과 다르다. 심지어 우리가 처해 있는 상황에 대해서는 전혀 아무런 말씀을 하지 않으실 때도 있다.

바로 이러한 일이 나아만 장군에게 일어났다. 그는 아람 왕의 군대장관이었으며 용맹스러운 용사였으나 문둥병자였다. 그러던 어느 날 나아만의 아내가 데리고 있던 이스라엘 출신의 어린 여종이 이런 말을 했다.

"우리 주인이 사마리아에 계신 선지자 앞에 계셨으면 좋겠나이다. 저가 그 문둥병을 고치리이다"(열왕기하 5장 3절).

나아만은 이스라엘의 왕에게 선지자 엘리사의 집에 갈 수 있는 방법을 묻는다.

나아만이 이에 말들과 병거들을 거느리고 이르러 엘리사의 집 문에 서니 엘리사가 사자를 저에게 보내어 가로되 '너는 가서 요단 강에 몸을 일곱 번 씻으라. 네 살이 여전하여 깨끗하리라'(열왕기하 5장 9-10절).

이 메시지는 나아만이 기대했던 것이 아니다. 자긍심으로 가득한 이방인이 선지자의 집에 이르렀을 때 분명히 그 선지자가 바로 기적을 베풀리라 기대했을 것이다. 완벽한 시나리오를 가지고 있었던 것이다. 자신이 기대했던 대로 일이 이루어지지 않자 나아만은 격분하며 이렇게 말한다.

나아만이 노하여 물러가며 가로되 내 생각에는 저가 내게로 나아와 서서 그 하나님 여호와의 이름을 부르고 상처 위에 손을 흔들어 문둥병을 고칠까 하였도다(열왕기하 5장 11절).

심지어 이스라엘의 요단 강에 몸을 씻는 발상 자체가 분하기 짝이 없었다. 그래서 화가 난 상태로 돌아섰지만 그의 종들은 나아만에게 엘리사가 말한 대로 해볼 것을 요청한다. 그리고 그가 그대로 했을 때 어린 아이의 살처럼 깨끗하게 변한다(열왕기하 5장 14절).

엘리사가 나아만에게 일러 준 방법은 병을 고치기 위해서 깨끗한 물이 필요한 것이 아니라 이스라엘의 하나님께서 가지고 계신 능력이 필요하다는 사실을 보여 주는 것이었다. 나아만은 선지자가 했던 말에 순종했기 때문에 몸이 나은 것이다.

나아만은 엘리사에게 와서 말한다.

"내가 이제 이스라엘 외에는 온 천하에 신이 없는 줄을 아나이다"
(열왕기하 5장 15절).

우리가 섬기는 하나님의 창의력이 바로 여기에 있다.

주님은 왜 그토록 세세한 방법을 나아만에게 말씀하신 것일까? 하나님은 나아만이 가야 할 장소로 요단 강을 제시하셨다. 그곳은 당시 하나님과 깊은 관련이 있던 곳이었다. 하지만 누군가 문둥병에 걸린 사람이 같은 강으로 가 일곱 번, 아니 칠백 번을 담근다고 해서 그 병이 고침을 받을 수 있을까?

다른 사람이 받은 예언의 말씀을 기대하며 살 수는 없다. 주님은 독특하고 구체적인 말씀을 주신다. 우리 자신과 하나님 사이의 은밀한 부분인 것이다. 하나님은 절대로 재생산하시는 분이 아니다.

사람들은 예수님이 이 땅 가운데 사셨을 때 세상이 그를 영접하지 않은 것과 같은 이유로 약속을 받지 못한다. 그리스도는 살아 계신 말씀이시기 때문에 사람들이 기대하는 바와 그 지침에 따라 움직이지 않으신다는 사실을 기억하라.

예수님이 이 땅에 계실 때 사람들은 그분이 구약의 관습과 행위들을 엄격하게 따르고 자신들이 원하는 태도를 가져 주기를 바랐다. 자칭 하나님의 아들이라고 하는 사람이 종교적인 규율을 지키지 않는다는 것은 크나큰 충격 거리가 아닐 수 없었다. 하지만 예수님은 이러한 것들을 거부하셨고 사람들은 살아 계신 말씀을 거부했다. 2,000년이 지난 지금 그 문제는 여전히 존재하고 있다. 하나님의 음성이 말씀하실 때 대부분의 사람들은 하나님께서 응답하시기를 바라는 나름대로의 선행 조건을 가지고 있다. 그래서 하나님이 그들에게 예측하지 못한 방식대로 응답하실 때 바로 마음과 가슴을 닫아 버리는 것이다.

집회를 인도하고 나면 가끔 담임 목사들이 나를 붙잡고 이렇게 말할 때가 있다.

"킴, 이건 우리 성도들이 듣고자 하는 바가 아니오."

그럴 때면 이렇게 대답할 수밖에 없다.

"그렇게 생각하셨다면 죄송하네요."

이런 목사들은 방법론과 원리의 다른 점을 전혀 이해하지 못하고 있는 것이다.

●● 방법론과 원리

한 번 일어났던 일들을 가지고 거기서 방법론을 도출해 낼 수 있다. 하지만 그런 방법을 고안해 내고자 할 때 문제가 발생한다. 한 번 통했던 방법이니 다음에는 그 이상의 노력을 하지 않으려 하거나 그 방법론만을 고수하려는 경향이 생겨나는 것이다. 무언가를 할 때 다른 사람들에게도 통할 수 있는 방법만을 배우고자 한다면 우리는 이렇게 자신이 착안해 낸 그 방법론 안에 갇히고 말 것이다. 이러한 방법을 반복하다 보면 게으름과 연약한 믿음만을 양성해 낼 것이다.

우리 자신의 방법론에 얽매어 있다는 것은 곧 하나님을 믿지 않는 것과 마찬가지이거나 하나님을 믿는다기보다 하나님을 향한 자신의 신념을 믿는 것이다. 이러한 신념은 무언가 움직이게 만드는 원동력

을 제공하는 일종의 방법이기 때문이다.

이러한 방법론은 우리의 안전지대이기 때문에 쉽사리 깰 수 있는 것이 아니다. 하지만 하나님은 이런 안전지대를 깨고 싶어하신다. 우리의 방법론을 고수한다는 것은 결국 종교적으로 변한다는 것을 의미하기 때문이다.

물론 어떤 상황에서는 그런 방법들이 잘 사용될 수도 있다. 하지만 인생에서 단계마다 꼭 배워야 하는 원리들이 도사리고 있다는 사실을 명심해야 한다. 하나님의 말씀 안에 있는 이런 원리들은 어떻게 작용하는 것일까? 우리는 성경 속의 주님을 사랑하기보다 주님의 책, 즉 그 내용 자체를 더 사랑하는 경우가 있는 것 같다. 오해의 소지가 있는 말이긴 하지만 하나님을 예배하기보다 성경 자체를 예배하는 상황에 대해 말하려 하는 것이다. 하나님을 예배하기보다 우리가 믿는 신념 그 자체를 더 높이려고 한다는 것이 좀더 정확한 표현이 될 수 있을 것 같다.

신념 안에 갇혀 있는 것은 더 편하고 쉽게 느껴질 수 있다. 하지만 하나님은 우리가 이를 박차고 나와 우리에게 적용될 수 있는 원리들을 배우고 성경에서 한 번 배운 원리들을 가지고 스스로 사용할 수 있는 자신만의 방법들을 가질 수 있기를 원하신다. 원리들은 방법론의 근원이다. 이런 원리를 배우지 못한다면 항상 의미 없는 방법론 안에 갇혀 있게 될 것이다. 지금의 세대들은 이렇게 말한다.

"여러분은 명심하십시오. 이러한 방법들은 1950년대에 큰 결실을 보았습니다. 하지만 지금은 전혀 소용이 없답니다."

교회는 아직도 수년 동안 되풀이되는 설교와 예배 방법을 고수하고 있다. 하지만 이제 예전의 관습 속에서 발견할 수 있는 원리들을 가지고 자신만의 새로운 방법을 창조하려는 사람들이 일어서고 있다. 방법은 변할 수 있지만 근본 원리는 절대로 바뀔 수 없는 것이다. 다시 말해 십자가를 통해 하나님의 나라에 들어올 수 있으며 하나님의 뜻으로 살아갈 수 있게 된다는 그 근본 원리는 영원한 것이다. 원리는 절대로 변하지 않는다. 다만 그것을 적용하는 방법은 항상 바뀌게 될 것이다.

만약 우리가 하나님의 나라에 들어가기 원한다면 무엇을 해야 할까? 우선 성경을 통해 그 원리를 찾아 하나님께서 무엇을 하시는지 볼 수 있어야 한다. 하나님은 말씀을 주시며 "이제 들어 보거라" 하고 말씀하신다.

성경을 읽고서 그것이 역시하는 것을 경험해 보았는가? 말씀에는 운동력이 있다. 그리고 움직일 수 있는 원리들을 가진 이 말씀은 하나님께서 주신 것이다.

예언은 하나님께서 주신 말씀이 살아 움직이도록 하는 일종의 방법이다. 주님께서 말씀을 주실 때 그 말씀이나 그 안에서 발견한 원리들이 역사할 수 있는 방법을 찾아 보라고 권면하신다. 예언 가운데 행할 때 우리를 움직이게 하시는 하나님의 창조적인 능력을 발견하게 될 것이다.

256 예언의 비밀

● ● **움직여야 할 때**

하나님께서 우리의 삶 가운데 기적을 말씀하실 때가 있다. 하지만 그분이 항상 홀로 일하실 거라고 생각하지 말라. 하나님은 여러분이 해야 할 부분에 대해 분명히 말씀하실 것이다.

그리스도께서 사역하시던 당시 예루살렘에는 벳세다라고 하는 연못이 있었다. 그곳은 양문에 위치하고 있었다. 매일 그곳에는 물이 동하기를 기다리는 병자, 소경, 절뚝발이, 혈기 마른 사람들이 잔뜩 누워 있었다(요한복음 5장 3절).

그들은 천사가 내려와 어떤 특정한 시간에 물을 요동시킨다고 믿었다. 그 때 가장 처음 그 연못에 들어간 사람은 병이 낫게 되었던 것이다.

거기 삼십팔 년된 병자가 있더라. 예수께서 그 누운 것을 보시고 병이 벌써 오랜 줄 아시고 이르시되 "네가 낫고자 하느냐?"(요한복음 5장 5-6절).

예수님께서 이런 질문을 하신 의도가 무엇일까? 그 사람은 당연히 고침을 받고 싶었을 것이다. 그리스도께서는 그 사람의 육체적인 고통과 마음 상태를 다 알고 계셨다. 하지만 주님은 그 사람의 반응을 이끌어 내기를 원하셨다. 병을 고치는 근원적인 원리를 보여 주시기 위함이었다.

병자가 대답하되 "주여, 물이 동할 때에 나를 못에 넣어 줄 사람이 없어 내가 가는 동안에 다른 사람이 먼저 내려가나이다(요한복음 5장 7절).

그는 38년 동안 누군가 와서 자신을 도와주기만을 기다려 왔던 것이다. 기적은 그 물 안에 있는 것이 아니라 주님의 음성에 응답하는 것이라는 사실을 전혀 알지 못했던 것이다.

예수께서 가라사대 "일어나 네 자리를 들고 걸어가라" 하시니 그 사람이 곧 나아서 자리를 들고 걸어 가니라(요한복음 5장 8-9절).

주님은 우리와 신령한 대화를 나누기를 원하신다. 한번 그분과 대화하게 된다면 우리를 위해 중보하시는 예수님을 기대할 수 있게 될 것이다.

우리는 아버지 하나님과 직접 관계를 가질 수 있다. 두 번이나 세 번 다른 이를 거치지 않고서 말이다. 그저 이렇게 고백하기만 하면 된다.

"주님, 지금 제가 할 수 있는 것은 아무것도 없습니다. 무엇을 해야 할지 말씀해 주십시오." 주님으로부터 바로 오는 그 메시지와 비교할 수 있는 것이 무엇이겠는가?"

벳세다 연못에서 일어난 사건을 통해 배울 수 있는 것은 무엇일까? 하나님께서는 우리가 먼저 한 걸음을 내딛지 않으면 아무것도 하

시지 않을 것이다.

그리스도의 기적을 살펴보면 항상 무언가 특정한 행위가 수반되어야만 했다. 물론 그저 손을 대거나 말씀만으로 사람들을 고치실 때도 있었지만 주로 "일어나라, 걸으라, 눈을 씻으라"와 같은 지시 사항이 요구되었다.

예수님은 사람들이 행위로 옮길 만한 믿음이 있기를 원하셨던 것이다.

❖ 손이 마른 사람이 회당에 있었는데 그 때 예수님은 말씀하셨다. "손을 뻗으라"(마태복음 12장 13절). 그가 손을 뻗었을 때 즉시 다른 사람의 손처럼 정상으로 돌아오게 되었다.

❖ 예수님께서 사마리아에 있는 열 명의 문둥병자들을 고치시고는 그들에게 말씀하셨다. "가서 너희의 몸을 제사장에게 보이거라"(누가복음 17장 14절). 그들이 제사장에게 가는 도중 그 몸이 깨끗해졌다.

❖ 어떤 귀인의 아들이 죽음을 맞이했을 때 예수님은 말씀하셨다. "가라, 너의 아들이 살았다"(요한복음 4장 50절). 그가 집으로 가던 도중 하인을 만나게 되었고 아들의 열이 내려갔다는 소식을 접하게 된다.

❖ 제자들이 밤 새도록 물고기를 잡으러 갔지만 단 한 마리도 낚지 못했을 때 예수님은 말씀하셨다. "배 오른쪽으로 그물을 던

지거라"(요한복음 21장 6절). 그들은 그렇게 했고 엄청난 수의 물고기를 잡게 되었다.

❖ 가버나움에서 중풍병자를 만났을 때 예수님은 말씀하셨다. "일어나서 네 자리에서 일어나 집으로 가거라"(마가복음 2장 11절). 그는 즉시 그 음성에 순종했고 모여 있던 무리들은 모두 놀라움을 금치 못했다.

❖ 예루살렘에 있는 문둥병자를 고치셨을 때 예수님은 말씀하셨다. "너의 몸을 제사장에게 보이라"(마태복음 8장 4절).

❖ 장님이 된 사람에게 예수님은 말씀하셨다. "실로암 못에 가서 씻으라"(요한복음 9장 7절). 그는 말씀대로 했고 시력을 되찾았다.

사람들은 말한다.
"주님께서 내게 오실 때까지 기다리겠어요."
그들은 우리가 하나님의 보좌로 언제든지 들어갈 수 있다는 것을 아직도 깨닫지 못하는 것이다. 하지만 우선 이런 고백이 필요하다.
"주님, 당신의 음성을 듣기를 원합니다."
고속도로를 운전할 때면 여기 저기서 라디오 소리를 들을 수 있다. 그렇다면 어떻게 라디오에서 나오는 소리를 들을 수 있을까? 그 것은 간단하다. 그냥 단추를 누르거나 돌려 켜기만 하면 된다. 주님의 음성을 듣는 것도 이와 마찬가지이다. 우리가 그 음성과 소통하기 위한 채널을 열면 주님께서 자신의 목적을 이루기 시작하신다.

● ● **변조된 음성**

　내게는 아주 고통스런 경험이 있다. 처음 주님에게 말씀을 받았을 때 그것에 대해 논리적으로 직관적으로 혹은 그 순간의 상황에 대해 다른 추측을 할 수 없지만 그것을 주어야만 했던 경우이다. 오직 주님만을 신뢰하고 의지하면서 내 마음에 온 것을 밖으로 전달해야 하는 것이다.

　하나님은 말씀하실 때 한 번에 그것을 행하시려 한다. 성경은 하나님의 처음 지시 사항에 순종하지 않은 선지자에게 어떠한 일이 일어났는지 보여 주고 있다.

　여로보암이 이스라엘을 통치하던 시절 유다에서 온 선지자가 하나님이 보여 주신 말씀을 따라 벧엘로 왔다. 왕이 단 곁에서 분향하고 있었을 때 그 선지자는 이렇게 울부짖는다.

> 단아, 단아, 여호와께서 말씀하시기를 '다윗의 집에 요시야라 이름하는 아들을 낳으리니 저가 네 위에 분향하는 산당 제사장을 네 위에 제사할 것이요, 또 사람의 뼈를 네 위에 사르리라' 하셨느니라. 이는 여호와의 말씀하신 예조라. 단이 갈라지며 그 위에 있는 재가 쏟아지리라(열왕기상 13장 2-3절).

　여로보암 왕이 이 말을 듣고 손을 펴서 그를 잡으라고 명령하지만 그 때 그 손이 말라 다시 거두지 못하게 된다(열왕기상 13장 4절). 그리고 예언대로 단이 갈라지고 재가 단에서 쏟아지게 된다.

여로보암은 즉시 하나님의 사람을 향해 말한다.

"청컨대 너는 나를 위하여 네 하나님 여호와께 은혜를 구하여 내 손으로 다시 성하게 기도하라"(열왕기상 13장 6절).

선지자는 기도했고 왕의 손은 완전히 나음을 입었다. 그 때 여로보암은 말한다.

"나와 함께 집에 가서 몸을 쉬라. 내가 네게 예물을 주리라"(열왕기상 13장 7절).

하지만 하나님은 그 선지자에게 그곳에서 먹지도 말고 마시지도 말고 왔던 길로 다시 되돌아 가지도 말라고 말씀하셨다(열왕기상 13장 9절). 그래서 그 선지자는 왕의 요청을 거절하고 다른 길을 통해 그 마을을 벗어나게 된다.

하지만 이 이야기는 여기서 끝나지 않는다. 선지자가 집으로 돌아가는 도중 한 늙은 선지자를 만나게 된다. 그리고 그 늙은 선지자는 자신의 집에서 머물며 함께 먹기를 청한다. 하지만 젊은 선지자는 하나님께서 자신에게 명령하신 것에 대해 설명하며 이를 거절한다.

그리고 이 시점에서 시험이 다가 온다. 늙은 선지자는 그에게 이렇게 말을 했다.

"나도 그대와 같은 선지자라. 천사가 여호와의 말씀으로 내게 이르기를

'그를 네 집으로 데리고 돌아가서 그에게 떡을 먹이고 물을 마시우라' 하였느니라(열왕기상 13장 18절).

그 늙은 선지자는 거짓말을 하고 있었지만 젊은 선지자는 그의 말을 믿고 만다. 그래서 그와 함께 돌아가 먹고 마시기에 이른다.

그들이 식탁에 둘러 앉았을 때 주님의 말씀이 늙은 선지자에게 임하고 그는 부르짖는다.

저가 유다에서부터 온 하나님의 사람을 향하여 외쳐 가로되 "여호와의 말씀에 '네가 여호와의 말씀을 어기며 네 하나님 여호와가 네게 명한 명령을 지키지 아니하고 돌아와서 여호와가 너더러 떡도 먹지 말고 물도 마시자 말라 한 곳에서 떡을 먹고 물을 마셨으니 네 시체가 네 열조의 묘실에 들어가지 못하리라' 하셨느니라" 하니라(열왕기상 13장 21-22절).

식사 후 그 젊은 선지자는 나귀에 안장을 지우고 집으로 돌아가는데 사자가 길에서 그를 만나 죽인다(열왕기상 13장 24절). 늙은 선지자가 이 소식을 듣고는 이렇게 고백한다.

"이는 여호와의 말씀을 어긴 하나님의 사람이로다. 여호와께서 그에게 하신 말씀과 같이 여호와께서 그를 사자에게 붙이시매 사자가 그를 찢어 죽였도다"(열왕기상 13장 26절).

하나님의 분명하신 말씀을 들었을 때 아무리 신뢰할 만한 사람일지라도 그 말씀에서 벗어나게 하는 그의 말을 절대로 따라서는 안 된다. 우리의 미래는 하나님에게 속한 어떤 사람과 연합한다고 해서 결정되는 것이 아니다. 오직 하나님과의 관계 속에서만 가능한 것이다.

● ● **머뭇거리지 말라**

주님의 음성은 분명하지 않고 마치 구름에 가리워진 듯한 느낌이 들긴 하지만 사실은 매우 명료하고 구별된 소리이다. 뭔가 기분 좋게 하는 소리지만 그것이 하나님에게서 온 것인지 확실하지 않다면 주님으로부터 온 것이 아닌 경우가 많다. 대부분의 거짓 선지자들은 좋은 것만 골라 말하려 한다는 사실을 기억하라. 좋은 것, 엄연히 말해서 좋아 보이는 것이 전부 하나님에게서 오는 것은 아니다.

어떤 사람들은 예언을 듣거나 강의를 들으면서 이런 생각을 한 적도 있을 것이다.

'음, 이것이 하나님에게서 온 것이 아니라면 그냥 그대로 내버려 두자. 그냥 고이 모셔 둬야겠다.'

믿는 사람들은 애매모호한 자세를 취해서는 안 된다. 우유부단하게 머뭇거려서는 안 된다는 말이다. 하나님의 음성이라면 바로 받아들여 이를 행동에 옮기고 거짓 메시지라면 그냥 내버려 두어선 안 된다. 그 말씀이 영혼 가운데 확고히 자리를 잡느냐 그렇지 않느냐는 우리의 결정에 달려 있다.

거짓 교리는 금방 알아 볼 수 있다. 그것이 참고로 하는 말씀을 찾아서 읽어 보면 되는 것이다. 하지만 예언을 한다고 하는 사람들은 성경을 기초로 하여 말씀을 전하지 않는다. 그들은 이렇게 말한다.

"주님께서 말씀하시기를……."

그리고 그것을 받아들일지 말지를 결정하는 것은 바로 당신에게 달려 있는 것이다.

어떤 경우 이미 선포된 말들이 제대로 된 것인지 확실치 않은 경우가 있다. 그럴 때에는 정직하게 하나님의 인도하심을 구해야 한다. 만약 마음 가운데 평안이 없다면 그 메시지를 그냥 지워 버리라. 그 말을 전한 사람이 어떠하든 상관이 없다.

성경을 통해 예언을 검증하는 법을 잘 모르는 이들은 대충 그 예언의 의미를 추측하면서 섣불리 받아들이려 한다. 임의적으로 해석하려 하고 하나님에게 도움을 구하려 들지 않는다. 서둘러서는 안 된다. 우리가 받은 것을 붙잡고 있으면 하나님께서 알맞은 때에 그것을 풀어 주실 것이다. 이러한 계시는 서로에게 영향을 미치고 결국 그 예언은 이루어지게 되는 것이다.

하나님의 음성을 전하는 이들은 이 시대의 파수꾼들이다. 하지만 파수꾼은 엄청난 짐을 지고 있는 존재들이다. 하나님은 선지자 에스겔에게 말씀하셨다.

인자야, 너는 네 민족에게 고하여 이르라. 가령 내가 칼을 한 땅에 임하게 한다 하자. 그 땅 백성이 자기 중에 하나를 택하여 파수꾼을 삼은 그 사람이 칼이 그 땅에 임함을 보고 나팔을 불어 백성에게 경고하되 '나팔 소리를 듣고도 경비를 하지 아니하므로 그 임하는 칼에 제함을 당하면 그 피가 자기의 머리로 돌아갈 것이라(에스겔 33장 2-4절).

하지만 파수꾼이 위험을 보고도 나팔을 제때 불지 못한다면 어떤 일이 생길까?

그러나 파수꾼이 칼이 임함을 보고도 나팔을 불지 아니하여 백성에게 경고치 아니하므로 그 중에 한 사람이 그 임하는 칼에 제함을 당하면 그는 자기 죄악 중에서 제한 바 되려니와 그 죄를 내가 파수꾼의 손에서 찾으리라(에스겔 33장 6절).

하나님이 말씀을 주셨을 때 그 메시지가 어떠하든 큰 소리로 분명하게 선포해야 한다.

● ● **예언이 성취되지 않을 때**

"예언하는 그대로 모든 게 다 일어나는 것은 아니다."
어떤 사람들은 내가 이런 말을 하면 짐짓 놀라는 듯하다. 그들은 예언 사역을 통해 누군가가 선포한 것들은 무조건 현실로 나타나게 될

것이라 믿는 듯하다. 하지만 항상 그런 일들이 일어나는 것은 아니다.

다음의 두 가지 상황을 본다면 주님의 음성이 항상 현실로 드러나는 것은 아니다.

1. 하나님의 희망의 약속을 사람들이 거절할 때 그리고 그들이 계속해서 죄 가운데 거한다면 하나님의 축복의 말씀은 이루어질 수 없다.
2. 살아 있는 말씀에 순종하지 않는 삶을 살고 그리스도의 명령에 주의하려 들지 않을 때 역시 예언은 성취될 수 없다.

요나는 하나님의 입술이 되도록 선택을 받았지만 그의 예언은 성취되지 않았다. 주님은 요나에게 말씀하셨다.

"너는 일어나 저 큰 성읍 니느웨로 가서 그것을 쳐서 외치라. 그 악독이 내게 상달하였음이니라"(요나 1장 2절).

선지자는 이 임무를 수행하지 않고 달아나 다시스로 가는 배를 탔다. 엄청난 폭풍 가운데 그는 물 속으로 던져졌고 커다란 물고기가 다가와 그를 집어 삼킨다. 요나는 그 안에서 회개한 듯 보였고 육지로 나오기에 이른다.

두 번째로 주님은 오셔서 말씀하신다.

"'일어나 저 큰 성읍 니느웨로 가서 내가 네게 명한 바를 그들에게 선포하라.'……요나가 그 성에 들어가며 곧 하룻길을 행하며 외쳐 가로되 '사십 일이 지나면 니느웨가 무너지리라' 하였더니"(요나 3장 2, 4절).

그러나 이 예언은 일어나지 않았다. 니느웨 사람들은 하나님을 믿고 금식을 선포했으며 가장 큰 자에서 작은 자에 이르기까지 굵은 베를 입었던 것이다(요나 3장 5절).

주님은 그들이 행하는 것을 보았다. 니느웨 사람들이 악한 길에서 돌이켜 떠난 것을 보시고는 뜻을 돌이키셨고 예언했던 대로 재앙을 내리지 않으셨다(요나 3장 10절).

니느웨 사람들의 회개가 요나의 예언이 이루어지지 않도록 한 것이다.

이러한 장면은 구약에 수없이 등장한다. 하나님의 말씀을 전하는 사람은 대참사와 불운을 선포했지만 사람들이 주님께 돌아오면 여지없이 그 예언은 이루어지지 않았다.

십자가에서 선지자의 예언은 극적으로 뒤바뀌었다. 주님의 음성이 사랑과 소망 그리고 약속의 음성이 된 것이다. 오늘날 주님께서 자신의 선지자들에게 주시는 말씀은 어느 정도의 기대감과 함께 밝고 기쁜 소리를 발하고 있다.

● ● **예언은 약속이다**

예언이 이루어지지 않는 이유는 많다. 우선 예언은 미래를 수반하는 약속이라는 사실을 이해해야만 한다. 하나님께서는 인간이 그 약

268　　　　　　　　　　　　　　　　　　　　　　　　　　예언의 비밀

속을 이룰 수 있도록 한 부분을 감당해야 하기 때문에 스스로 위험 부담을 안고 계신다.

하나님은 사람의 의지를 중요한 요소로 생각하고 계신다는 것이다. 이미 앞에서도 설명했지만 우리는 억지로 사람의 뜻을 바꿀 수 없다. 아니, 어쩌면 어떤 사람은 그렇게 할 수도 있겠지만 하나님은 절대로 그런 비인격적인 방법을 쓰지 않으신다. 그분은 독재자가 아니시기 때문이다. 마치 말에게 당근을 주듯 더 좋은 것을 보여 주시며 당신의 뜻에 우리가 "예"라고 대답하도록 격려하시는 방법을 쓰신다. 하지만 그 뜻을 따르지 않는다고 해서 강제적인 방법을 쓰시지는 않는다.

하나님의 특성을 살펴보면 그분이 말씀하시는 모든 사람에게 항상 그 시작과 함께 끝을 제시하신다는 것이다. 예를 들어 하나님께서 모세에게 "나는 이스라엘 백성들을 건져 내어 젖과 꿀이 흐르는 땅으로 인도하도록 너를 선택했다"라고 말씀하셨다. 우리가 가장 어려운 일이라고 여기는 것을 할 수 있도록 하나님께서 제안하시는 것들을 보라. 그분은 그 장소로 가는 모든 과정을 항상 일일이 다 설명하지 않으신다. 하지만 그 마지막에 있을 영광을 보여 주신다.

요셉이 그의 형제들이 자신 앞에서 고개를 숙이고 절을 하는 꿈을 꾸었을 때 하나님은 그가 왕이 될 것이라는 그림을 보여 주신 것이다. 하지만 이 꿈이 이루어지기까지 요셉에게 어떤 일이 일어날 것인지에 대해서는 말씀하지 않으셨다. 요셉은 하나님의 말씀이 이루어지는 길 가운데 있는 불을 뚫고 지나가야만 했다. 만약 요셉이 보디발의 아내가 던져 둔 덫에 빠졌다면 그가 꿈에서 본 그 운명대로 되지 않았을 것이다. 아마 여러분 중 이렇게 말하는 사람이 있을지도 모르겠다.

"글쎄요, 만약 하나님께서 말씀하셨다면 반드시 그 일을 하시지 않을까요?"

그렇지 않다. 우리에게 맡겨진 부분을 수행하지 않는다면 그것에 관한 한 하나님은 아무것도 하지 않으신다. 하나님은 우리가 무엇이 될 수 있을지 보여 주시고 그 속으로 들어갈 수 있는 능력을 주신다. 하지만 이 여정의 첫 걸음을 떼는 것은 여러분 자신에게 달려 있다.

엘리야가 하나님께 자신만이 그 땅에서 유일한 선지자라고 호소하는 장면을 기억하고 있는가? 열왕기상 19장 14-18절을 보면 그가 바알 선지자들을 이기고 나서도 이세벨에게 쫓길 때 이 고백을 한다. 하나님은 "내가 바알에게 무릎을 꿇지 않은 칠천 명의 선지자를 남겨 두었다"라고 말씀하신다. 내가 이 말씀을 보았을 때는 하나님께서 엘리야 말고도 그 일을 행할 수 있는 선지자들을 수천 명이나 더 데리고 있다고 하시는 것으로 여겨졌다. 하나님께서 엘리야가 그 일을 할 수 있다고 믿고 계셨지만 말이다.

하나님은 항상 다음으로 그 일을 수행할 수 있는 다른 방법들을 남겨 두고 계신다. 하지만 그것은 최선이 아니다. 하나님의 처음 선택이야말로 가장 적합한 수행 방법인 것이다. 차선책으로 무엇을 하는 것은 하나님의 방법이 아닌 것이다. 하나님은 우리가 실패하더라도

270 　　　　　　　　　　　　　　　　　　　예언의 비밀

자신의 목적을 달성하실 것이다. 하지만 하나님은 우리가 그 임무를 달성할 수 있는 기쁨 가운데 들어가기를 갈망하신다.

하나님께서 요나에게 니느웨로 가라고 하셨을 때 요나는 불순종하고 도망을 갔다. 이에 하나님은 어느 정도의 협박을 사용하신다. 하나님은 자신의 말씀에 우리가 반응하도록 적절한 압력을 행사하실 '방법과 의미'를 가지고 계신다. 요나를 삼켰던 물고기가 있었지만 먼저 그 전에 요나는 배에 타고 있던 다른 선원들의 죽음을 보기 원치 않았기 때문에 스스로 폭풍이 치고 있는 물 속으로 뛰어 들기로 한다. 그는 자신을 내어 놓아 그들의 죽음을 보지 않기 원했던 것이다. 이 그림으로만 봤을 때는 그리스도의 아름다운 그림의 한 장면이 아닌가? 하나님은 그가 마음을 바꾸었기 때문에 살리신 것이고 그가 니느웨로 가서 자신의 거룩한 임무를 수행하도록 하신 것이다. 그리고 결국 그의 순종으로 도시와 나라 전체가 구원을 입은 것이다.

● ● **모든 예언이 다 성취되는 것은 아니다**

하나님께서 말씀하셨지만 그대로 일어나지 않은 경우는 많이 있다. 이사야 38장을 보면 이사야가 이스라엘 지방의 선지자가 되었을 때 하나님은 그가 히스기야 왕에게 전할 말씀을 주신다. "히스기야에게 가서 그가 곧 죽음을 맞이할 것이니 모두 준비하고 있으라 전하라"라고 말이다. 이사야가 떠난 후 왕은 자신의 얼굴을 떨구고 하나님께

용서를 구한다.

"하나님, 그 동안 제가 행했던 일들을 좀 기억해 주십시오. 당신을 위해서 했던 일들 말입니다. 저는 정말 살고 싶습니다."

하나님은 왕의 궁전을 벗어난 이사야에게 말씀하신다.

"왕에게 다시 돌아가서 15년을 더 살 것이라 전하거라."

하나님께서는 한 번 결정한 것을 전혀 바꾸지 않는 분이라고 생각하는가? 하나님은 우리가 마치 그의 때를 기다리며 행할 것임을, 그리고 우리가 순종해서 그 말씀이 이루어지도록 모든 것을 함께할 것을 믿고 말씀하신다. 나는 이런 이야기들을 종종 들어 왔다.

"하나님이 병을 고쳐 주신다고 했지만 오히려 더 나빠지고 있어요."

"하나님께서 오빠가 살 것이라고 했는데 결국 죽고 말았어요."

예언은 이런 의미만을 내포하고 있지는 않다.

"너는 살게 될 것이다."

성경은 우리 앞에 삶과 죽음이 놓여 있으며 오늘날 우리는 이것을 선택할 수 있다고 말하고 있다. 선택만이 있을 뿐이다.

"나는 너의 병을 고치는 주 하나님이다."

성경은 병을 고치는 존재는 하나님이라고 말한다. 오늘날 우리에게 임한 언약은 우리가 병 고침을 받을 것이라는 예언이 이루어지지 않는다고 해도 하나님에게서 온 약속을 가진다는 것이다.

선지자가 "내가 너를 고쳤다"고 말하거나 "내가 너를 고치리라"고

말했다면 이것은 하나님께서는 그러한 일을 하시는 존재이며 이것이 하나님의 의도라는 뜻이다. 이제 우리가 그 약속에 대한 행동을 취해야 한다.

어떤 사람이 이렇게 말한 적이 있다.

"오빠는 자신이 살 것이라는 예언을 받았어요. 그런데 암에 걸려 죽고 말았어요."

그를 고치시려는 것은 하나님의 의도였다. 하나님은 말씀하신다.

"너를 고치는 이는 주 하나님이니라."

새로운 언약 아래 우리는 병 고침, 자유함, 그리고 구원을 포함한 특권을 부여받게 되었다. 죽음은 더 이상 우리를 괴롭힐 수 없고 무덤의 권세는 아무런 승리도 가져 오지 못한다. 그리스도로 인해 이러한 일이 일어난 것이다.

엘리가 하나님의 선택을 받았을 때 하나님은 앞으로 엘리의 모든 후속까지도 제사장의 직분을 감당하게 될 것이라고 말씀하신다 (출애굽기 29장 9절을 보라). 하지만 엘리는 자신의 두 아들들이 성소에서 부정한 짓을 행하도록 내버려 두었다. 그들은 예배하러 온 여인들과 동침을 하고 성소로 가져온 예물과 제물들을 훔치기도 했다.

엘리는 아버지로서 아무것도 하지 않았다. 대제사장으로서 성소를 정결하게 하는 임무가 있었지만 그것을 제대로 수행하지 못했다. 결국 엘리를 선택했던 하나님은 새로운 예언의 제사장을 찾을 수밖에 없게 된 것이다.

어느 날 선지자가 하나님에게서 온 말씀을 엘리에게 전하러 왔다. "내가 너와 너의 집을 제사장이 되도록 불렀지만 이제 더 이상 그런 일은 일어나지 않을 것이다"(사무엘상 2장 27-36절을 보라).

이 장면을 쉽게 간과해서는 한 된다. 하나님은 엘리의 집이 세대를 거쳐 하나님의 제사장이 될 것이라고 말씀하셨지만 자신의 마음을 바꾸신 것이다. 하지만 하나님께서 임의대로 원하셔서 그런 것이 아니라 엘리가 자신의 성향을 바꿔 하나님과 동행하는 삶을 먼저 저버렸기 때문이다.

엘리는 영적인 진리를 말하기에 너무나 게을러졌고 엄청나게 살이 찌기 시작했다. 엘리는 그저 누군가 자신을 귀찮게 하지 않기를 원했다. 그래서 자신의 가족 안에 부정한 것이 들어 오고 성소로 그런 부패가 침입하도록 내버려 두었다. 결국 하나님은 더 이상 엘리를 제사장으로 여기지 않게 된 것이다.

사무엘은 하나님께 인정을 받았으며 그가 하는 말은 하나라도 땅에 떨어지지 않을 것이라는 영광을 받기까지 한다(사무엘상 3장 19절을 보라). 이것이 현실이다. 사무엘이 사울에게 이스라엘의 왕이 될 것이라고 예언했을 때 "나는 너를 이스라엘의 수장으로 기름부었다"고 말한다. 사무엘은 위대한 말씀을 예언했지만 사울은 율법에 따라 행동하지도 않았고 이에 마음을 합하지도 않았다. 하나님은 말씀하신다.

"내 스스로 다른 사람을 선택했다"(사무엘상 15장 28절을 보라).

이 사람이 다윗이라는 사실을 모르는 사람은 없을 것이다.

● ● 우리의 얼굴은 우리의 미래이다

한밤중, 주님은 아나니아에게 나타나 직가라 하는 거리로 가서 사울이라는 사람을 위해 기도하라고 말한다. 그의 처음 반응은 다음과 같았다.

"주여, 이 사람에 대하여 내가 여러 사람에게 듣사온즉 그가 예루살렘에서 주의 성도에게 적지 않은 해를 끼쳤다 하더니 여기서도 주의 이름을 부르는 모든 자를 결박할 권세를 대제사장들에게 받았나이다" (사도행전 9장 13-14절).

결국 가지 않겠다고 말하고 있는 것이다. 하지만 예수님은 다음과 같은 매우 중요한 말씀을 그에게 하신다.

"너는 가야만 한다. 아나니아야. 사울에게 이미 너의 얼굴을 보였기 때문이다" (사도행전 9장 12절을 보라).

예수님은 말씀하신다.

"너의 얼굴, 그리고 너의 사람은 곧 미래이다. 사울에게 이미 네가 그의 눈 먼 것을 고치리라 말했다. 네가 가지 않는다면 어떤 일이 일어날 것 같으냐?"

하나님은 각각의 사람에게 자신의 말씀을 이루기 위한 의도를 모두 설명하신다. 그리고 성경 말씀에 따라 각자의 조건에 마음을 합하여 따르는 것은 그 사람의 책임인 것이다.

내가 만약 누군가에게 "주님은 당신을 고치실 것이고 당신은 이러한 일과 저러한 일들을 하게 될 것입니다. 그리고 두 명의 아이들을 갖게 될 것입니다"라고 말한다면 이것은 주님의 말씀인 것이다. 하지만 "당신은 몇 가지 규율을 지켜야 합니다. 형제를 사랑해야 하고 용서치 못하는 마음을 가져서는 안 됩니다. 그리고 이런 것들과 저런 것들을 해야만 합니다"라고 말하지 않는다. 왜냐하면 이러한 것들은 이미 성경에 다 있는 내용들이기 때문이다.

하나님께서는 우리가 이미 성경의 조건들을 알고 있다는 전제 아래 말씀을 주신다. 한 번 더 예를 들어 보이겠다.

"하나님은 당신에게 두 명의 아이를 주실 것입니다. 행복한 결혼 생활을 하게 될 것이고 사업을 두 가지 하게 될 뿐 아니라 애리조나의 피닉스로 이사하게 될 것입니다."

이 얼마나 근사한 예언인가? 지금 내가 이 예언을 한 부부에게 하고 있지만 남편은 자신의 아내와 더 이상 살기를 원하지 않고 그래서 다른 여인에게로 가려 한다고 가정해 보자. 규칙을 깬 상태에서 이 예언의 말씀을 적용하려 든다면 그의 행위 자체 때문에라도 이 말씀은 그 즉시 이루어질 수 없는 것이다. 하지만 이 말씀은 약속으로 남아 있기 때문에 하나님은 여전히 그의 아내를 위해 이 말씀을 이루실 수 있다.

"그런즉 안식할 때가 하나님의 백성에게 남아 있도다. 이미 그의 안식에 들어간 자는 하나님이 자기 일을 쉬심과 같이 자기 일을 쉬느니라. 그러므로 우리가 저 안식에 들어가기를 힘쓸지니 이는 누구든지

276　　　　　　　　　　　　　　　　　　　　예언의 비밀

저 순종치 아니하는 본에 빠지지 않게 하려 함이라"(히브리서 4장 9-11절).

'남아 있다'는 말은 무엇을 의미하는가? 그것은 여전히 그 효력이 있다는 뜻이다. 하나님께서 이루시겠다고 선포한 말씀은 철회될 수 없다. 단지 그것이 성취되도록 하는 조건은 사람에게 달려 있는 것이다. 하나님은 혼자서 일하지 않으신다. 하나님은 우리와 함께 일하시기를 원하신다. 우리는 마음을 합해 이에 동참해 하나님과 함께 일해야 한다. 우리에게 주신 약속 안에 들어가기를 힘써야 하는 것이다. 성령 안에서 이 일들을 행해야만 한다. 성경에서 말하는 예수님의 명령을 지켜야만 한다.

만약 어떤 남자에게 "당신은 에이즈에 걸렸군요. 하지만 당신은 죽지 않고 살 것입니다"라는 예언이 임했다고 하더라도 그 사람은 여전히 죽을 가능성을 가지고 있다. 모임이 끝난 후 그는 이렇게 말했다.

"나는 그 말을 믿지 않습니다. 그런 일이 일어날 것 같지 않군요."

샌프란시스코에서 에이즈에 걸린 한 남자에게 예언을 한 적이 있다. 주님께서는 그 밤에 그를 고치시고 살 수 있도록 하시겠다고 했다. 그는 동성애자들에게 가서 이 말을 전했다. 의사는 단지 몇 달만 살게 될 것이라고 말했지만 그는 이 예언의 말씀을 가지고 자신의 삶 속에서 실천했다. 그리고 그 약속을 받아 들였다. 그는 8년 6개월 동안 더 살았다. 생애 가운데 그는 러시아의 동성애 집회에서 간증을 했고 예수 그리스도를 전하자 수천 명이 이를 받아 들여 자유를 맛보게 되었다. 9년을 채 살지는 못했지만 예언을 받아들인 후 그의 삶 속에서 주님의 말씀은 이루어진 것이다.

나는 두고 두고 이 일에 대해 말한다.

"우선 그는 몇 달 안에 죽을 운명이었지만 8년을 넘게 살았고 그가 죽기 전 이런 말을 했습니다. '이 세상에서 유일한 아버지는 바로 킴 클레멘트입니다. 그는 선지자로서 나에게 말씀을 주었습니다. 그리고 계속해서 나를 돌봐 주었고 기도해 주었으며 함께 있어 주었습니다.'"

그는 패배 가운데 죽음을 맛보지 않았다. 다시 말해서 죽음은 하나님을 넘어서지 못했다. 그의 삶 가운데 임했던 하나님의 모든 예언은 성취되었다.

● ● **믿음과 예언의 말씀**

우리가 예언을 받을 때 믿음은 중요한 역할을 한다. 눈앞에 펼쳐진 그림을 간직하려면 시력을 가지고 이를 받아들여야 한다. 그러나 원수는 우리에게서 이것을 인지할 수 있는 능력을 빼앗아 가려 한다. 왜냐하면 하나님께서 예언의 말씀을 주실 때 바로 이를 볼 수 있는 비전 역시 주어지기 때문이다. 이러한 비전이 가리워져 있다면 더 이상 볼 수 없을 것이다. 그리고 오히려 어둠 속에서 장애물이 되어 믿음을 잃게 할 것이다. 우리가 시력과 비전을 잃고 만다면 약속 또한 잃게

될 것이다. 다른 사람을 탓하면서 그것은 거짓 선지자가 한 예언이기 때문에 진정한 말씀이 아니었다고도 말할 수 있다.

누가복음과 말라기를 보면 이에 대해 이야기하고 있다.

주라, 그리하면 너희에게 줄 것이니 곧 후히 되어 누르고 흔들어 넘치도록 하여 너희에게 안겨 주리라. 너희의 헤아리는 그 헤아림으로 너희도 헤아림을 도로 받을 것이니라(누가복음 6장 38절).

너희의 온전한 십일조를 창고에 들여 나의 집에 양식이 있게 하고 그것으로 나를 시험하여 내가 하늘 문을 열고 너희에게 복을 쌓을 곳이 없도록 붓지 아니하나 보라(말라기 3장 10절).

주는 행위를 통해 하늘의 능력은 열리게 되고 우리의 삶 속에 축복이 임하게 될 것이다. 축복은 우리 앞에 있고 그것은 약속으로 주어지게 될 것이지만 그 문을 여는 열쇠는 우리의 손에 달려 있고 우리가 직접 열 수 있는 것이다.

히브리서 4장에서는 이스라엘의 자녀들이 믿음이 없었기 때문에 안식으로 들어가지 못했다고 말하고 있다. 하나님이 모세와 이스라엘 백성에게 약속하신 그 땅으로 그들이 들어가지 못했던 것을 알고 있는가? 40년이 지나서야 여호수아와 그 다음 세대가 결국 그 땅을 차지하게 된다.

예언이 이루어지지 않았다면 99%는 사람들의 반응과 그들의 책임에 달려 있는 것이다. 믿음과 비전 그리고 성경이 가르치고 있는 것들에 얼마나 마음이 합해 있는지 중요한 것이다. 선택은 우리에게 달려 있다. 선지자도 실수할 수 있다. 그리고 나 역시 예언을 하는 데 있어 실수할 수 있다. 하지만 예언이 이루어지도록 하는 데는 여러 가지 요소들이 맞물려 있다. 그것이 왜 이루어지지 않았는지 알 수 있기란 쉽지 않다.

하나님께서 여호수아에게 "가서, 모든 나라를 취하고 그 땅을 소유하라. 네가 두려워하지만 않는다면 그것을 너의 손에 붙이겠다"고 말씀하셨던 것을 기억하는가? 이 말씀은 곧 우리가 가는 모든 나라 가운데 승리가 있을 것을 의미하는 것이다. 하지만 두려워해서는 안 된다.

여호수아는 계속해서 승리를 맛보았다. 그리고 나서 아이 성에 이르게 된다. 여호수아는 하나님의 약속을 확신했기 때문에 단지 몇 천 명의 군사들만을 싸움터로 내보냈다. 하지만 하나님은 다음과 같은 조건을 붙이신다.

"너희들이 그 땅으로 들어갈 때 그곳에 있는 것은 아무것도 취하지 말라. 그것은 가증스러운 것들이다."

하나님이 '가증스러운 것'이라고 말씀하셨을 때 그것은 '금지된 것'을 말한다. 여리고로 들어갔을 때 아간은 바벨론에서 생산된 옷과 은 이백 세겔, 그리고 오십 세겔 정도의 가치를 가진 금을 보게 되었다. 그리고 그것들을 탐내게 된다. 그래서 결국 이것들을 취해서 자신

의 장막 아래 묻어 둔다. 아간은 잘 알고 있으면서도 영적으로 금지된 물건을 들여 왔다. 이런 행동은 결국 이스라엘이 아이 성으로 나아가는 데 큰 걸림돌로 작용한다.

한 사람의 행동이 부패함을 끌어들였고 이 부패함은 결국 이스라엘이 패배하게 만드는 원동력이 되었다. 하나님께서 주신 승리의 약속은 아간의 배반으로 인해 무너져 내리게 된 것이다. 여호수아는 아간의 행동을 전혀 모르고 있었기 때문에 이스라엘이 패배하자 엄청난 분노에 사로잡힌다. 그리고 하나님께 이렇게 말한다.

"하나님, 약속하시지 않았습니까?"

그러자 하나님께서 말씀하신다.

"누군가 가증스러운 것을 가지고 왔다. 그것을 제하고 원상태로 돌려 나와 한 약속이 너희의 것이 되도록 하여라."

예언의 약속은 인간의 어두운 일면 때문에 사라질 수도 있다는 사실을 이해할 수 있겠는가? 이것을 위해 좀더 자세한 설명을 하고자 한다. 만약 우리가 금지된 것들 혹은 하나님의 말씀을 어기는 행동을 취하게 된다면 약속을 잃게 되는 위험 속으로 빠져 들게 될 것이다. 순종의 문을 통해서만 약속으로 돌아갈 수 있게 된다.

●● 선지자들과 거짓 선지자

하나님의 선지자와 거짓 선지자의 명백한 차이점은 무엇일까? 하나님의 사람들은 여러분의 삶 가운데 있는 하나님의 계획만을 말하지만 사기꾼들은 오직 인간의 욕망만을 알 뿐이다.

사람들이 불길한 징조를 얘기할 때 그것에 대해 큰 관심을 기울이게 된다. 예를들어 누군가가 아주 심각하게 "3월 23일에 지진이 일어날 것이다"라고 이야기를 했다면 이것이 하나님의 것인지 사탄이 그러는 것인지 기도해야 한다.

하나님은 악의 세력들이 무엇을 하려는지 잘 알고 계시지만 사탄이 하려는 일을 대신 말씀하시지 않는다. 하나님은 우리의 인생을 향한 아버지의 계획을 드러내시기 위해 그 음성을 주신다. 우리가 잘못된 길로 가고 있다는 사실을 보여 주시거나 안전한 길로 갈 수 있도록 인도하실 것이다. 하나님의 예언은 선을 이루기 위한 것이다.

하나님의 음성을 통해 그분이 계획하고 계시는 놀라운 일들을 조금이나마 들여다 볼 수 있게 되는 것이다.

10장

통찰력과 예지력

우리가 미래를 볼 수 있다면 모든 두려움들은
침묵하게 될 것이고,
우리는 그 안에서 소망과 용기를
발견하게 될 것이다.
미래를 보는 방법에는 두 가지가 있다.
그것을 통찰력과 예지력이라고 부른다

두려움은 미래를 볼 수 없도록 우리의 마음을 꽉 움켜잡는 역할을 한다. 그리고 공포감과 불확실성은 우리의 두려움을 더 증가시키는 일을 한다. 하지만 미래를 들여다 볼 수 있다면 소망을 불러일으키게 될 것이다. 사실 미래를 보려고 하는 시도 자체는 모든 인류의 목적이기도 했다. 우리가 미래를 볼 수 있다면 모든 두려움들은 침묵하게 될 것이고, 우리는 그 안에서 소망과 용기를 발견하게 될 것이다. 미래를 보는 방법에는 두 가지가 있다. 그것을 통찰력과 예지력이라고 부른다.

통찰력은 비전의 터전과 함께 일을 해야 한다. 그리고 이 비전은 우리가 가진 감각으로는 알 수 없는 것이다. 이것은 우리의 시력을 넘어서 처해진 상황의 참된 본질을 구별할 수 있는 능력이며 직관에 의

해 깊은 곳에 숨겨져 있는 본질을 간파하는 것이다.

바울은 에베소 교인들을 위해 기도할 때 이런 통찰력이 주는 능력을 경험할 수 있도록 구하고 있다.

"너희 마음 눈을 밝히사 그의 부르심의 소망이 무엇이며 성도 안에서 그 기업의 영광의 풍성이 무엇인지 알게 하시기를 구하노라"(에베소서 1장 18절).

예지력은 어떤 것을 알게 해주는 능력이다. 왜냐하면 보이지 않는 것을 볼 수 있게 해주고 다른 사람들이 보지 못하는 것을 보게 하는 새로운 눈을 가지게 되기 때문이다.

예지력은 어떤 사건이 일어나기 이전에 그것을 인지해 그 내용이 어떠한 것인지 알 수 있게 해주는 능력이다. 실제로 일어나기 이전에 그 사건이 지니고 있는 속성을 발견하고 분별해 내는 것이다. 앞으로 일어날 일을 미리 볼 수 있는 능력이라 할 수 있다.

소망은 현실 세계 안에서 이런 통찰력과 예지력으로 그 모양을 바꾸어 존재하고 있다. 통찰력과 예지력은 성령님의 눈으로 볼 수 있는 능력을 받았을 때 가질 수 있는 것이다. 대부분의 사람들은 물리적인 시야에 한정되어 이에 조종되고 있다는 사실을 자각하지 못하고 있다. 신체에 속한 눈으로 보이는 것에 따라 모든 것을 측정하는 것이다. 우리가 가진 눈과 귀로 보고 듣는 것에 의존하는 삶의 양식에 너무나 익숙해져 있다. 우리는 영적인 것을 볼 수 있는 눈이 멀었거나 시력이 약해져 있다는 사실을 깨닫고 여기서 자유로워져야 한다. 하나님의 자녀들은 믿음으로 사는 존재들이다. 눈에 보이는 것에 의존하지 않는다. 믿음은 다른 사람들이 보지 못하는 것을 볼 수 있는 새로운 눈을 가질 수 있도록 해 준다.

예언적인 이상은 이기적인 욕심을 양성하지 않는다. 하나님은 지식 없이 우리의 욕심을 채우지 않으시는 분이다. 하나님은 우리의 욕망을 탐지해 낼 수 있는 지식을 허락하신다. 예언의 이상을 보게 될 때 우리가 욕망에 휘둘리게 된다면 절대로 놀라운 일을 이룰 수 없을 것이다. 예언은 호기심에서 비롯되는 것이 아니다. 그것은 헌신을 위한 것이다. 예언을 보는 사람들이 이에 응답해 자신을 헌신하도록 하기 위한 것이다.

어떤 경우 하나님이 예언적인 이상을 주실 때 시작조차 하고 싶지 않은 경우도 있다. 하지만 예언은 갈망을 불러일으킨다. 그래서 자신의 욕망을 조절하지 못한 채 그것을 꺼내려 들면 하나님 나라에 심각한 위험을 초래하게 된다. 그들은 예언이 가진 진정한 목적에 대한 지식이 없다. 예언은 하나님과 사람들을 섬기기 위한 것이지 자신의 이기적인 필요나 욕망을 위한 것이 아니다. 그저 여자에게 좋은 인상을 주어 관계를 발전시키려고 여자를 좇는 사람이 있다면 그런 사람이야말로 아무런 지식 없이 그저 욕망에 휘둘리고 있는 것이다. 진실한 사랑은 그 사람에 대한 지식에서 나온다. 그리고 이런 지식이야말로 사랑에 대한 갈망을 잉태하는 장소이다.

진정한 예언의 사람이 되기를 원하는가? 정말 온전한 사람이 되기

를 원한다면, 그리고 지금보다 더 앞으로 나아가고 싶다면 이 한 가지를 기억하라. 통찰력을 얻기 위해 자신의 시력을 포기하고 장님이 되어야 한다. 자신의 눈을 잃어버려야 새로운 방법으로 사물을 간파할 수 있는 눈을 얻을 수 있다. 바깥 세상을 제대로 보기 위해서 자신의 눈을 스스로 빼어 버리라는 뜻이다.

통찰력을 얻으려면 전혀 다른 시야를 가져야 하고 예지력을 가지려면 통찰력을 얻어야 한다. 대부분의 사람들은 이것이 의미하는 바를 잘 깨닫지 못한다. 눈은 우리가 비전을 가지게 되는 가장 본능적인 기관이다. 그리고 우리는 눈을 통해 얻은 정보에 의존하게 된다. 하지만 영적인 눈으로 볼 수 있게 되면 일반적으로 보는 방법을 바꿀 필요가 있다.

통찰력을 얻게 되면 더 이상 육체적인 시야에 조종당하지 않아도 된다. 우리가 보는 것이나 듣는 것에 의존하지 않게 되는 것이다. 우리 앞에 일어나는 일 때문에 흔들리지 않아도 되는 것이다. 전화나 뉴스를 듣고 동요할 필요가 없는 것이다. 바로 이것이 진정한 시력이다. 통찰력을 얻기 위한 눈을 가지라.

통찰력이란 그 상황이 가지고 있는 진정한 속성에 의존하는 것을 의미한다. 사물이 지닌 겉모습, 그 이면의 것을 보라. 우리가 보는 것 이면의 것을 보고 우리를 조종하고 있는 것 이면의 것에 마음을 맞추라. 어쩌면 여러분의 인생 여정 가운데 아니면 여러분을 움직여 가는 것 가운데 암과 같은 존재가 있을 수 있다. 하지만 그것을 완전히 제

거해야 할 필요는 없다. 우리는 통찰력을 지닌 존재들이다. 그 앞에서 눈을 떼라. 우리와 대적하고 있는 것을 볼 필요가 없다. 그저 거기에서 눈이 멀면 된다. 여러분의 얼굴에 있는 눈이지만 바깥에서 온 전혀 새로운 눈을 갖게 될 것이다.

결국 통찰력을 위한 새로운 시각이나 예지력을 갖기 위한 통찰력이 의미하는 바는 현재의 상황에서 눈을 돌려 그것의 이면에 있는 것에 눈을 돌리라는 것이 아닐까?

●● 모세, 타오르는 덤불, 그리고 음성

모세는 덤불이 타오르는 것을 보았다. 아주 심상치 않은 현상이었다. 절대로 꺼지지 않는 그런 불이었다. 하지만 그것은 그저 평범한 덤불이 아니었으며 그가 생각하는 그런 종류의 불도 아니었다. 그 불 속에는 모세의 주의를 끄는 무언가가 있었다.

모세가 본 것은 무엇이었을까? 그는 먼저 이 장면을 보고 그쪽으로 걸어갔다. 덤불에 불이 붙어 있었다. 이것은 일반적인 시야로 본 상황이다.

그리고 나서 이렇게 말한다.

"이 상황을 좀 다른 각도에서 살펴볼 필요가 있겠군."

이 말은 곧 "뭔가를 발견해서 가까이 오게 되었는데 이제 이 놀라운 광경을 좀 제대로 봐야겠군"이라는 말로 해석할 수 있을 것이다.

여기서 '제대로 본다'는 것은 '눈으로 직접 보이는 것 이면의 것을 본다'는 뜻이다. 그리고 그가 육체의 시야에서 벗어나 통찰력을 가지고 이를 바라보고 있을 때 하나님께서 말씀하셨다. 여러분도 잘 알고 있듯이 모세가 그곳으로 걸어가기까지 아무런 일도 일어나지 않았다. 왜 하나님은 "어이, 모세야!"라고 부르며 그의 주의를 끌지 않으셨을까? 물리적인 시야로는 하나님께서 주시려는 그 어떠한 것도 알 수 없기 때문이다.

우리의 눈으로는 하나님의 음성을 접할 수 없다. 우리의 어깨를 두드리는 하나님의 음성을 들을 수 없는 것이다. 우리가 영적인 부흥 가운데 있건 하나님의 움직임 속에 있건, 아니면 버스 안이나 사무실에 있건 전혀 상관이 없다. 무엇을 하고 있든 하나님은 우리를 향해 다가오신다.

그것이 반드시 불 타오르는 덤불일 필요는 없다. 하지만 무언가 우리를 이끌 수 있는 것이 있을 것이다. 우리의 관심을 끄는 것 말이다. 하나님은 하실 수만 있다면 막대기를 통해서도 말씀하신다. 뭔가 굉장한 도구를 사용하지 않으실 수도 있다는 뜻이다. 하나님은 자신이 원하시는 사람이나 물건들을 통해서도 말씀하실 수 있다. 만약 우리가 예언의 음성 역할을 하려 한다면 그것을 재거나, 구실을 찾아 내거나, 혹은 뭔가 계산하려 들거나 그것이 이루어지도록 노력하려는 그 이면의 것에 주의를 기울일 필요가 있다. 우리의 간계와 이성적인 과정만으로 하나님의 음성을 이해할 수 없다.

그래서 모세는 자신이 본 현상을 제대로 이해하고자 애썼다. 이 놀라운 장면을 육체적인 눈으로 보지 않고 그 너머에 있는 것을 생각하고 있을 때 하나님은 말씀하신다.

"네 발에 신은 신을 벗으라. 네가 서 있는 그곳은 거룩한 땅이다. 네가 관찰하고 있던 그 당시에는 거룩한 곳이 아니었지만 네가 가까이 다가서자 그곳이 거룩하게 되었다."

거룩한 땅에서 하나님의 음성이 들려온 것이다. 그리고 모세 안에 새로운 갈망이 태어나게 되었다. 바로 하나님의 백성들을 자유케 하는 것이다. 이러한 일을 만나기 전까지 모세는 애굽으로 돌아갈 생각이 전혀 없었다. 하지만 그는 자신이 가진 시야를 잃었다. 그리고 하나님께서 원하시는 출발점은 바로 이것이다. 그가 자신의 시야를 버렸기에 하나님은 그에게 그분의 눈을 주신 것이다.

하나님께서 우리를 부르셔서 앞으로 하게 될 일을 보여 주실 때 그 안에는 절대로 개인적인 욕망이 섞여 있지 않다. 하나님의 음성은 우리의 욕망을 모두 제해 버리고 그곳에 하나님의 것을 채우신다. 대부분의 경우 이러한 과정을 거쳐 간다. 우리는 그리 쉽게 우리 자신의 욕망을 포기하지 않는다. 우리가 가진 눈으로 본 적이 없는 것을 보게 되는 그런 장소에 이를 때에야, 그리고 우리의 욕망이 하나님의 것으로 바뀔 때에야 완전히 새로운 소망의 영역으로 들어설 수 있게 되는 것이다.

"우리가 소망으로 구원을 얻었으매 보이는 소망이 소망이 아니니

보는 것을 누가 바라리요, 만일 우리가 보지 못하는 것을 바라면 참음으로 기다릴지니라"(로마서 8장 24-25절). 진정한 소망은 다른 사람들이 보는 것에 기반을 두고 있는 것이 아니다. 다가올 것을 기다리는 소망으로 보이지 않는 것을 보는 것에 바탕을 두고 있는 것이다.

● ● 상실된 소망

너무나 건강했던 사람이 직장에서 퇴직하게 되면 2년 안에 죽는다는 통계가 있다. 왜 이러한 일이 일어나는 것일까? 답은 간단하다. 그들은 미래를 잃어 버렸기 때문이다. 삶을 지속할 만한 목표가 사라진 것이다.

믿음과 소망과 사랑에 대해 이야기할 때 많은 이들은 믿음과 사랑에 집중을 하는 경향이 있다. 하지만 그 두 가지가 무엇과 깊은 연관을 맺고 있는지 잊어서는 안 된다. 그것은 소망이다.

하나님의 선지자들은 사랑의 사역을 하지 않는다. 물론 사랑 안에서 그 일을 하고 있지만 말이다. 그리고 그들의 사역을 믿음의 사역이라고도 할 수 없다. 믿음을 기반으로 하고는 있지만 말이다. 그들의 사역은 소망에 관한 것이다. 사람들이 살 수 있게 하는 소망 말이다.

잠언에 나와 있는 말씀 중에 이런 놀라운 내용이 있다.

"묵시가 없으면 백성이 방자히 행하거니와 율법을 지키는 자는 복이 있느니라"(잠언 29장 18절). 다른 말로 하면 하나님의 계획을 아는 것이야말로 우리 인생의 근원이라는 것이다. 나는 가끔 이런 질문을 한다.

"왜 하나님은 20년이나 30년 후에 일어날 일들에 대해 말씀하시기를 원하실까?"

하나님은 우리를 위한 자신의 계획을 알리셔서 매일의 삶 가운데 확신과 안정감을 갖도록 하시려는 게 아닐까 생각한다.

●● 지탱하게 하는 능력

성경은 자신의 삶이 극적으로 바뀌어 하나님의 약속을 성취하기 위해 그 삶이 연장된 사람들의 이야기로 가득 차 있다.

하나님은 바울의 인생을 향한 계획을 가지고 있었다.

"이 사람은 내 이름을 이방인과 임금들과 이스라엘 자손들 앞에 전하기 위하여 택한 나의 그릇이라"(사도행전 0장 16절).

바울은 선교여행 기간 동안 죽음의 고비를 몇 번이고 맞이하게 된다. 하지만 하나님은 그를 기적적으로 살게 하신다. 한번은 예루살렘에 있는 유대인들이 바울을 죽이고자 모의하고 있었을 때 하나님의 음성이 그에게 임했다.

"담대하라. 네가 예루살렘에서 나의 일을 증거한 것같이 로마에서도 증거하여야 하리라"(사도행전 23장 11절).

결국 아직 그의 마지막이 임한 것이 아니라는 뜻이다.

로마에서 복음을 전하는 일에는 엄청난 위험이 도사리고 있었다. 사탄은 계속해서 그의 여행을 방해하려 했다. 바울이 탄 배가 파선되기도 하고 그는 감옥에 갇히기도 했다. 하지만 이러한 것들이 낙심할 만한 이유가 되지 못했다. 주님은 아직도 그가 해야 할 일들이 더 남아 있다고 말씀하시는 것이다.

그리고 결국 바울은 로마로 가게 된다. 그는 거기서 2년 동안을 구금당하게 되는데 오히려 그곳에서 편하게 복음을 전하게 된다.

"바울이 온 이태를 자기 셋집에 유하며 자기에게 오는 사람을 다 영접하고 담대히 하나님 나라를 전파하며 주 예수 그리스도께 관한 것을 가르치되 금하는 사람이 없었더라"(사도행전 28장 30-31절).

여러분이 젊었든 나이가 들었든 상관이 없다. 주님께서 우리의 삶을 위한 비전을 주신다면 그 임무를 완수할 때까지 생명을 주실 것이다.

성경은 말한다.

"다윗은 당시에 하나님의 뜻을 좇아 섬기다가 잠들어 그 조상들과 함께 묻혀 썩음을 당하였으되"(사도행전 13장 36절).

여러분 중 "나는 다윗이나 바울과 같은 사람이 아닙니다. 인생 가운데 그런 위대한 부르심을 받은 적이 없어요"라고 말하는 사람이 있을지도 모르겠다. 주님의 음성을 과소평가하지 말라. 하나님은 우리 모두를 어머니의 태에서 나오게 하여 자신의 생명을 불어 넣어 주셨다. 그리고 유일무이한 존재로 탄생시키셨다. 하나니은 다른 사람이

할 수 없는 일을 위해 목적을 가지고 당신을 들어 올리셨다.

● ● **새로운 차원**

우리가 새로운 영적인 차원의 세계로 들어가기 원한다면 하나님은 그 앞에 있는 것의 단편을 잡을 수 있도록 해주신다. 하나님께서 선지자 다니엘에게 하신 일이 그 좋은 예이다. 주님은 그에게 수천 년 후에 일어날 일을 미리 보여 주셨다.

이제 내가 말일에 네 백성의 당할 일을 네게 깨닫게 하러 왔노라. 대저 이 이상은 오래 후의 일이니라(다니엘 10장 14절).

다윗 왕은 이런 고백을 했다.
"여호와여, 주의 도를 내게 보이시고 주의 길을 내게 가르치소서"(시편 25장 4절).

이 세대에 하나님은 교회가 그분의 길을 함께 걸을 수 있도록 예언 사역을 회복시키고 계신다. 하나님은 자신의 생각을 이해하기를 원하시며 앞으로 다가올 날들을 위해 무엇을 준비해야 하는지 알기 원하신다.

하나님의 사람들이 내일 일어날 일들을 알게 된다면 성령님의 능력으로 담대하게 앞으로 나아갈 것이다.

● ● 표현할 수 없는 것

　하나님께서 한 번 말씀하신 적이 있다면, 그것은 하나님과의 거룩한 대화를 시작할 준비가 되었다는 것이다.
　은혜 안에서 점점 성장해 가며 더 높은 곳을 향해 올라가게 되면 그 음성은 더 분명해지고 구별될 것이다. 하나님의 음성은 그와 함께 하는 여정 가운데 놀라운 기쁨이 될 것이다.
　순종하는 모든 행위마다 하나님은 우리와 함께 말씀하신다. 하나님은 우리의 인생을 위한 그분의 계획을 이루시기 위해 영광에서 영광으로 인도하시며 지속적으로 계시를 보여 주신다.
　하나님께서 말씀하시는 것을 어떤 경우에는 제대로 표현할 수 없을 때도 있다. 그 의미가 무엇인지 이해하기 위해 심지어 몇 년이 걸릴 수도 있다. 아니면 그 말씀에는 하나님과의 은밀한 관계 안에 있는 확신이 필요할 때도 있다. 사도 바울 역시 이러한 경험을 한 적이 있다.
　"그가 낙원으로 이끌려가서 말할 수 없는 말을 들었으니 사람이 가히 이르지 못할 말이로다"(고린도후서 12장 4절).
　사도 바울이 이상과 계시를 하나님께 받았지만 그것을 자랑하지 않았다. 주님은 그를 겸손하게 하시려고 매일의 삶 가운데 문제가 될 만한 것을 주시기도 했다.

　여러 계시를 받은 것이 지극히 크므로 너무 자고하지 않게 하시려고 내

육체에 가시 곧 사탄의 사자를 주셨으니 이는 나를 쳐서 너무 자고하지 않게 하려 하심이니라(고린도후서 12장 7절).

하나님의 계획과 우리가 긴급하게 원하는 것은 종종 각자 다른 길을 걷고 있는 것처럼 보이지만 주님은 정말 우리에게 필요한 것이 무엇인지 잘 알고 계신다. 그 문제가 너무나 심각한 것이면 하나님은 개인이나 나라들을 향한 행동을 개시하신다.

다니엘은 믿음과 능력의 사람이었다. 하지만 사자 굴에 던져졌다. 그곳은 부끄러움과 치욕, 그리고 위험의 장소였다. 하나님의 선택은 그곳에서 뭔가 초자연적인 것을 행하시는 데 있었다. 하나님은 사자들의 입을 닫으셨을 뿐만 아니라 근본적인 문제를 해결하고자 하셨다. 바로 다른 신들을 예배하라는 왕의 명령이었다. 다니엘이 사자굴로부터 살아 나온 후 왕은 그 나라에 있는 모든 사람들에게 조서를 내린다.

"내가 이제 조서를 내리노라. 내 나라 관할 아래 있는 사람들은 모두 다니엘의 하나님 앞에서 떨며 두려워할지니 그는 사시는 하나님이시요, 영원히 변치 않으실 자시며 그 나라를 망하지 아니할 것이요, 그 권세는 무궁할 것이며"(다니엘 6장 26절).

사드락, 메삭, 아벳느고가 용광로 불 속에 던져 졌을 때에도 같은 일이 일어났다. 이 땅에서의 그들의 삶은 이제 끝났다고 생각했다. 하지만 그 급박한 순간 사람의 아들이 그 믿음의 행위 가운데 모습을 드

러내셨다.

때에 느부갓네살 왕이 놀라 급히 일어나서 모사들에게 물어 가로되 "우리가 결박하여 불 가운데 던진 자는 세 사람이 아니었느냐?" 그들이 왕에게 대답하여 가로되 "왕이여 옳소이다." 왕이 또 말하여 가로되 "내가 보니 결박되지 아니한 네 사람이 불 가운데로 다니는데 상하지도 아니하였고 그 넷째의 모양은 신들의 아들과 같도다" 하고 (다니엘 3장 24-25절).

● ● **거룩한 처소**

어느 날 아침 기도를 하고 있었다.
"주님, 당신의 교회가 사탄이 저지르는 악행과 거룩하지 않은 사회로부터 고통을 당하고 있습니다."
그러자 하나님께서 말씀하셨다.
"성경을 보거라. 이건 그저 시작일 뿐이다. 원수가 하나님의 나라를 대적하여 그 위용을 떨칠 때 성도들의 기쁨 가운데 심판이 있을 것이다."
선지자 다니엘이 오래 전에 한 이야기이다.

내가 본즉 이 뿔이 성도들로 더불어 싸워 이기었더니 옛적부터 항상 계신 자가 와서 지극히 높으신 자의 성도를 위하여 신원하셨고 때가 이르매 성도가 나라를 얻었더라(다니엘 7장 21-22절).

사탄이 우리에게 덤벼들려 할지라도 성도들의 위세를 이길 수 없는 그 때는 다가온다.

주님은 계속해서 새로운 공기를 마시거나 부흥을 경험하는 것보다 훨씬 더 위대한 지평을 보여 주신다. 이것은 하늘로부터 오는 초대보다 더한 것이다. 그 하늘에서 주님이 오셨고 그곳으로 가셨는데도 말이다. 우리는 거룩하신 분의 처소를 경험하게 될 것이다. 이 곳은 영원한 곳이다. 그리고 주님께서 오셔서 거하실 곳이다.

하나님께서 일으켜 세우시는 세대들은 주님께서 공급해 주시는 것을 꽉 붙들게 될 것이다. 그들은 종교적인 벽을 허물 것이고 불화와 투쟁, 그리고 분쟁에 대항하며 설 것이다.

하나님께서 무언가 위대한 일을 하려 하시면 사탄 역시 하나님의 백성들을 공격하기 위해 대혼란을 일으키려 한다. 하나님의 위대한 능력이 뿜어져 나오는 그 시점을 잘 아는 악한 영들은 하나님의 세대를 매순간 파멸시키려 한다. 그들 역시 분위기를 읽을 줄 알기 때문이다.

예수님께서 태어나셨을 때 사탄은 선택받은 세대가 바로 눈앞에 있다는 사실을 인지했고 십자가의 피가 영원히 사람들을 구속하게 될 것을 알고 있었다. 그래서 사탄이 한 일은 무엇인가? 그는 죄 없는 아기들을 모두 죽이려는 계획을 세웠다.

헤롯은 현인들이 별을 따라 거룩한 아이의 탄생을 축하하러 왔다는 소식을 듣고 다음과 같은 반응을 보였다.

심히 노하여 사람을 보내어 베들레헴과 그 모든 지경 안에 있는 사내 아이를 박사들에게 자세히 알아 본 그 때를 표준하여 두 살부터 그 아래로 다 죽이니(마태복음 2장 16절).

하지만 하나님은 승리하셨고 그 세대는 결국 크리스천 교회를 형성하는 데 큰 역할을 하게 된다.

2,000년이 지난 지금 사탄은 세 번째 학살을 감행하려 한다. 사탄은 아이들이 엄마의 배 속에 있는 동안 자신의 분노를 그 아이들에게 쏟아내고 있다. 바로 낙태를 통한 살인 행위이다.

원수들은 이 세대가 만왕의 왕 안에서 임할 일들을 나타낼 존재들이라는 사실을 알고 있다. 하지만 하나님은 이런 흥분되는 시대에 말씀하고 계신다. 사탄이 모든 아이들을 앗아가려 하지만 주님께서 그의 이름을 찬양하기 위해 두 명을 세우실 것이라는 믿음이 있다.

● ● **영원한 강대함**

영적인 싸움터를 바라 볼 때 병사들은 쓰러져 가지만 그 싸움은 여전히 계속되어 적진을 향해 앞으로 나아가고 있다. 이제 하나님의 백성들이 이렇게 말할 때가 온 것이다.

"하나님은 일어나사 원수를 흩으시며 주를 미워하는 자로 주의 앞에서 도망하게 하소서"(시편 68편 1절).

우리 세대에 하나님의 목적을 이룰 수 있는 방법이 무엇이 있을까? 갈렙 이야기에서 그 답을 찾을 수 있다. 갈렙은 하나님을 잘 알고 이해했던 존재이다. 하지만 그는 회의론자들과 불신자들로 둘러싸여 있었다. 모세가 약속의 땅을 정찰하기 위해 정탐꾼들을 보냈을 때 갈렙은 이렇게 보고했다.

갈렙이 모세 앞에서 백성을 안돈시켜 가로되 "우리가 곧 올라가서 그 땅을 취하자. 능히 이기리라" 하나 그와 함께 올라갔던 사람들은 가로되 "우리는 능히 올라가서 그 백성을 치지 못하리라. 그들은 우리보다 강하니라" 하고(민수기 13장 30-31절).

사람들은 실패할 것이라 믿었다. 그래서 약속의 땅에 들어가기를 꺼려 한 것이다. "갈렙이 실패하면 정말 나쁜 상황이 발생할 텐데요" 하고 말할 사람들이 있을지도 모르겠다. 하지만 갈렙은 실패하지 않았다. 45년 후 그는 여전히 하나님을 섬기고 있었고 심지어 그 전보다 훨씬 더 강인해져 있었다. 길갈에서 갈렙은 여호수아에게 말한다.

내 나이 사십 세에 여호와의 종 모세가 가데스 바네아에서 나를 보내어

예언의 비밀

이 땅을 정탐케 하므로 내 마음에 성실한 대로 그에게 보고하였고"(여호수아 14장 7절).

그리고 다른 사람들이 다른 보고를 할 수밖에 없었던 이유를 이야기하고 있다.

"나와 함께 올라갔던 내 형제들은 백성의 간담을 녹게 하였으나 나는 나의 하나님 여호와를 온전히 좇았으므로"(여호수아 14장 8절).

그리고 갈렙은 말한다.

이제 보소서. 여호와께서 이 말씀을 모세에게 이르신 때로부터 이스라엘이 광야에 행한 이 사십오 년 동안을 여호와께서 말씀하신 대로 나를 생존케 하셨나이다. 오늘날 내가 팔십오 세로되 모세가 나를 보내던 날과 같이 오늘날 오히려 강건하니 나의 힘이 그때나 이제나 일반이라. 싸움에나 출입에 감당할 수 있사온즉"(여호수아 14장 10-11절).

갈렙은 그 나이에도 거인들과 싸울 준비가 되어 있었다.

그 날에 여호와께서 말씀하신 이 산지를 내게 주소서. 당신도 그 날에 들으셨거니와 그곳에는 아낙 사람이 있고 그 성읍들은 크고 견고할지라도 여호와께서 혹시 나와 함께 하시면 내가 필경 여호와의 말씀하신 대로 그들을 쫓아내리이다"(여호수아 14장 12절).

그가 젊은 시절 가졌던 그 강인함을 어떻게 아직도 간직하고 있었을까? 그는 단 한 번도 주님의 음성에 등을 돌린 적이 없었다. 그 결과 하나님은 그에게 거대한 유산을 허락하셨다(여호수아 14장 13절을 보라).

하나님의 약속을 성취할 수 없을 것 같은 그런 상황을 만날지도 모른다. 하지만 절대로 포기하지 말라. 하나님의 말씀을 계속 살아 있게 하라. 그러면 주님은 여러분을 지키시고 놀라운 승리를 맛보게 할 것이다.

●● 언제 이러한 일이 일어날까?

내 인생에서 하나님의 음성을 듣지 못하게 되는 날이 온다고 생각하면 그렇게 끔찍할 수 없다. 내가 피를 흘리며 포트 엘리자베스의 클럽 앞 더러운 바닥에 내팽개쳐져 있을 때 하나님의 사람이 다가왔다.

그가 전해 준 약속의 말씀은 나의 구원과 함께 아직도 나를 지탱해 주는 원동력이 되어 주고 있다. 내가 전 세계 어디를 가든 프레토리우스 목사님이 침례를 주실 때 들었던 하나님의 음성을 아직도 기억하고 있다. 주님은 나를 사역으로만 부르신 것이 아니라 우리 가족 중 누구라도 구원 없이는 죽음을 보지 않을 것이라고 약속해 주셨다.

내가 경험한 것 때문에 급속도로 변화된 나를 받아들이시지 못했던 부모님을 보면서 항상 궁금해하곤 했다.

'어떻게 그런 일이 일어날 수 있을까? 이 분들이 어떻게 하면 자

유를 맛보실 수 있을까?'

우리 가정 가운데 있던 긴장감은 끊어지기 직전의 줄처럼 팽팽하게 유지되고 있었다.

하지만 하나님은 위로의 신호를 보내기 시작하셨다. 그 후로 몇 달 뒤 여동생 셀리가 내 삶의 변화를 목격하고는 질문을 해왔고 결국 자신의 마음을 하나님께 드렸다. 그리고 나와 함께 교회를 다니게 되었다.

시간이 지나면서 우리 부모님의 삶 가운데 놀라운 기적이 일어나게 해달라고 기도했지만 아무런 일도 일어나지 않았다. 그저 내가 매달릴 수 있던 것은 하나님의 약속이었다.

새로 입교한 성도로서 사도적인 도제 훈련을 하고 있을 때, 그리고 남아프리카의 육군에서 복무하고 있을 때 어머니에 대한 마음이 계속해서 커지고 있었다. 어머니는 관절염으로 다리를 절고 계셨고 고통 가운데 계시는 어머니를 보는 나의 마음은 찢어질 것만 같았다. 어머니의 다리는 뻣뻣해지고 부풀어 올랐으며 관절에는 염증이 가득했다.

포트 엘리자베스의 한 오순절 교회에서 스태프로 일하고 있을 때 어머니에게 다음과 같은 말을 했다.

"어머니, 오늘 저와 함께 교회 가시지 않을래요?"

그 날은 오래된 전도자 아서 니퍼 목사님이 특별한 집회를 열 계획이었다.

어머니와 아버지 모두 함께 교회를 가시겠다고 해서 무척이나 놀랐다. 집회 동안 하나님의 능력은 너무나 강렬해서 부모님의 삶 가운데 기적이 일어날 것이라 생각했다. 하지만 부모님은 아무런 응답도 받지 않고 그 자리를 떠났다.

그 날 밤, 어머니가 나를 한쪽으로 불러 다음과 같은 말씀을 하셔서 무척 흥분되었다.

"킴, 그 목사님 좀 모셔다 나를 위해 기도하시게 하면 안 될까?"

"물론 모시고 올 수 있어요."

나는 어머니를 안심시키고는 다음날 아침 전도자 니퍼 목사님을 집으로 모셔왔다. 그는 어머니에게 기름을 붓고는 병이 낫기를 기도했다.

"뭔가 이상한 일이 일어나고 있어요."

어머니의 퉁퉁 부어 있던 몸이 점점 가라 앉고 있었다. 그리고 어머니는 외쳤다.

"이런, 고통이 사라졌어요!"

갑자기 어머니의 병이 고쳐진 것이다. 며칠 뒤 기적을 맛본 어머니는 하나님께 감사 드리며 죄 사함을 구하는 기도를 한 후 모든 죄를 깨끗케 하시는 그리스도의 보혈을 간구했다. 그리고 그 날 밤 어머니가 사도행전을 읽고 계셨을 때 성령 세례를 받게 되었다.

아버지에게는 또 다른 이야기가 있다. 아버지는 여전히 의심이 많으셨고 하나님의 나라에 아버지를 초대하기 위한 어떤 말이나 행동도 소용이 없었다. 하지만 하나님께서 약속하시지 않았던가! 더반으로 이사를 한 후에도, 결혼을 하고 사역을 위해 여행을 시작했을 때에도

쉬지 않고 기도했다.

그리고 1986년 캐나다에 있는 공항에서 종잡을 수 없는 사건이 발생한 것이다. 가족들은 나와 함께 있었으며 미국에서 열리는 집회에 참석하기 위해 티켓을 발부받으려는 순간이었다. "당신이 클레멘트 선생님이십니까?"라고 물으며 걱정스러운 눈빛으로 카운터에 앉아 있던 여인의 얼굴을 절대로 잊을 수 없을 것이다.

"예, 그렇습니다만, 무슨 문제라도 있습니까?"

"이 메시지를 전해 드리라는 연락을 받았습니다. 남아프리카에 계시는 아버지께서 돌아가셨습니다."

갑자기 구역질이 날 것 같았고 눈에서는 눈물이 흘러내리기 시작했다. 하지만 주님은 다시 말씀하셨다.

"내가 한 말을 기억하고 있느냐?"

물론 기억하고 있었다. 가족 중 누구도 구원 없이 죽지 않으리라는 그 약속을 어떻게 잊을 수 있겠는가?

그 여인은 내가 외치는 말에 무척 당황한 기색을 지었다.

"그건 불가능해요. 하나님께서는 아버지가 내가 가진 믿음을 가지실 때까지 절대로 돌아가지 않으실 거라고 하셨다구요."

"글쎄요, 그런 일에 대해선 잘 모르겠네요. 하지만 이 메시지를 전해 드리라고 해서 그렇게 했을 뿐입니다. 정말 죄송합니다."

설명하기는 어렵지만 하나님께서 자신의 음성을 기억나게 하셨을 때 형언할 수 없는 평안과 명쾌함을 주셨다.

유텐헤이그에 계시던 어머니에게 전화했을 때 어머니는 너무나 놀라셨다.

"아버지에게 무슨 일이 일어난 거죠? 아버지가 돌아가셨다는 이야기를 전해 들었어요."

어머니는 말했다.

"아니, 우리는 네 아버지가 돌아가실지도 모른다고 전했단다. 의사 말이 단지 몇 시간밖에 사실 수 없다는구나."

아버지가 수차례 뇌졸중으로 고생하셨으며 지금은 전신이 마비되어 혼수 상태에 계시다는 사실을 알게 되었다.

"아버지가 다시는 걷거나 말을 하실 수 없다는구나."

그 순간 하나님은 특별한 말씀을 주셨다. 하지만 어머니는 계속해서 들으려 하지 않으셨다.

"킴, 의사들이 아버지가 그렇게 하실 수 없다고 하는구나. 여태까지 본 것 중 가장 심각한 뇌졸중이라는구나."

어머니의 눈물이 느껴질 때 나는 이렇게 말했다.

"어머니, 제발 제 말씀을 좀 들어 주세요. 자꾸 그렇게 말씀하시지 마세요. 아버지는 일어나실 거예요. 하나님께서 약속하신 것이 있다구요."

어머니는 겨우 진정이 되셨고 나는 다시 말을 이었다.

"하나님께서 아버지가 돌아가시지 않고 사실 거라고 하셨어요."

나는 하나님께서 말씀하신 것을 계속해서 반복했다. 하나님께서

말씀하신 것을 들었고 이에 확신했기 때문에 나는 집회 일정을 취소하지 않았다. 전화로 연락을 주고 받으며 사역을 지속했다.

그로부터 며칠 후 아버지는 갑자기 눈을 뜨셨다. 그리고 말씀하기 시작했다. 팔을 움직이게 되었고 다리도 움직이셨다. 어머니는 전화로 말씀하셨다.

"킴, 아버지가 내게 기도해 달라고 하시는구나. 마음 가운데 예수님을 받아들이고 싶으시댄다."

인생 가운데 이 때처럼 행복한 적은 없다. 하나님의 말씀은 이루어진 것이다.

남아프리카로 돌아가서 아버지를 만났을 때 휠체어에 앉아 계신 모습을 차마 똑바로 보지 못했지만 하나님께서 행하신 놀라운 기적을 보게 되었다. 아버지는 나를 방으로 불러 말씀하셨다.

"킴, 하나님께서 내게 주시고자 하는 모든 것을 받고 싶구나. 성령으로 충만해지고 싶어. 기도해 주겠니?"

아버지는 영적으로 놀라운 경험을 했을 뿐만 아니라 하나님의 성령께서는 우리 부자를 동시에 덮어 주셨다. 여러 해 동안 아버지와 나는 함께 나눌 것이 아무것도 없었다. 하지만 이제 놀라운 연결점이 우리를 단단히 묶은 것이다.

아버지는 신자가 되었을 뿐 아니라 성령님으로 충만하게 되어서 하나님은 아버지의 삶을 연장해 주셨다. 수년간을 평범한 삶을 사시고 나서 1996년에 돌아가실 때까지 말씀도 하시고 걷기도 하셨다.

●● 무효화된 죽음

하나님께서 일하시는 신비로운 방식에 대해 완전히 이해하기란 불가능하다. 큰형인 배리는 홉킨스 병 진단을 받았다. 림프절에 심각한 영향을 끼치는 암의 일종이다. 아버지처럼 형 역시 시한부 인생을 살게 된 것이다. 그리고 마지막까지 하나님을 받아 들이지 않으려 했다.

상태가 악화될수록 주님은 그와 함께할 수 있도록 하셨다. 그래서 다시 기도했다.

"주님, 가족 모두 자유함을 입게 될 것이라고 하지 않으셨나요?"

결국 형이 예수님을 부를 수 있도록 기도할 수 있었고 두 달 후 형에게 세례를 주는 기쁨을 누리게 되었다. 그리고 형은 암에서 완전히 치유되었다. 하나님의 음성으로 인해 죽음은 사라진 것이다.

남동생 데이빗은 하나님의 능력을 경험한 가장 마지막 가족이었다. 동생은 1992년에 하나님께로 왔다.

여러분이 하나님의 음성을 듣게 될 때 갑자기 모든 것이 완전해진다는 사실을 말해 주고 싶다. 나의 가족은 여전히 삶 속에 존재하는 각종 문제들과 씨름하고 있다. 왜냐하면 죄는 여전히 이 땅 가운데 그 위세를 떨치고 있기 때문이다. 하지만 우리가 의지할 수 있는 단 한 가지가 있다. 하나님은 말씀하신다.

"내 입에서 나가는 말도 헛되이 내게로 돌아오지 아니하고 나의 뜻을 이루며 나의 명하여 보낸 일에 형통하리라"(이사야 55장 11절).

"하나님, 우리 모두 하나님의 음성을 듣게 해 주십시오. 그리고 하나님의 말씀을 믿도록 도와주십시오. 믿음 안에서 오늘 당장 그 말씀대로 행할 수 있기를 원합니다.

예언의 비밀을 깨달을 수 있는 눈을 주십시오. 그리고 우리 모두가 하나님의 생명을 갈구하는 이들을 향해 하나님의 목소리가 될 수 있도록 축복해 주십시오.

예수님의 이름으로 기도합니다. 아멘."

미주

1) http://www.crosscurrents.org/dupre.htm

예언의 비밀

지은이 킴 클레멘트
펴낸이 김혜자
옮긴이 김현경

1판 1쇄 인쇄 2009년 9월 7일 | 1판 1쇄 펴냄 2009년 9월 10일

등록번호 제16-2825호 | **등록일자** 2002년 10월
발행처 쉐키나 출판사 | **주소** 서울시 강남구 대치3동 982-10
전화 (02) 3452-0442 | **팩스** (02) 3452-4744
www.ydfc.com
www.tofdavid.com

값 13,000원
ISBN 978-89-92358-32-3 03230

※잘못된 책은 바꿔 드립니다.

쉐키나 미디어는 영적 부흥과 영혼의 추수를 위해 책, CD, TAPE, 영상물 등의 매체를 통해
하나님 나라가 7대 영역(가정 · 사업 · 정부 · 교육 · 미디어 · 예술 · 교회)으로
확장되는 비전으로 나아가고 있습니다.

예언의 비밀
킴 클레멘트 지음 | 김현경 옮김 | 312면 | 값 12,000원

킴 클레멘트의 개인적인 삶과 예언 사역으로 부르심을 받은 이야기는 놀라움으로 둘러싸여 있다. 하나님의 분명하고도 확실한 음성을 들으려 하는 모든 이들에게 필요한 그런 비밀 같은 이야기이다.

킴은 자신이 하나님의 음성을 처음 들었던 때를 기억하고 있다. 침례를 받던 당시 물에서 올라 오면서 새로운 사람이 된 그를 하나님은 전임 사역자로 부르셨다. 그 날 이후로 하나님은 예언의 은사를 어떻게 사용해야 하는지 가르치기 시작하셨다.

이 책에서 다루는 예언의 영역 안에 있는 실제적인 진리들은 선지자라 불리는 한 사람을 통해 발견될 것이다.

새로운 교회의 모델 가정교회란?
래리 크라이더 · 플로이드 맥클렁 공저 | 유정자 옮김 | 296면 | 값 11,000원

교회를 개척하는 새로운 방식이 있다. 성장하고 있는 가정교회 배가 운동이 전통적인 교회들을 통해서는 할 수 없는 방식으로 공동체와 단순성을 제공해 주면서 그들의 공동체의 필요들을 채워 주기 위해서 모든 지역에 있는 기독교인들에게 소망을 주고 있다.

이 책을 통해서 얻을 수 있는 정보들은

● 직접 가정교회를 개척하는 방법
● 가정교회를 개척하고 인도하는 이를 위한 실제적 최고의 모델들
● 소그룹과 셀그룹과 가정교회의 차이점
● 현재와 미래의 가정교회 배가 운동의 동향
● 전통적인 지역교회가 대형교회와 동역하는 방법

축사와 치유 1
피터 호로빈 지음 | 박선규 옮김 | 408면 | 값 14,000원

제자들에게 귀신을 쫓아내라고 하신 예수님의 분부가 지상명령의 중대한 부분이었는가?

그렇다면, 교회는 왜 치유와 축사에 대해 거의 가르치지 않고 있는가?

피터 호로빈은 두 권의 시리즈를 통해 믿는 자들에게 흔히 무시되고 있는 이 영역에 관심을 갖기를 촉구한다. 그는 깊은 성경적 가르침을 통해 축사 사역이 지상명령의 필수적인 부분이었다는 것을 효과적으로 실증해 보인다.

〈축사와 치유〉 제 1권은 축사와 치유 사역을 위한 성경적 토대를 깔아 준다. 호로빈은 예수님과 초대교회 사역을 상세히 분석하며, 천사와 귀신들의 초자연적인 영역을 살펴보고, 또한 어둠의 세력들이 어떻게 사람들의 삶에 영향을 미치는지를 탐구한다.

하나님과 함께 여는 하루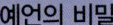
오스 힐만 지음 | 김현경 옮김 | 1권 404면, 2권 344면 | 각권 값 11,000원

하루를 시작할 때 하나님을 가장 먼저 만나야 한다는 사실에 이의를 제기할 사람은 아무도 없을 것이다. 하지만 이러한 인식이 단 몇 분이라도 현실로 나타날 수 있을까? 우리 인생에서 하나님을 항상 우선 순위에 두는 것은 쉽지 않아 보인다. 우리의 일터에서 하나님을 찾을 수 있는가? 우리가 살아 가는 모든 공간 속에서 주님의 임재를 가져 오기 위한 노력이 절실히 요구되는 때이다.

오스 힐만은 이러한 상황과 필요에 정확히 맞추어 이 글을 집필했다. 그는 하나님의 관점으로 삶과 일을 바라볼 수 있는 눈을 제시한다. 그리고 우리의 믿음과 용기를 고무시켜 하나님을 바라보는 것뿐만 아니라 매일의 삶 속에서 겪는 시험과 고민들 가운데 하나님을 초청하고 있다.

스미스 위글스워즈의 기도, 능력 그리고 기적들
로버트 리아돈 엮음 | 고병한 옮김 | 352면 | 값 13,000원

이 책은 전 세계적인 복음 사역자이자 치유사역자로 알려진, 스미스 위글스워즈의 강력한 설교들을 모은 책이다. 1915년에서부터 1944년까지 있었던, 믿음에 근거한 도전적인 설교들과 놀라운 치유사역에 대한 영감 있는 이야기들을 상세히 저술한 것이다. 그 결과 스미스 위글스워즈의 가르침, 성령의 권능 안에서 흔들림 없는 그의 믿음을 통한 복음, 또 그 복음에 대한 생생한 사랑을 표현하는 것 등의 고전 모음집이 탄생하게 되었다. 이 책으로 인해, 당신은 아래와 같은 것들을 발견할 수 있다.

● 당신의 믿음을 굳게 붙잡으라.
● 하나님의 권능을 추구하라.
● 치유에 대한 믿을 수 없을 만한 영적 깊이가 있는 영감에 다다르라.
● 믿음을 가지고 믿음 위에 서서 행하라.

축사와 치유 2
피터 호로빈 지음 | 박선규 옮김 | 400면 | 값 14,000원

예수님은 모든 형태의 치유를 행하셨고, 십자가를 통해 교회가 그분이 행하셨던 치유와 축사 사역을 수행할 수 있게 해놓으셨다. 피터 호로빈은 이러한 사역을 위한 튼튼한 토대를 깔아 주는 이 시리즈의 제 2권에서 축사를 통한 치유가 예수님의 시대뿐만 아니라 오늘날에도 지상명령을 성취하기 위해 절대적으로 필요한 사역이라는 것을 확증해 주고 있다. 〈축사와 치유〉 제 2권은 지역교회 안에서와 상담 사역 안에서 치유와 축사 사역을 세워 나가기 위한 지침들과 도구들을 제공해 준다. 호로빈은 권위 있고 성경에 기초한 이 안내서를 통해 귀신들의 통로들을 밝히며, 사람들이 어떻게 귀신들에 의해 영향을 입는가에 대해, 그들이 어떻게 자유롭게 될 수 있는지에 대해 설명하고 있다.